冷战后周边主要国家军事思想发展研究

顾 俊◎著

九州出版社
JIUZHOUPRESS

图书在版编目（CIP）数据

冷战后周边主要国家军事思想发展研究 / 顾俊著
. -- 北京 : 九州出版社, 2022.11
ISBN 978-7-5225-1340-9

Ⅰ. ①冷… Ⅱ. ①顾… Ⅲ. ①军事思想－研究－世界
Ⅳ. ①E0

中国版本图书馆 CIP 数据核字(2022)第 232985 号

冷战后周边主要国家军事思想发展研究

作　　者	顾　俊　著
责任编辑	蒋运华
出版发行	九州出版社
地　　址	北京市西城区阜外大街甲 35 号(100037)
发行电话	(010)68992190/3/5/6
网　　址	www.jiuzhoupress.com
印　　刷	北京四海锦诚印刷技术有限公司
开　　本	787 毫米×1092 毫米　16 开
印　　张	13.75
字　　数	284 千字
版　　次	2023 年 5 月第 1 版
印　　次	2023 年 5 月第 1 次印刷
书　　号	ISBN 978-7-5225-1340-9
定　　价	78.00 元

前言

“军事思想”是关于军事领域基本问题的理性认识，通常包括战争观、军事问题认识论和方法论、战争指导思想、国防与军队建设等。①《中国军事百科全书》军事思想分册对“军事思想”的概念进行了详细的阐述。军事思想是关于战争和国防基本问题的理性认识，是军事实践的经验总结和理论概括。军事思想是军事科学的综合性基础理论，从总体上考察和回答军事领域的普遍性、根本性问题，揭示军事领域的一般规律，提出军事斗争和军事建设的基本方针及基本指导原则，为人们研究和解决军事问题提供总体性理论指导。② 并且进一步指出，军事思想不仅覆盖整个军事领域，而且与社会政治、经济、文化、科技等领域密切相关，因此军事思想涉及的问题很多。军事思想的基本内容大体可分为军事哲学和军事实践基本指导原则两个层次。前者主要包括战争观和军事方法论等；后者主要包括战略思想、作战指导思想、军队建设思想和国防思想等。③ 由此可见，军事思想广泛地涉及了军事问题以及与军事问题相关的政治、经济、科技和文化方面的思想观点。尤其是随着现代战略理论的发展，战略思想所涵盖的范围已经不仅仅包括军事战略思想，还应当包括作为军事战略上位指导的国家安全战略中关于军事安全以及与之相关的政治、经济等方面的内容。虽然外国军队大多不使用“军事思想”这一术语，但其对国家安全、战争、军队建设以及作战等问题的理性认识基本覆盖了我军术语中军事思想所涉及的内容。军事科学院出版的《当代外国军事思想教程》在对外国军事思想进行界定时指出，依据军事思想本身的含义和外国的实际情况，在此对外国军事思想作如下界定：一个国家的军事思想是该国关于军事基本问题的理性认识，包括安全战略思想、战争思想、军事战

① 全军军事术语管理委员、会军事科学院：《中国人民解放军军语》，军事科学出版社 2011 年版，第 1 页。

② 中国军事百科全书编审委员会：《中国军事百科全书》军事思想分册，中国大百科出版社 2015 年版，第 1 页。

③ 中国军事百科全书编审委员会：《中国军事百科全书》军事思想分册，中国大百科出版社 2015 年版，第 1 页。

略思想、国防和军队建设思想、作战思想等。① 根植于长期的军事实践，中国与其他主要大国都形成了极其丰富的军事思想，并且随着社会历史条件的发展而不断丰富完善。

在冷战后的30多年中，电子信息技术、新能源新材料技术、人工智能技术等高新技术迅猛发展，为战争形态和作战样式的更迭提供了新的物质技术基础。与此同时，各种潜藏的矛盾被不断激化，由此导致了海湾战争、车臣战争、科索沃战争、阿富汗战争、伊拉克战争、俄格战争、利比亚战争、叙利亚战争、纳卡战争、俄乌冲突等几场较大规模的局部战争相继爆发，各种小规模的武装冲突、恐怖袭击等更是此起彼伏、时有发生。这些军事实践为军事思想的发展提供了丰厚的实践土壤。在此基础上，世界各主要大国，尤其是我国周边主要国家②的安全战略思想、军事战略思想、作战思想以及军队建设思想发生深刻变化，提出了关于国家安全、军队建设、战争形态、作战训练等方面的一系列新的理性认识。

进入21世纪以后，尤其是2010年以来，中国综合实力的持续发展引起美国等周边主要国家的担忧和警惕。美国以遏制和打压中国为主要目标战略调整的同时，也带动了周边其他主要国家的战略调整和军队建设的相应发展。因此，周边主要国家的军事思想和理论既是这些国家维护国家安全、进行国防建设和指导军队遂行作战、训练任务的基本依据，同时也和我国的国家安全和军事发展形成了密切的互动关系，对我国军事思想的创新发展起到重要促动和启示借鉴作用。

美国与中国隔太平洋相望，却是与中国互动关系最为密切的大国。冷战后的美国逐步在政治、经济和军事上形成了“一超独霸”的有利地位，所面临的安全环境总体来看大大优于冷战时期。相对和平与稳定的安全环境、超强的经济和军事实力、持续多变的安全威胁与局部战争，为美国新军事思想的产生和发展提供了得天独厚的社会历史条件，形成了冷战后美国军事思想百花齐放、百家争鸣的新局面，各种创新思想、概念和理论犹如雨后春笋，层出不穷。在国家安全战略思想层面，美国继承了冷战时期的霸权思想，随着环境的发展变化不断调整国家安全的战略目标和手段。从应对地区强权到打击恐怖主义，再到应对新型大国的崛起；从以军事安全为主，逐步拓展到强调有效应对网络、太空等新兴安全领域威胁，在此基础上形成了一系列新的国家安全思想。在军事战略层面，始终秉持前

① 江新凤：《当代外国军事思想教程》，军事科学出版社2013年版，第2页。

② 从当今国际关系发展的视角来看，随着国际流通的发展和我国战略利益的不断拓展，周边这一概念不能仅仅从狭义的地理距离来理解，所谓的周边国家已经不仅仅局限于同中国海陆接壤的部分国家。从大周边的视角来看，整个环太平洋地区和环印度洋地区，包括部分中亚和西亚国家，都可以看作是我国的周边国家。尤其是美国，不是中国周边地区的“观众”，而是“主角”。无论从小周边还是大周边角度来看，美国都产生重要影响，并且在很大程度上主导安全和经济秩序，显然是中国周边的“局内人”。

沿军事部署、绝对军事优势和广泛军事同盟等基本原则，不断调整战略目标、途径和手段，并对美军作战理论的发展和军事力量建设起到了重要的规范和牵引作用。在作战思想和军队建设思想层面，美军作为新军事变革的领头羊，得益于持续的高额军费投入，创新发展势头一直比较强劲，开创了“概念牵引”的建军模式以及以“网络中心战”“空海一体战”为代表的战建一体化理论。

俄罗斯是我国最大的陆上邻国。作为苏联解体后的主要继承国，俄罗斯军事被迫由苏联时期的战略扩张转为战略收缩，其军事思想的发展可谓一波三折。尤其是北约的持续军事压力以及新战争形态和作战样式的发展，对俄罗斯传统的军事思想形成了强烈的冲击。同时，资源投入的严重不足始终对俄罗斯的军事实践和军事思想发展形成重要掣肘。俄罗斯国家安全思想研究的重点是战略防御问题，一方面是在北约围堵下如何通过军事力量和手段有效捍卫国家安全与保障国家发展等问题；另一方面是随着安全内涵和外延的不断拓展，与时俱进地提出了综合安全的思想观念，从政治、经济、社会等更广的范围维护国家安全。在军事战略方面，1992 年独立建军以来，俄罗斯以捍卫国家安全为总目标，秉承了大陆型和防御型的总体战略指导，经历了从单纯的消极防御向积极遏制战略的转变，逐步实现了由消极被动向积极主动的战略转型。在军队建设思想和作战思想方面，通过持续 20 多年的改革努力，完成了联合作战指挥体制的构建和武器装备的现代化发展，部分更新了符合现代战争特点要求的思想理论，在一定程度上恢复了传统军事大国的地位。

日本是中国重要的海上邻国，同时也是美国的同盟体系在东亚地区的重要支柱国家。冷战时期，特定的社会历史环境影响了日本军事思想的发展。一方面，日本作为战败国被美国纳入其联盟体系当中，经过权衡利弊之后，日本军事力量的建设发展选择了在日美同盟框架下进行渐进发展的依附式发展道路，集中资源发展经济，恢复国力。另一方面，日本处在美苏对抗的前沿地带，地缘战略位置极为重要，始终面临着来自苏联的较大军事压力。因此，其军事思想发展体现出明显的内敛性、依附性和实用性。冷战结束后，随着国际战略环境和日本国内政治、社会生态的重大变化，日本在冷战后期经济发展高峰时所形成的争做世界政治大国的国家战略目标，在冷战后的社会历史条件下，变得更加具体而明晰。与此同时，冷战后美国的战略调整以及日美同盟关系的调整变化，为日本的军事力量发展和走向国际舞台构建了理想平台。在此背景下，冷战后的日本军事思想表现出了一些新发展和新特点，其中包括国家安全战略思想的拓展、军事战略思想的调整、国防和军队建设思想的转变和作战思想的强化等，值得我们高度关注。

印度是中国西南方向最重要的陆上邻国，并且目前尚存在一定的领土争议。中印两个大国同时崛起，未来两国将在更多的领域展开合作与竞争。受传统地缘政治思想的影响，印度一些利益集团始终将中国视为潜在的战略对手，进而影响印度政府的战略决策，对中国边疆安全与稳定产生重大影响。冷战结束后，随着印度所面临的国际和地区战略形势发生剧烈变化，印度官方和军事理论界对战争、战略、国防、军队和作战等也有了更新、更系统的认识，印度的新军事思想呈现出地缘性、继承性、进攻性、威慑性等特性。印度安全战略将由军事安全向综合安全转变、军事战略将进一步由“被动防御”型向“主动进攻”型转变、作战思想将加快向联合作战发展、威慑思想由“核威慑”向“核常威慑并举”转变、力量建设由内向性向外向性“跨境作战力量”转变，重点突出了联合建军和加强军队信息化建设。

本书较为系统地总结梳理了冷战结束以来美、俄、日、印等我国大周边环境中的主要国家所提出的新军事思想，力求形成一本能够快速全面了解冷战后周边主要国家军事思想发展情况的参考书，为相关领域的学生、学者和科研人员提供一定的学习研究参考，同时也为深化中国特色军事变革提供启示和借鉴。世界军事发展很快，尽管本书力求全面系统地展示美、俄、日、印等国新军事思想的发展情况，但由于相关资料分布不均，加之本人水平有限，疏漏不足之处在所难免，恳请广大读者批评指正。

目录

第一章　冷战后周边主要国家军事思想发展概述 …… 1
第一节　冷战后周边主要国家军事思想发展的背景 …… 1
第二节　冷战后周边主要国家军事思想发展的特点 …… 8
第三节　冷战后周边主要国家军事思想发展的趋势 …… 14
第二章　冷战后美国军事思想的发展 …… 19
第一节　冷战后美国国家安全思想的发展 …… 19
第二节　冷战后美国军事战略思想的发展 …… 40
第三节　冷战后美国军队建设思想的发展 …… 56
第四节　冷战后美国军队作战思想的发展 …… 67
第三章　冷战后俄罗斯军事思想的发展 …… 82
第一节　冷战后俄罗斯国家安全思想的发展 …… 82
第二节　冷战后俄罗斯军事战略思想的发展 …… 96
第三节　冷战后俄罗斯军队建设思想的发展 …… 107
第四节　冷战后俄罗斯军队作战思想的发展 …… 123
第四章　冷战后日本军事思想的发展 …… 131
第一节　冷战后日本国家安全思想的发展 …… 131
第二节　冷战后日本军事战略思想的发展 …… 142
第三节　冷战后日本自卫队建设思想的发展 …… 153

第四节　冷战后日本自卫队作战思想的发展 …… 165

第五章　冷战后印度军事思想的发展 …… 172

第一节　冷战后印度国家安全思想发展变化 …… 172
第二节　冷战后印度军事战略思想的发展 …… 180
第三节　冷战后印度军队建设思想的发展 …… 191
第四节　冷战后印度军队作战思想的发展 …… 197

参考文献 …… 206

第一章　冷战后周边主要国家军事思想发展概述

“军事思想”是关于军事领域基本问题的理性认识，通常包括战争观、军事问题认识论和方法论、战争指导思想、国防与军队建设等。① 外军虽然没有同样的术语，但是对于战争和军事问题的研究范畴总体上是一致的。我军术语中军事思想所涉及的内容，在外军军事理论体系中广泛体现在各种战略文件、作战条令、作战概念以及诸多研究报告当中。根植于长期的军事实践，中国与其他大国都形成了极其丰富的军事思想，并且随着社会历史条件的发展而不断丰富完善。冷战结束以来的 30 多年间，我国周边美、俄、日、印等主要国家，根据国际国内安全形势变化和科学技术的发展，提出了关于国家安全、军事战略、军队建设、作战训练等方面的一系列新的理性认识。

第一节　冷战后周边主要国家军事思想发展的背景

冷战后，两极格局解体，霸权主义国家利用冷战结束带来的前所未有的历史机遇，强力维持霸权体系。冷战时期潜藏的各种矛盾被不断激化，由此导致了海湾战争、车臣战争、科索沃战争、阿富汗战争、伊拉克战争、俄格战争、利比亚战争、叙利亚战争、纳卡战争等局部战争相继爆发，各种小规模的武装冲突、恐怖袭击等更是此起彼伏，这些军事实践在客观上为冷战后军事思想的发展提供了丰厚的实践土壤。在冷战后的 30 多年中，电子信息技术、新能源新材料技术、人工智能技术等高新技术迅猛发展，推动世界范围内的新军事变革深入发展，同时也为战争形态和作战样式的更迭提供了新的物质技术基础，带动了战略思想、作战思想、武器装备和体制编制发生深刻变化。此外，各主要国家的军

① 全军军事术语管理委员会、军事科学院：《中国人民解放军军语》，军事科学出版社 2011 年版，第 1 页。

事理论积淀也对其冷战后的军事思想发展起到重要的影响作用。

一、战略格局剧烈变动

在长达近半个世纪的冷战时期，全球只发生了朝鲜战争、越南战争、英阿马岛之战等为数不多的较大规模局部战争，而冷战后的30多年间已经发生了海湾战争、两次车臣战争、科索沃战争、阿富汗战争、伊拉克战争、利比亚战争、叙利亚战争、乌克兰危机、纳卡战争等多场较大规模的局部战争和武装冲突，其中一些战争和冲突至今仍在持续。此外，还发生了东京地铁沙林毒气事件、美国“9·11”恐怖袭击事件、俄罗斯别斯兰人质事件、印尼巴厘岛恶性爆炸事件、西班牙马德里火车站连续爆炸事件、英国伦敦特大恐怖爆炸事件等震惊世界的恐怖活动。由此可见，冷战结束虽然使世界大战爆发的危险大大降低，但由于以美国为首的西方国家极力推行霸权主义，强行维系不公正国际秩序，从深层次影响了全球范围内的各种矛盾。

美国谋求“一超独霸”，一切以美国利益划线，奉行单边主义，动辄诉诸武力，不惜以暴力手段塑造有利于自己的国际战略格局。凡是不符合美国利益的举动，不是遭到美国及其盟友的军事打击，就是遭到其政治、经济制裁，结果招致一些国家、团体甚至个人的抵抗和怨恨，致使针对美国及其盟友的恐怖活动此起彼伏，恐怖主义力量不断膨胀，整个世界为之动荡不安。美国将军事实力作为维系其霸权地位的重要支撑，因此对于军事思想的创新发展极为重视。美国率先于20世纪90年代中期掀起“军事革命”高潮，意在充分利用先进的科学技术打造优势的军事力量。

冷战结束，苏联解体，俄罗斯成为其主要继承国。以美国为首的北约对其穷追猛打，不断东扩，全面挤压俄罗斯的战略空间，致使其安全环境急剧恶化。面对这种严峻的安全形势和国力严重衰落的现实，俄罗斯必须维持军事力量底线，在新的安全环境下创新发展国家安全、现代战争和军队建设等方面的理论指导。

冷战结束使日本安全环境发生了根本性改变。曾经作为美苏对峙前沿、在夹缝中生存的日本，摆脱了长期令其窒息的现实威胁，而恐怖主义、核生化扩散和地区冲突成为日本面临的新威胁，领土争议、朝鲜半岛冲突和台海问题成为日本密切关注的不稳定因素。与此同时，美国由于自身战略需求放宽了对日本军事力量发展的限制，甚至还积极策动它在不脱离美日军事同盟的基础上，尽早摆脱国内政策限制，寻求更大的军事发展空间。在这种情况下，日本争做“世界政治大国”的战略抱负愈加膨胀，日本军事力量的建设也随之趋于“正常国家”化。

冷战结束特别是进入21世纪以后，印度经济实力快速发展，再度点燃了印度“争做世界一流大国”的梦想。与此同时，印度也面临美国“一超”地位难以动摇、与中国和巴基斯坦等地区国家存在历史和现实的矛盾冲突、南亚国家政局持续动荡不安等严重挑战。因此，印度全面启动了国防和军队现代化计划，持续大幅增加国防投入，加紧发展战略威慑力量，不断引进先进武器装备，频繁举行军事演习，积极创新作战理论，全力打造一支能有效对付各种威胁的现代化军队。

二、军事革命深化发展

冷战结束后，以信息技术为核心的新兴技术迅猛发展，使战争形态和作战样式发生根本性变化。以人工智能技术为代表的新一轮技术革命大潮开始在全球范围内兴起，致使各国军队的作战思想、武器装备和体制编制面临强烈冲击，进而发生深刻变化。

世界新军事革命正在加速向深入发展。这场军事领域的发展变化，以信息化为核心，以军事战略、军事技术、作战思想、作战力量、组织体制和军事管理创新为基本内容，以重塑军事体系为主要目标，其速度之快、范围之广、程度之深、影响之大，为第二次世界大战结束以来所罕见。这场世界新军事革命，覆盖了战争和军队建设的全部领域，直接影响着国家的军事实力和综合国力，关乎战略主动权。

新一代军用信息技术将大幅提升战场信息处理能力。信息技术是信息化战争制胜的主导技术，也是信息化武器装备建设的主要支撑。冷战结束以来，信息网络技术蓬勃发展，移动互联网、云计算、大数据、量子信息等技术在军事领域得到越来越广泛的应用，这将使军队的信息获取、数据传输、情报支援、信息服务等能力得到大幅提升。例如，通过建立战场移动通信网络，可使单兵智能终端与战术信息网和指挥系统融为一体，实现所有作战单元直至单兵的互联互通。云计算和大数据技术能够有效应用于情报分析领域，处理海量数据，对指挥员的决策提供极大帮助。量子信息技术正成为新兴战略前沿技术，量子密钥分发技术、量子计算机技术、量子成像技术等将带来军事通信和光电探测领域的革命。

新型主战装备和高自主无人平台技术将使未来战争趋向隐形化、无人化。信息化战场上，主战装备依然是作战能力的核心。为了在激烈的军事竞争中占据主动权，主要军事强国正在着力推进新一代主战装备的研制。一是全面启动第六代战斗机方案论证。第六代战斗机将具备更好的隐身能力、更高的网电对抗能力、更强的信息处理能力、更远的作战半径，代表了新型主战装备的发展方向。继美国空军提出发展第六代战斗机后，美国海军也开始进行F/A-XX战斗机概念研究。日、俄、印等国即将开展第六代战斗机的研发。二是着力打造无人化平台并向高自主方向发展。以无人机为代表的无人化装备可以突破人体生理因素限制，大幅减少人员伤亡、提高作战效能。目前，无人化平台所涉及的环境感知、智能控制、系统协同、测控通信等技术快速发展。除各类无人机以外，无人深海潜航器、无人车辆、各类军用机器人也如雨后春笋般涌现。三是高超音速技术发展引人瞩目。由于高超音速飞行器的速度超过5倍音速，可以对敌方构成巨大战略优势，如果最大速度达到20倍音速即可实现“一小时全球打击”，防御极其困难。

高效毁伤与定向能技术将使火力打击方式发生重大变革。近几年的几场局部战争表明，精确打击和高效毁伤已成为军队作战的核心能力，“发现即摧毁”成为火力打击的新常态。目前，高效毁伤技术正向高效能、低附带毁伤和智能可控方向发展。其中，含能材料技术发展迅速，第四代全氮含能材料理论上最大爆炸当量可达梯恩梯炸药的10倍。这些新型含能材料一旦投入实用，将使火力毁伤能力发生指数级飞跃。尤为引人注目的是，以定向能武器为代表的新概念武器将带来全新的火力打击和目标毁伤理念。定向能武器通过毫米波、高功率微波、激光或电磁脉冲产生杀伤效果。这些有别于传统弹药杀伤机理的新概念武器投入实战，必将从根本上改变军队作战样式。

新材料、新能源和先进制造技术将助力武器装备性能跃升。新材料技术是武器装备研制生产所必需的通用基础技术。目前，以高性能复合材料、纳米材料、超材料、智能材料为代表的新材料技术方兴未艾。比如，能够在可见光谱段实现“隐身”的超材料是新型隐形技术的重要突破口，一旦投入实用，将具有重大军事意义。在新能源技术领域，世界主要国家在可再生能源、新型电池、生物燃料等领域不断加大投入，美军已在多种作战平台上进行了生物混合燃料试验。在先进制造领域，3D打印技术可以使军队就地利用材料打印特定部件，显著改善装备制造流程，极大提高装备的战术适应性。

生物技术将引领战争形态迈向更高阶段。生物技术从诞生之日起就广泛渗透到军事领域，并不断与信息技术、材料技术和制造技术等交叉融合，成为推动武器装备发展的重要力量。近年来，军用生物技术在合成生物、脑机接口与脑控、生物材料与仿生机械、生物燃料、生物电子与生物计算、非致命性武器等领域不断取得突破。比如，利用军用生物技术研发的微型飞行器、水下航行器，可以悄然潜入敌方纵深，肩负起侦察和特种攻击任务。军用生物技术的发展，必将催生新的作战样式和作战理念，深刻影响新军事革命的方向。有专家预测，未来战争有可能从信息化战争迈向下一代“生物化战争”。

面对新一轮军事革命浪潮风起云涌，各主要国家纷纷加快军事变革，抢占军事战略制高点，争夺国际军事竞争新优势，为军事思想的创新发展提供了适宜的外部条件和强大的内在动力。

三、军事思想理论积淀

军事思想的发展通常具有较强的继承性。军事思想不是无源之水、无本之木，既不能凭空而来，也不能主观臆造，而是在一定的社会历史条件下，基于传统军事理论，结合最新军事实践而逐步创新发展的结果。

第二次世界大战后，随着美国经济、军事实力的增强，军事技术的发展以及推行全球战略的需要，美国军事思想得到很大发展，先后出现了核战争理论、威慑理论、有限战争理论、逐步升级理论、低强度冲突理论、太空战争理论、“空地一体战”理论，以及遏制战略、大规模报复战略、灵活反应战略、现实威慑战略、联盟战略等影响较大的理论和战略思想，基本形成了独具美军特色的现代军事思想体系。这些丰富的军事思想遗产，为冷战后美国军事思想的丰富和发展奠定了坚实的理论基础。正是在此基础上，冷战后美国军事思想百花齐放、百家争鸣，新概念、新思想、新理论如雨后春笋般层出不穷，开创了美国军事思想发展史上的繁荣时代。

在沙皇俄国军事思想中，对俄罗斯影响较大的主要有彼得大帝的对外扩张思想、库图佐夫的战略防御思想、梅杰姆等人的军事理论、列耶尔的军事理论、米赫涅维奇等人的军事思想等。比如，彼得大帝认为，应通过扩张向南寻找出海口；梅杰姆认为，战略是进行战争的艺术，其任务是确定进行战争的目的和方法，制定军队的物质和精神保障措施，而军事战略原则并不是一成不变的；被誉为俄国军事理论界“公认的权威人物”的列耶尔认为，战争是由特殊规律支配的社会现象，战争与政治有密切联系，政治起决定性作用，首次论证了 19 世纪军事学术中的一种新现象，即战略性战役；米赫涅维奇认为平时就应制定战争计划，军队战略展开是战争初期的重要问题，战略进攻是战略行动的基本类型，只有进攻才能彻底消灭敌人、达到战争目的；等等。俄罗斯虽然抛弃了马克思主义，但其军事思想仍深受苏联军事理论的影响。其中，比较有代表性的军事理论主要有图哈切夫斯基提出的大纵深战役理论、战后初期“积极防御”思想、赫鲁晓夫时期的“核大战”思想、勃列日涅夫时期的“全球进攻”思想、戈尔巴乔夫时期的“防止战争”思想等。这些丰富的军事理论，或从正面经验的启迪，或从反面教训的警示，为俄罗斯军事思想的发展奠定了重要的理论基础。基于此，自冷战结束至今，俄罗斯军事思想积极吸收借鉴他国军事理论成果，使得其深度大大拓展、内容极大丰富。先后提出了综合安全观、“非对称回应”、混合战争等战略思想，军事转型和建设创新型军队等军队建设思想，以及战略性空天战役、特种战役等作战理论。

日本的军事学也称为“兵学”或“军事科学”，当今自卫队一般称之为“防卫学”。军事思想通常指关于战略和战术的作战用兵思想，但它是军事各个要素相互之间关系形成的综合体，军事制度、兵器和用兵是军事思想的三大要素。① 第二次世界大战后，日本更多使用“防卫思想”“防卫战略”等概念。古代日本的军事思想始终受中国军事思想的影响，属于东方兵学体系；近代的日本“脱亚入欧”，其军事思想受欧美军事思想的影响，属于西方兵学体系，但此时“中国因素”不仅在其转向过程中发挥了“助推手”作用，而且中国成为其侵略扩张的主要对象，深受其害。其中，西方的军事思想、军事制度、战略、战术、条令操典等大量传入日本，尤其是克劳塞维茨的《战争论》和马汉的《海权论》对日本军事思想产生了深刻影响，并加速了日本的军事改革，使其在19世纪末建成了亚洲最强大的近代军队，但其军事思想的基本特征是为其侵略扩张服务的。二战战败后，日本的军备重整是以朝鲜战争为契机、在美国的唆使下展开的，深受美国军事思想的影响，先后提出“集体防卫”思想、“日美共同防卫”思想、“专守防卫”战略原则、“前方阻止”思想、“综合安全保障战略”、“渐进建军”思想和“少而精”思想等。这些军事思想成果，为冷战后日本军事思想发展提供了相应的基础理论支撑。

印度官方从未公布过成文的军事思想，也没有出版过对其军事思想进行系统性阐述的论著。外界对印度军事思想的了解主要源自对其官方文件、高层表态、学者观点以及军事实践的归纳与总结。近代以后，印度长期遭受英帝国的殖民统治，国家主权丧失，没有自己的军队，自然也就没有自己独立的军事思想。独立后，印度军事思想仍然沿袭英印殖民军那一套。1962年在中印边境冲突中惨败后，印度防务界开始重视本土军事理论的研究，印度当代军事思想开始发轫。1971年第三次印巴战争结束后，印度军事思想在实践中取得了丰硕的成果，逐步形成具有苏联印记、独具特色的军事思想体系。由于受多种历史、文化传统、地理环境和英帝国殖民等因素深刻影响，印度军事思想的哲学层次出现多棱镜效应。这对冷战后印度军事思想的发展具有重要影响。

四、战争实践与时俱进

战争是军事实践最基本的形式和最核心的内容，也是其他各种军事实践最重要的依据，是战争认识和一切军事认识的基础及检验标准。1990年以来，美军先后进行了海湾战

---

① ［日］浅野祐吾著，赵志民、李苑译：《军事思想史入门》，解放军出版社1988年版，第7页。

争、科索沃战争、阿富汗战争、伊拉克战争、利比亚战争、叙利亚战争等局部战争。这些战争既检验了美军新作战理论，也暴露了美军作战中存在的问题，指明了美军作战理论创新发展的方向，并为其他各国认识信息化战争和信息化军队提供了重要的参考和借鉴。海湾战争完成了对“空地一体战”理论的检验，进一步强化联合作战意识，促进了联合作战理论体系的形成与完善。科索沃战争检验了“战略瘫痪”“空中制胜”等理论，确立了空中力量在联合作战行动中的主体地位，进一步推动了美军空天作战理论的创新发展。阿富汗战争检验了“网络中心战”理论，充分展示特种部队在反恐战争中的独特作用。伊拉克战争验证了“快速决定性作战”和“基于效果作战”理论的有效性。同时，美军也针对这些局部战争中暴露出的种种问题，不断校正军事变革方向和创新发展军事理论，推动了美国军事思想不断向前发展。此外，美军高强度的实战化军事训练和高水平的军事实验，对美国军事思想的发展也发挥着不可替代的重要推动作用。

冷战结束后，俄罗斯武力运用的次数虽然少于美国，但规模、强度、影响比较大的局部战争实践至少超过 5 次，既检验了俄军事思想的发展成果，也推动了俄军事思想的创新发展。其中，第一次车臣战争俄军表现并不理想，付出重大代价，耗费许多资源，却未能达成既定战略目标，还暴露出诸多问题；第二次车臣战争是俄罗斯扭转国内战略颓势的一场重要战争，其实质是制止分裂、维护俄领土完整和统一，俄军通过诸军兵种协同、稳扎稳打、步步为营，历经 7 个月激烈战斗，基本实现预定战略目标，表明俄军回到了发展建设的正常轨道；俄格冲突中，俄军反应快捷、行动迅速、战法灵活，充分显示出前些年军力发展成效，达成了预定战略目的，同时也暴露出在侦察、预警、指挥、通信、战场态势感知、武器装备老化等方面的不足；出兵克里米亚，通过快速高效的军事行动，与政治外交手段相协调，达成了预定战略目标，体现出俄军的效能和实力，以及俄罗斯武力运用的高超水平；叙利亚战争中，俄军与叙利亚政府军密切配合，大胆使用新型作战力量和武器装备，既沉重打击了叛军和极端武装分子，又在实战中锻炼了部队、提高了战斗力，还检验了军事改革成效。这些战争实践，极大地推动了俄罗斯军事思想的创新发展。

冷战结束为日本加快迈向世界大国提供了契机。特别是进入 21 世纪以来，频频向海外派兵，制定了“先发制人”战略方针，军事实践日益增多，甚至突破《和平宪法》有关约束。主要体现在：一是通过建立军事同盟或开展广泛的军事合作，赋予日本插手国际军事事务的“职责”。比如，日美同盟、日印军事合作、建立“亚洲版北约”、参与美军主导的各类联合军演等。1991 年，在海湾战争中，日本先后为多国部队提供了 130 亿美元的援助，在所有提供资金的国家中仅次于科威特和沙特阿拉伯。2001 年以来，日本又与美国、澳大利亚、韩国频繁接触，积极筹建“四国机制”，企图制造一个“亚洲版北约”，插手地区事务。二是制定相关法规，从法律上规定自卫队建设的目标要求和“走出国门”的义务。比如，通过定期修订更新《防卫计划大纲》，逐步明确建军目标及用兵思路；出台《协助联合国维持和平活动合作法》、《反恐怖特别措施法》、《自卫队修改法》、《海上保安厅修改法》、“有事法制”相关法案、《支援伊拉克重建特别措施法》等。三是采取较为“务实”和灵活的、貌似“理性”的态度，以“国际军事贡献”为幌子作掩护，为实现海外派兵寻求“合情”“合法”“合理”的途径，进而逐步实现国家的战略目标。

冷战结束后，南亚安全环境也发生重大变化，客观上为印度军事思想的发展提供了有利的条件。一方面，印苏对抗巴美的态势不复存在，印巴军事对抗大大缓和；另一方面，印、巴越过核门槛，均取得了核威慑能力，印巴爆发全面战争的风险也极大降低。在这种情况下，印巴由全面军事对抗转入局部对抗，双方在克什米尔地区不断爆发低烈度冲突，最终酿成1999年卡吉尔冲突。卡吉尔冲突历时73天，印军死伤1200余人，巴方死伤500余人，成为1971年第三次印巴战争以来最严重的军事冲突。由于战役战术落后，以及缺乏陆空协同，尽管印军在兵力兵器上占有很大优势，但却未能取得对巴作战的优势，遭受重大人员伤亡。2001年底，印巴再次因印度议会大厦遭受恐怖袭击发生军事对峙。印度趁机对巴发动了代号为“帕拉克拉姆”的作战行动，企图依靠优势兵力一举拿下巴基斯坦。但最终由于担心引发核冲突，印度被迫取消作战计划。卡吉尔冲突和“帕拉克拉姆”作战行动，不仅反映了印度的战争观、作战观落后过时，也暴露了印军在编制体制、动员机制和作战思想等方面存在严重不足和缺陷。对此，印军进行了深刻的反思，并以此为契机着手对国防和军队进行全面的改革。在此推动下，近年来印度军事思想发生了很大的变化，产生了一些新思想、新观点，如“有限战争”理论、“惩戒威慑”战略、“冷启动”作战理论、“基于联合”建军思想等，成为指导其国防和军队建设的主要思想。

第二节　冷战后周边主要国家军事思想发展的特点

周边主要国家具有不同的国情、社情、军情和历史文化背景，同时也面对冷战后共同的社会历史条件。其军事思想发展既各具特色，也体现出诸多共同特点。

一、注重从社会层面探索战争新规律

冷战结束，两极格局瓦解，可能导致战争的最直接、最紧迫的安全风险消失。正当全

球人民在憧憬世界和平时，海湾战争不期而至，让众多政治分析家大跌眼镜。这意味着战争并未随着冷战的结束而远去。冷战后时代，以超级大国全球争霸为研究重点来考察战争的理论模式显然已不合时宜。为此，西方理论界从各个角度，多层次、全方位地进行当代战争理论模式的构建，其中重点探讨当代战争的根源，研究十分活跃。

以亨廷顿、科恩为代表的一批学者从文明和文化冲突的视角来分析当代战争的根源。美国芝加哥大学教授亨廷顿提出了著名的“文明冲突论”。他认为，随着冷战的结束，基于意识形态和经济利益考虑发生冲突的可能性降低，而各种不同文明之间的矛盾与差异凸显，将成为新一轮冲突的导火索，“文明冲突”模式成为新的对抗和协调模式。文化的共性和差异影响国家间的对抗和联合，最可能升级为更大规模战争的地区冲突是那些来自不同文明的集团和国家之间的冲突。① 美国教授科恩根据美国反恐战争的实践，从宗教对立的角度来阐释战争，该理论认为目前美国正在进行的全球反恐战争就是第四次世界大战，冷战可以视为第三次世界大战。在第四次世界大战中，主要是以美国为主的西方民主力量与以基地组织为首的伊斯兰极端势力之间的战争。这场战争的根源就在于伊斯兰原教旨主义。这场战争将是一场长期的战争，遍及全世界，中东地区是世界大战的主战场，伊拉克是前沿阵地。

此外，还有一些西方学者从社会制度的视角提出了所谓“民主和平论”，认为民主国家间不会发生战争。由于民主政治的制衡原则和选举制度使得政府不敢轻言战争。同时，由于民主国家有着共同的民主规范和文化，一旦有矛盾，可以相互忍让和理解，容易通过妥协的方式来化解矛盾。他们认为自 19 世纪以来，民主国家间几乎没有发生战争。专制国家和向民主转型的国家发生战争的可能性大。同时，向民主转型的国家通常要经历充满矛盾和斗争的过渡时期。其中，政治斗争十分激烈，容易造成中央权威削弱、利益集团冲突扩大、公众之间产生政治分歧和对峙，从而加剧民族主义，国家的好战侵略倾向加强。由于民主国家之间的和平主要得益于民主规范和文化，这些规范和文化只对民主国家起作用，并不对非民主国家起作用，因此在民主国家间使用的和平手段就不适用于非民主国家，民主国家对非民主国家可以进行战争。

美国未来学专家阿尔文·托夫勒从社会发展的视角阐述了新军事革命的思想。他认为后近代社会“第三次浪潮”的特点是高度的计算机化。在这一时期，战争的形态将不同于以前任何时期。托夫勒认为以美军为首的多国部队在海湾战争中实际上进行了两种形式的

① 刘志明：《文明冲突论 全球治理论 权力转移论 国际关系三大思潮的西方反思》，《人民论坛》2012 年第 18 期。

战争：一种是传统的战争，其特点是使用“第二次浪潮”时期的大规模杀伤武器；一种是近未来战争，其特点是使用“第三次浪潮”时期的有限打击武器。在今后一个时期内的战争，这两种战争形式将继续存在下去，但使用“第三次浪潮”时期的高技术武器的作战将越来越常见，这必将引起军事上的一系列变化。军队的规模将变小，反应更加灵活，军人的教育水平将不断提高。在训练方面，模拟训练将显得更加重要。在武器方面，导弹武器将快速发展，大量非致命性武器将不断研制出来。计算机战争将会爆发，即将计算机病毒偷偷输入敌方的计算机里，甚至不流血就可结束战争。还可能用攻击军用卫星的行动来击败对方。此外，为了对付低强度的冲突，特种部队将会得宠。在战争中大量使用计算机的情况下，将更加注重情报分析。总之，在“第三次浪潮”的冲击下，知识是最宝贵的安全保障力量。

值得注意的是，西方学者在构建他们的战争学说时有着明显的立场和倾向，他们是站在西方立场，用西方的价值观和民主观来看待当今世界，他们的服务对象就是以美国为首的西方世界，为强权政治做理论粉饰，其实质就是谋求在思想上、世界舆论上占据制高点，掌握发动战争的道义主动权，为其进行战争提供理论支撑。在20世纪90年代，西方战争理论可以说为西方进行战争立下了汗马功劳，美国和北约在进行海湾战争、科索沃战争、阿富汗战争时不同程度地获得了西方民众的支持，但随着美国以莫须有的罪名侵入伊拉克之后，世人就越来越清醒地认识到了美国战争理论的虚伪面目。世界在西方战争理论的“塑造”下没有变得更为和平，而是充满了动荡和不安。

二、战争指导不断涉足新型战略领域

从生产力和生产方式的发展角度来看，人类社会的发展经历了农业社会、工业社会和信息社会这三个大的阶段。与生产力发展密切相关联，人类社会活动的空间也在从陆地向海洋、天空乃至太空和网络等新型战略领域拓展。

在陆地阶段，人类的财富主要来源于对土地的占有和生产，通过农业生产积蓄财富。孙子在谈到战争力量的时候，说道:“地生度，度生量，量生数，数生称，称生胜。”（《孙子兵法》军形篇）土地是战争力量的基础，只有充足的土地，才能有相应的物资、兵力、优势和胜利。在农业社会中，谁拥有更多的土地，谁就拥有更多的财富和力量。因此，强国都是幅员辽阔的国家。到了15至16世纪，自哥伦布地理大发现后，世界逐渐由分散走向一体，世界各部分之间的联系越来越紧密，而这种联系主要依靠海洋，海洋成为全球商品交换的中心环节。欧洲人很快发现控制海洋能够迅速带来财富。1616年，英国冒险家雷利向英国女王上书，提出了一个著名的推论：谁控制了海洋，谁就能控制世界贸易；谁控制了世界贸易，谁就能控制世界财富，进而就控制世界本身。后来，马汉也认识到："合理地使用和控制海洋，只是用以积累财富的商品交换环节中的一环。但是它却是中心的环节，谁掌握了海权，就可强迫其他国家向其付特别税，并且历史似乎已经证明，它是使国家致富的最行之有效的办法。"① 因此，拥有海权的国家，就是世界强国和富国，欧洲的西班牙、葡萄牙、荷兰、英国，以及后来的美国都是海权国家，通过控制海权而迅速崛起。

冷战结束以来，人类社会的活动空间随着技术的发展向新型战略领域快速拓展。新型战略领域是相对于陆地、海洋、天空传统领域而言的空间和领域，并且其内涵随着技术的发展和时代的进步而不断拓展演进。就目前来看，新型战略领域主要涉及与国家安全和发展紧密相关的太空、网络和极地等领域。

新型战略领域是涉及国家长治久安的必争之地。一方面，新型战略领域紧密联系着科学技术和经济产业发展的最前沿，在很大程度上体现着国家和社会发展的新增长点，对国家的产业升级和经济增长意义重大。冷战以后，世界主要大国航天产业带动的经济效益都非常明显。网络蕴藏着巨大财富，通过网络经济致富的速度远远快于历史上任何其他财富积累方式。另一方面，新型战略领域往往具有较高的技术和经济门槛，涉入者需要具备较强的经济技术基础。这种技术和经济优势一旦向军事领域转化，便可在军事斗争中形成超越传统空间和领域的天然区位优势，先入者通常能够占据有利位势，把握战略先机，赢得战略主动。在军事斗争中，制天权和制网权已经成为战争制权体系的重要基石。目前，除了美国之外，俄罗斯、印度、日本、韩国以及一些欧洲强国都已制定了切实的计划，加大了对太空和网络空间的投入和争夺。中国在激烈的太空、网络等领域竞争中也占有一席之地，这对中国维护和平发展的成果，为世界和平事业作贡献将有重大意义。

三、军队建设更加注重技术优势

战争形态的重大变革，通常由军事技术领域的革命首先开始，然后再引起作战方式、作战理论和军队体制编制的根本性变革。自20世纪以来，一大批高技术武器装备相继问世并用于战争，已经深刻地改变了战争的面貌。从海湾战争、科索沃战争、阿富汗战争和伊拉克战争等局部战争中，可以看出：现代战争已进入信息时代，战场对话已经成为高技

① ［美］马汉著，宋毅译：《海权论》，华中科技大学出版社2020年版，第237—238页。

术武器装备的较量；谁拥有军事高技术，谁就能占据更大的战争主动权，为获取战争胜利奠定物质技术基础。

信息时代，信息已成为重要的战争力量。传统武器的物理效能已经达到极限，要想提高战斗力，就必须依靠信息化。在机械化战争时代，战舰、飞机、坦克等武器平台之间的信息交流能力是十分有限的，对于信息的搜集和处理要依靠武器平台自身来完成，因此，作战的各个流程，包括侦察、预警、指挥、控制、机动以及火力打击都是以独立的武器平台为中心形成一个封闭的系统，各个系统之间信息交互的功能十分薄弱。而信息时代的联合作战，用网络将各个平台联系起来，战斗力成倍增长。军队的信息化不仅体现在武器上，也体现在人的素质上。在农业时代和工业时代的战争中，对普通士兵要求有充足的体能、熟练掌握武器、严格遵守战术纪律，对知识的要求并不高。在信息时代，战争要求每一个士兵都应具有丰富的知识，能够充分使用信息化的武器，战时充分发挥主观能动性，成为技术专家型的士兵。

四、军队职能和任务更加多样化

随着冷战的结束和两极格局的瓦解，国际局势总体趋向缓和，大规模战争爆发的可能性大大降低。然而，太平盛世并未如人们想象的那样如期而至，相反，地区冲突、民族纷争、金融危机、黑客入侵、恐怖活动以及急剧恶化的环境污染、传染性疾病的流行、资源争夺加剧等问题却是接踵而来。特别是几个重大历史转折性事件：1997 年东南亚金融危机、2001 年“9·11”事件和 2008 年全球金融危机的接连发生，使人们所期望的和平安宁的生活不断地受到严重冲击。

近代战争主要是国家间战争，战争主要是由国家发动并在国家间展开的，因此，战争的主体是在民众支持下政府领导的军队。冷战以后，这种情形逐步发生了变化。宗教团体、恐怖主义组织、部落、贩毒集团、跨国集团等开始在战争中扮演一定的角色。他们的作用，虽不能像西方学者所描述的那样是纯粹的战争主体和战争的发动者，但至少他们是各种冲突甚至战争的导火索。特别是恐怖主义威胁已波及全球。除了打击恐怖主义以外，还有反毒品、反海盗、反走私等非正规战争行动也呈上升趋势。由于重大社会安全问题的政治性和多样化，就决定了军队作为国家政权的工具，只要这种安全需求与军队具备的专业能力存在一定契合度，都可以纳入军事任务的范畴。相比较正规部队来说，非正规战争对手的特点是：无中心，分散、隐蔽，兵民结合，战法多以袭击、袭扰为主，并且立足于打长期战争。战争的非正规化极大地影响着部队的建设，将会带来军队结构的调整变化、军队职能和任务的不断拓展。

1993年，美国在陆军颁布的《作战条令》中首次提出了“非战争军事行动”这一概念。同年美国参谋长联席会议颁布的联合出版物《联合作战纲要》也正式提出了这一概念，并且在美军上层引起了广泛的关注，美国陆军和空军分别委托美国著名的兰德公司就“非战争军事行动”开展专题研究。随即，一批更具体、更详细的“非战争军事行动”理论研究报告陆续出笼。20世纪90年代，美军在伊拉克、索马里、波黑等地区军事行动的成败得失，使“非战争军事行动”的概念在美国再次引起了广泛的关注和重视，“非战争军事行动”的理论研究更加活跃。2001年美军颁布的《联合作战纲要》把非战争军事行动定义为：“在通常与战争相关的大规模作战行动以外使用国家力量的军事手段而进行的一系列活动”。这一定义既明确了“非战争军事行动”范畴，又明确了“战争行动”与“非战争军事行动”关系与区别。但在2006年美军新版《联合作战纲要》中，又废弃了“非战争军事行动”提法，而是用危机反应与有限应急行动取代了“非战争军事行动”的概念，并将军事行动分为三个等级，即军事接触、安全合作和威慑，危机反应和有限应急行动，大规模作战行动和战役，甚至强调“此类行动可以单独应对危机，也可以成为更大规模的、更为复杂的联合战役或作战行动的一部分”。可见，美军放弃非战争军事行动的提法，并不是不重视非战争军事行动的作用，相反是把它与战争行动放在同等地位，其在国家军事战略中的地位更是有了显著提高。实际上，各主要国家在21世纪以来的发展过程中都遇到了类似的情况，在美军提出“非战争军事行动”思想之后，各国纷纷效仿美军，在确保核心军事职能的同时，注重非战争军事能力的发展。

五、军队改革更加注重均衡发展

冷战后，战略环境发生巨大变化，军事需求也随着发生变化，由此推动世界主要国家军队都进行了一定程度的改革转型。各国军事转型的重点和要求各不相同，像美国的军事转型的重点在于加强信息化建设的同时，强调非正规作战能力的建设。俄罗斯的军事改革的重点，在于打造一支精干的、高质量的职业化军队。然而，改革转型是一个十分复杂的过程，每个国家在改革和转型过程中都面临着种种问题。军事变革的复杂性，体现在它不仅仅是个军事问题，不仅仅只在军事领域展开，还牵涉到国家的方方面面。军事变革是对旧的利益格局的一次大调整，军事技术革命可以由专家来掌控，但全面的军事变革却涉及方方面面，具有很强的不确定性。总体而言，各国改革转型的基本方向是一致的：一是由机械化向信息化转型；二是从数量规模型向质量效能型转型；三是从职能单一化向任务多样化转型；四是从社会动员型向军事职业型转型。

美军最初把新军事革命想得比较简单，认为可以通过技术的进步来直接带动美国军事的转型。美式军事革命的目标是希望在仪表盘后面打赢战争，特别是在国防部长拉姆斯菲尔德的领导下，美军提出了许多崭新的军事理念，应该说是取得了一些成效。但是最终他所主导的伊拉克战争却陷入了战争泥坑，究其原因，主要在于他主导的军事改革过于激进。继任的美国国防部长盖茨提出了均衡战略，认为美军转型的新目标是“平衡”，在加强常规战争力量建设的同时，还要加强非正规战争力量的建设，改变过去摊子太大、处处树敌的局面，收缩军事转型目标。

俄罗斯在冷战后进行了一百年来规模最大的军事改革，尤其是谢尔久科夫担任国防部长之后，军事改革的力度大大加强，并且锲而不舍地持续推进。主要包括裁减军官数量、改革军事教育、建设常备部队、调整体制编制等。在此过程中，改革派和反对派之间的激烈较量，最终迫使俄罗斯当局放弃激进路线，走稳妥、均衡发展路线。

日本于20世纪90年代中后期开始关注新军事革命，并且21世纪初形成比较系统的理论认识。伊拉克战争过后，日本开始大力推进面向未来战争形态的军事改革。2010年前后，日本自卫队在信息化建设取得较大进展的基础上，全面接受美军的“网络中心战”理论，并开始在新的战略环境之下，推动军事力量朝着“正常国家”的方向全面发展，尤其是弥补冷战时期作战力量体系的一些薄弱环节，打造更加全面多能的军事力量。

为适应未来战争形态和作战方式，印度加快军事改革步伐，积极推动由工业时代的机械化军事体系向信息时代的信息化军事体系转变。持续努力推进联合作战体系的构建，创新信息化作战思想，在通过军购提高武器装备水平的同时，尝试推动国防工业的自主化，以满足军事力量长远发展的需求。

信息时代，各主要国家军事思想在很多方面既表现出了一些共同性，也体现出相当大的差异，各国的军事思想都深深植根于本国发展的沃土之中，和他们的文化、民族精神以及政治形势有着密不可分的联系，其军事思想实质在于为各自的国家利益服务，并谋求国家利益的最大化。

第三节　冷战后周边主要国家军事思想发展的趋势

冷战结束以来，中、俄等新兴国家的影响和地位不断上升，“一超多强”的战略格局虽然尚未发生根本性改变，但“当今世界正在经历一场百年未有之大变局”。地区冲突和突发事件时有发生，但世界大战不会来临，和平与发展仍然是世界的主流。为更好地实现国家战略目标，周边主要国家军事思想在适应环境变化、满足军事实践需求的过程中，体现出以下几个方面的发展趋势。

一、根据世界战略格局的变化创新国家安全思想理念

冷战结束，苏联解体，世界战略格局发生重大变化，各种力量分化组合，一些冷战时期被掩盖的矛盾开始显现。世界大战的威胁消失，但是各种其他类型的安全威胁变得更为复杂严峻，从根本上影响着冷战后主要国家军事思想的发展。

美国认为冷战后的世界将面临宗教、种族和族群认同所引发的战争、核扩散、经济不平等与不稳定、环境和食品安全遭到破坏、公共卫生遭受威胁等挑战，美国将综合运用“软实力”和“硬实力”应对这些挑战。除继续发展和完善联盟伙伴关系、公共外交、全球发展、经济一体化、科技创新等思想外，它还可能从以下方面扩展其内涵：一是如何运筹大国关系特别是中美关系，共同应对世界性难题；二是如何发展和运用军事力量，充分实现其威慑作用；三是如何制定和运用新的国际法规，确保美国行动的合法性；四是如何传播美国文化和自由民主价值观，努力影响非西方国家的社会发展方向。

日本由于政权更迭和安全环境出现变化，其安全政策有所调整。一是在日美同盟关系上，提出“对美对等”主张，追求真正意义上日美平等；二是重视地区合作，借美国战略需求推行自主性对外政策；三是准备通过修改《防卫计划大纲》，对日本防务政策做出调整。由此可见，自主安全将成为日本新安全战略思想的重要内涵。

印度的安全考虑仍然集中在外部。在北面，仍然是追求对北部山地小国和关键地区的实际控制权；在南面，要求加强对印度洋的实际控制权。在维护国家安全过程中，既强调以军事力量为后盾，又日益重视通过推进社会民主和增强综合国力来保障国家安全。可以预见，印度将继续构建冷战期间已经初具规模的“安全圈”，其安全战略思想将由着重军事安全向着重综合安全方面转变。

二、形成自上而下的战略体系，思想理论相互关联

经过几十年的战略实践，以美国为代表的西方国家已经形成了较为成熟现代战略体系。通常以国家安全战略为顶层，以国防战略和军事战略为中层，以军种和领域战略为底层，自上而下，相互联系形成战略体系。

国家安全战略指导军事战略的发展，军事战略的发展支撑国家安全战略的实现。例如，美国在2010年5月颁布的《国家安全战略》报告中提出了“重振美国，领导世界”的总战略目标和“安全、繁荣、价值观、国际秩序”的具体战略目标。为实现这些目标，美军将继续贯彻“平衡”战略和“保护、预防、战胜”的战略措施，在各种战略风险、经济与军事、风险与资源、各种力量要素、各伙伴国的明确需求之间保持平衡，恰当地分配和使用各种国防资源。① 在后续颁布的美国《国防战略》和《军事战略》报告中，“平衡”思想得到进一步体现和贯彻，上述要求被进一步细化、具体化为核心任务和行动措施，用以指导美军建设、资源分配和力量运用。

日本政府在全面分析、评价日本所处安全环境及自身国防实力的基础上，自2010年开始对军事战略进行了一系列连续的调整。在战略指导方面，日本政府进一步突破“专守防卫”的核心原则，弱化其消极防御的特征。目前，日本在自卫队行使武力的时机、行使武力的范围、海外派兵、发展进攻性武器等方面均已实现实质性突破，日本政府虽未明确表示放弃“专守防卫”的军事战略指导，但其官方智库已提出摈弃“专守防卫”战略指导的建议。以“实战可用”的军事力量为基础的“动态拒止式威慑”“联合全域威慑”将是日本军事战略思想发展的主流，并将长期指导日本的军事力量建设和实战运用。

印度建国以来并没有系统颁布过国家安全战略，其国家安全思想主要体现在相关政策和高层表态当中。在军事战略层面，将进一步由“被动防御”型向“主动进攻”型转变。2009年11月，印军开始着手修改其战争理论，企图通过实施“冷启动”，同时打赢对华和对巴两场战争，这表明印度的军事战略正由消极“防御”型向积极主动“进攻”型转变。在目标定位上，由地区性军事大国向全球性军事大国迈进；在军事威胁上，主要对手从区域内转向区域外，把中国视为潜在的主要威胁；战争准备上，定位在低强度局部战争上，以打赢现代高技术局部战争为备战目标；在力量建设上，提出要打造外向型的“跨境作战力量”；在威慑思想上，将提升核威慑的战略地位。

三、根据信息时代战争特点规律，创新未来作战理论

冷战结束以后，美国相继提出“网络中心战”“空海一体战”概念，发展了“跨域协同”这一核心理念，并且在此基础之上由陆军提出了“多域作战”理论，跨军种深度联合作战理论将是美军作战理论开发的重点。此外，美军认为网络和太空将是信息时代战争

---

① 2010年美国《国家安全战略》报告，https：//nssarchive. us/wp-content/uploads/2020/04/2010. pdf。

的重要作战领域。经过十多年的发展，美军太空作战理论已有长足进步，但由于其太空攻防武器装备大多处于研制阶段，并且缺乏太空作战实践，还远未成熟，必将继续发展和完善。

俄军认为，空天一体作战是当今大国军事竞争和战争准备的重心，在未来一个较长的时期内俄罗斯将难以彻底改变在空天一体作战方面敌强我弱的局面。为掌握信息时代军事斗争的非对称优势、有效捍卫国家太空利益，俄军必须发展航天与制天力量、跟踪太空军事形势发展、研究太空作战的方式方法。因此，如何构建空天防御系统及各个分系统、如何整合和运用分散在各军兵种的空天作战力量、如何衔接防天反导与防空系统、如何协调首都防空作战与战略方向上的国土防空作战，将成为俄军事理论界研究的重点与难点问题。

日本自卫队作战思想将向积极作为、广域运用、联合快反和跨域协同的方向发展。一是谋求提升军力运用的自主性，进一步争取自身在日美同盟体制中的自主权，为日本军事力量在国际军事舞台上施展拳脚提供更为广阔的空间；二是继续扩大军事力量的运用范围，除警戒监视、防空反导、反特种攻击等国土防卫运用外，还将使海外派兵常态化，不断扩大日本军事影响力；三是强化联合快反能力，保证军事力量快速、有效地发挥作用；四是以所谓“领域横断”为指导思想，提升基于诸军兵种深度联合的跨域协同作战能力。

印军作战思想将加速向联合作战发展。一是重视空地一体作战，通过有效利用空中力量提升整体战力；二是重视机动快反作战，为赢得时间、挫败敌人、达成作战目的创造条件；三是重视信息作战，通过指挥控制战、电子战、情报战、心理战等夺取信息优势。

四、根据潜在作战对手，创新军队建设理论

冷战时期，美军吸取越南战争的经验教训，学习以色列在中东战争中的先进经验，推动新军事革命，由此打造了世界信息化水平最高的军事力量。在反恐战争过程中，美军根据新的战略需求于 2001 年 9 月提出“基于能力”的建军思想，认为美国不可能有把握地预测今后数十年间，哪些国家或非国家行为体将对美国及其盟友的利益构成挑战，却有可能预测敌人可能采取哪些手段直接对美国本土、美国海外驻军及其盟友发动攻击，因此必须用“基于能力”思想取代“基于威胁”思想，从而保证在所有可能发生的冲突中赢得胜利。然而，“基于能力”思想的目标过于宏伟，导致美军建设出现未来需求与现实需求不能兼顾、武装力量结构失衡、国防资源分配不均等问题。于是，美军于 2008 年提出“平衡”战略，使其建军思想向“基于威胁”回归。目前，美军提出“网空作战”“太空

作战”“海空一体战”“全域作战”等作战思想，明确将中国军队视为作战对手，要求为应对中国军队的“反介入和区域拒止”能力做好准备，这表明美军正在根据可能面对的现实和潜在作战对手，创新自己的军队建设理论。

俄罗斯军队已完成由打大规模传统战争的苏式军队向打赢周边局部战争与武装冲突的机动型军队的转型，但尚未完成向信息化军队的全面过渡。随着俄军一系列武器装备发展规划的制定和推进落实，俄军将全面探索向信息化军队转型的问题，特别是信息化军队的领导管理体制、横向关系构建与运行机制、部队的作战编组与作战运用等问题。

日本自卫队建设思想进一步为“政治大国”战略目标服务。将建成为能够满足多种任务需要的、能够迅速而准确地处置突发危机的、可灵活运用的军事力量。提升联合作战能力，具备全球范围内“拓展与拒止”和“跨域协同”能力的军事力量。在此过程中，借助日美同盟强化自身的军事能力，仍将是日军建设思想的基本出发点。

印军职能正逐步由过去单一的防敌入侵向“御外安内、核常并重”的方向转变。军队不仅要能够抵御外敌入侵，还需承担打击日益猖獗的恐怖活动、叛乱活动和海盗活动，保卫海外侨民和海外国家利益等多种任务。因此，印军将依据现代战争特点和任务需要，加快力量结构的转型步伐，力争打造一支能遂行境外作战任务的跨区作战力量。

第二章 冷战后美国军事思想的发展

在美国军事理体系当中，并未普遍使用“军事思想”这一概念。在美军的 military science（军事科学）、strategy（战略、策略、谋略）、doctrine（条令、学说、原理、原则）、tactics（战术、兵法）等领域中广泛包含了我们所说的“军事思想”内容。在长期军事实践中，美国官方以及军事理论界形成了诸多关于战争、军队和作战等问题的系统理性认识，形成了美国的军事思想。它们是美国长期军事实践活动的经验总结和理论概括，也是美国进行战争和军队建设等军事实践活动的理论依据。冷战时期，随着美国经济、军事实力的增强，基于军事技术发展和推行全球战略的需要，美国军事思想的发展取得了长足的进步，各种类型的理论创新主体非常活跃，先后提出过有限战争、逐步升级、低强度冲突、“高边疆”、“空地一体战”、大规模报复、灵活反应、现实威慑、职业化建军等思想理论，基本形成了独具美军特色的现代军事思想理论体系。冷战以后，美国进一步开始在政治、经济和军事上形成了“一超独霸”的有利地位，所面临的安全环境总体而言大大优于冷战时期。相对和平稳定的安全环境，超强的政治、经济和军事实力，持续多变的安全威胁与局部战争，为美国军事思想的创新和发展提供了得天独厚的社会历史条件，形成了冷战后美国军事思想百花齐放、百家争鸣的发展局面，各种新思想和新理论犹如雨后春笋，层出不穷。

第一节 冷战后美国国家安全思想的发展

冷战结束以后，安全环境的变化和新兴技术发展等因素促使美国安全思想持续发展变化。总体来看，美国认为冷战后的国际安全环境更加具有不确定性和多变性，传统威胁并未消失，跨国犯罪、恐怖主义、极端主义、毒品走私等各种非传统威胁迅速发展。冷战后的国家安全既要重视军事安全，更要突出政治、经济、科技、信息和文化安全，要进一步强化盟友体系，通过加强安全合作机制增强维护国家安全的整体能力。

一、美国国家安全思想的战略文化基础

美国历史虽不长，但在其形成发展过程中，继承了殖民者源自欧洲的诸多文化传统，并在逐步走向世界舞台中心的历史进程中，基于自身的殖民扩张和国际博弈实践形成了更加丰富的、具有鲜明特点的美国式战略文化，对美国的国家安全认知和安全思想的发展产生重要影响。

（一）具有宗教意识形态优越感

1630年温斯罗普举家搬到马萨诸塞并当选为殖民地总督。在1630年布道时，他引用了《马太福音》5章14节耶稣的登山宝训中关于盐和光的隐喻——“你们是世上的光。城立在山上，是不能隐藏的”，以此来提醒清教徒殖民者，他们的新社区将成为一座“山巅之城”，被全球瞩目。此信条被后世解读为美国“天定命运”的信条——美国与美国人在世界上地位独特，是世界上第一个也是独一无二的，以自由、个人主义、法律面前人人平等、自由放任的市场等思想为建国基础的国家，将为其他国家的典范。在过去的几十年里，几乎每一本美国的教科书都在讲述这段历史，暗示美国的价值理念、政治体制和历史文化是无与伦比的，值得全世界景仰；美国在世界舞台上发挥独特的作用是命中注定的，因为它被赋予了这个权利，是“上帝选民”。

随着美国取得第二次世界大战的胜利并且发展成为世界最强国家，美国人总是倾向于把自己的成功归因于其卓越的民族特性，更加自信地认为自己是“上帝选民”“山巅之城”和“民主灯塔”。战后几代美国政治精英更加坚定地认为，美国式的自由民主理念及其政治实践代表了人类文明的最高成就和发展方向。因此我们可以看到，对于美国这样一个秉持“天命观”的国家，意识形态与价值观念在其拓展国家利益的实践过程中产生着重要的影响，即以“天选论”“例外论”等价值观为理论基础与精神动力，以美国的实力优势为物质条件，试图通过武力等强制手段来推广美国“价值”、实现美国“理想”，而不只是满足于追求一般的物质“利益”。

基于这种美国特色的战略文化，其安全战略实践的一个重要特征就是武力手段与意识形态旗帜并举。美国国家安全战略历来要把维护美国的“核心价值”作为最重要的内容之一，以此来包装和美化其国家利益需诉求的合法性、合理性和正当性。人们一般认为民主党更注重意识形态，共和党更务实，但这只是表象。共和党小布什政府的《国家安全战

略》报告就明确宣称，美国所倡导的自由、公正等原则，“对于世界上任何地方的所有人来说都是真理”。① 基于这种意识形态优越感，美国人总倾向于认为自己的强权政治是清白无辜，喜欢把自己的对外干涉与霸权行为解释为“替天行道”、迫不得已或者“应邀称霸”，把穷兵黩武的对外干涉解释为面对威胁的正当防卫或惩恶扬善的正义之举。例如，美国决策者在制定冷战战略时常常强调，苏联可以采用任何手段包括武力手段来达到目的，而美国出于道德考虑只是把武力当作最后手段，如果军事优势掌握在苏联手里，那比掌握在美国手里要危险得多。因此，保持“全面实力优势”是弥补“自由世界”脆弱性的唯一途径。而且，当西方的基本价值观念受到威胁时，应该“采取行动包括使用武力来捍卫这些价值”。②

（二）对霸权主义持中性立场

美国二战后的国家战略始终以确立、巩固或维系全球霸权为根本目标。用美国人自己的话说就是要领导世界，建立“美国治下的和平”。“天选论”“例外论”等思想为美国推行扩张主义和干涉主义提供了有力的理念支撑，使其在所谓拯救世界的历史责任感驱使下按照自己的理想改造世界。美国总统约翰逊曾说“历史和我们自身的成就赋予我们保护地球上自由的主要责任”；里根说“上帝已将这个受苦受难的世界的命运交到了美国人手中”；小布什宣称“来自天国的召唤要求我们代表和支持自由”；奥巴马说要让 21 世纪继续成为美国世纪。为此，美国必须确立和维持全球霸权，充当世界领导，制定国际规则，但自己可以不受规则约束。

由于文化的差异，我们和美国人之间关于霸权主义的理解，存在一定的偏差。在我们的认知当中，无论是霸权主义还是帝国主义都是贬义词。然而到了美国，霸权主义并不是贬义词，人们认为这是应该的。在英文词典当中，霸权主义与帝国主义含义非常接近。什么是帝国主义？就是通过压迫其他国家来谋取利益。美国人的字典里面，没有过“己所不欲勿施于人”的说法。美国人有一种天生的骄傲感，对于其他人种或者是国家的人完全看不起。认为自己是最高的种族，这就是非常明显的种族歧视。因此也就有了这样的情况，每次美国政府对某些地区或国家实行霸权主义的时候，在一部分的美国人看来，他们是为

---

① 2002 年版美国《国家安全战略》报告，https：//nssarchive. us/wp－content/uploads/2020/04/2002. pdf。

② 2002 年版美国《国家安全战略》报告，https：//nssarchive. us/wp－content/uploads/2020/04/2002. pdf。

了拯救那个国家或地区的人，或者说是一种优胜劣汰、物竞天择的表现。

（三）奉行绝对安全的理念

对外部威胁的性质及其轻重缓急的判断，是美国决策者制定或调整安全战略、选择政策工具和反应方式的一个重要前提。冷战时期，尽管美国朝野对于苏联行为的根源和苏联威胁的性质经常发生激烈争论，但总的来说，美国的决策层倾向于夸大苏联威胁的严重性和美苏矛盾的不可调和性。因此，其主流战略思维是主张从最坏假设出发，做好最充分的准备，以应付哪怕概率极低的最坏情况。这实际上反映了美国安全观念和战略传统的一个重要特征——追求绝对安全。在当时的条件下，美苏实际上处于某种“囚徒困境”，只能靠揣测来理解对方的意图。许多美国决策者担心，如果把乐观假设作为政策出发点可能会犯下致命错误。例如，对于核武器，正因为其空前巨大的毁灭性，同时又无法保证苏联不会使用它，因此，许多人主张美国必须拥有这种威慑力量，哪怕仅仅是为了遏阻苏联或其他核大国的冒险行为。为此，必须及时扩充美国和北约的常规军力以应对苏联的钢铁洪流，而不是谋求核裁军，指望苏联的政治理性。只有这样，才能够对不同形式的冲突做出相应反应。

总的来说，众多战后美国政治家，尽管主张不尽相同，有时甚至发生严重分歧，但出发点都是为了确立、巩固或维系美国的全球主导地位，这可以说是美国几代政治精英在大战略目标上的一个核心共识。美国不允许任何国家或地区集团威胁美国的安全，挑战或排斥美国利益，其实质是“美国第一”，维护美国在国际事务中的“领导作用”。为了美国的安全，可以牺牲其他国家的安全。为此，他们常常表现出一种强烈的甚至过头的忧患意识，集中表现为总是担心自身力量的衰落或者其他大国的崛起对自己构成挑战，从而要求美国始终保持高度的国防战备状态，要求国防开支非常充裕，要求在世界范围内部署美国常规部队和战略部队。战后特别是冷战结束之初，美国所拥有的空前强大的世界地位，以及至今仍然拥有的超强军事地位，就思想层面的因素而言，很大程度上就得益于此种战略意识或战略共识。

（四）主张以实力求安全

美国战略文化传统极为崇尚实力。以实力求安全是美国人所持有的安全观念与战略思想中的一个非常重要的特点，也是一种经久不衰的现实主义思想传统，几乎成为美国人在战略与安全问题上的思想脉搏与文化基因。19 世纪美国外交政策中的所谓“杰克逊主义”，是这一传统的突出表现。杰克逊主义代表了美国人的军事价值观，集中表现为积极倡导拥有和运用武器的自由，高度推崇军事自豪与武力效用。① 冷战时期，在这一传统的影响下，美国政府决策层不仅倡导防务优先和军事优势论，还经常诉诸民粹主义。在他们的引导下，美国的公众舆论时常在要求战争方面走在政治家前面，而战争一旦爆发，舆论都会强烈支持。在冷战时期，国家安全委员会第 68 号文件集中体现了“以实力求安全”的战略原则，谋求全面军事优势成为美国安全战略的一个核心目标。出于对苏联对外行为具有扩张性质及美苏社会政治体制本质上无法调和这一基本认识，一大批崇尚实力地位和武装戒备的美国战略家，始终立足于考虑应付最坏情况，以“宁可信其有”的威胁预期最大化原则来设计冷战战略。他们认为，无论苏联的“意图”是什么，要保证安全万无一失，只能假定他具有破坏性，且力量越强大破坏力就越大，更值得重视的是苏联的“能力”而不是“意图”。这就是“以实力求安全”乃至以强大军事实力来保证绝对安全这种战略逻辑的由来。因此，强大的军事实力是安全的根本保障，从而导致冷战的“军事化”。这不仅使美国成为一个“国家安全国家”和军工帝国，也使两个超级大国陷入严重安全困境。只是由于双方后来形成了核恐怖平衡，美国决策者才开始重视“战略稳定”问题。即便如此，保持和巩固美国和西方的实力地位仍然是其战略思想的基石。在里根时期，这一原则被表述为“以实力求和平”。小布什政府的安全政策是冷战后的又一个典型，并且再次表明，这种现实主义传统还可以与美国式理想主义与意识形态偏好“混搭”，从而蜕变为某种极端化形式。其特点就在于不仅追求绝对优势与绝对安全，而且倾向于用武力来实现美国理想、推广美国意识形态与价值观。此后的总统特朗普不仅自称是里根的拥趸，还直接照搬其“以实力求和平”的口号，“让美国再次伟大”与里根“重振国威”的口号也是如出一辙。

回顾历史，战后以来的美国安全战略始终把武备放在首位，把武力作为重要政策工具。这实际上体现了美国两党政府共性的战略观念，只不过在某些保守派战略思想中表现得更加突出而已。其实，对于军事力量在安全战略中的核心地位，历届总统都直言不讳。杜鲁门在 1945 就说过：如果美国要维持自己的领导地位，“就必须继续做一个军事国家”。70 年之后，奥巴马同样宣称，美国“将永远维持自己的军事超强优势”。② 2020 年 9 月，

① ［美］沃尔特·拉塞尔·米德著，曹化银译：《美国外交政策及其如何影响了世界》，中信出版社 2003 年版，第 92—95 页。

② 《奥巴马在西点军校 2014 年毕业典礼上的演讲》，2014 年 5 月 28 日，中国日报网，http：//world. chinadaily. com. cn/2014-05/29/content_ 17549353. htm。

特朗普甚至在联合国论坛上宣称："我们拥有世界上最强大的军队，无人能及。"从战后以来任何一份美国国家安全基本政策文件中都不难看出，武力作为硬实力的核心，实际上始终居于首要地位，是美国国家安全战略的基石。表现在国家安全政策上，对内把军事准备放在治国方略和安全战略的首要地位，对外把武力作为解决国际政治与外交问题的一种重要工具。①

"以实力求安全"在地缘战略上还表现为极具美国特色的军事同盟体系。联盟战略与"伙伴关系"在美国的全球战略中处于关键地位。联盟既是美国谋求世界霸权的力量支点，也是美国霸权覆盖的核心区域。历史上的大国霸权往往直接采取武力征服领土、奴役人民、强占资源的形式，美国霸权则更多地采取"借力"的方式，通过各种军事集团、条约组织构建其联盟体系，并要求盟友在政策上协调一致、在经济上相互让步、在军事上共同分担防务责任，从而形成一个合力围堵对手的战略网络。

（五）极度崇尚科技能力

美国的战略思维非常崇尚科技能力，强调"技术制胜"。在军事领域的具体表现就是将军事优势主要寄托在技术优势之上，重视把先进的科学技术应用到军事领域，将保持军事技术优势作为实现军事战略的坚实后盾。

纵观美国军事战略的发展历程，从掌握制海权、制空权到追求制天权、制网权，从核威慑到信息优势，无不与科技发展进程密切相关。技术领先始终被视为美国军事力量的一个重要标志。在"技术决胜"思想的影响下，美国军事战略十分重视"技术突袭"和"技术预警"能力与机制的建设。"技术突袭"就是以独有的技术成果或压倒性优势突袭对手；"技术预警"则是指对潜在对手可能形成的"技术突袭"能力及时发出警报。美国政府、军方与科学界和企业界密切合作，高度关注相关科学技术的发展趋势，随时跟踪、界定和评估未来可能威胁美国军事优势的重点技术领域，根据国家安全战略的需要及技术发展趋势来制定相应的技术发展战略，打压竞争对手的科技发展，从而凭借综合科技优势确保美国军事技术、武器装备与作战能力的领先地位。

二、冷战后美国国家安全思想发展的主要内容

1986年，美国国会通过的《戈德华特—尼科尔斯国防部改组法》规定，美国总统理

① 石斌：《美国"黩武主义"探源》，《外交评论》2014年第3期。

论上每年要发布一份国家安全战略报告①，对外阐述美国的宏观战略方针，具体涵盖以下内容：对美国国家安全至关重要的全球利益和战略目标；美国的国防和外交政策以及能力发展规划；美国政治、经济、军事和其他力量运用的规划构想；对美国贯彻国家安全战略能力的评估；等等。1987 年，里根政府发布了第一份《国家安全战略》报告。在之后近 30 年时间里，美国历任总统又陆续发布了 16 份国家安全战略报告（包括临时性的《国家安全战略指南》），集中反映了美国对于国家安全和战争问题的认识发展。由于美国是全球性大国，其国家利益遍布世界各地，不同利益集团对于在不同时期国家利益重点的认知有所区别，从而在不同情况下影响美国政府的战略决策，由此形成了冷战后美国国家安全思想发展变化。

（一）布什政府时期的国家安全思想：在冷战后时代延续和拓展美国的优势地位

冷战结束，苏联解体，意味着美国面临的安全环境发生了本质性变化，如何看待冷战后美国面临的安全威胁和挑战，是冷战后美国国家安全所要解决的首要问题。1991 年 8 月，老布什政府发表了冷战后的第一个国家安全战略报告，对冷战结束后的新时代美国所面临的挑战和机遇进行了分析，指明了美国在冷战后主要面临三个方面的挑战：在政治上，美国对联盟的领导作用由于苏联威胁的消失而受到冲击；在军事上，面对的危险更加模糊不清，“要对付的不是一个特定的、已经做好准备的敌人，而是政治真空和地区性不稳定”；② 在经济上，冷战的结束和贸易伙伴经济力量的增加可能会影响经济、政治和安全目标的实现。尽管冷战后美国面临诸多挑战，尤其是美国经济从 1990 年下半年陷入了战后第九次经济衰退，③ 但总体来看，“美国仍然是在每个方面——政治、经济和军事——都真正具有全球性力量、作用和影响的唯一国家”。④ 正是基于对冷战后新时代的这些认识和判断，布什政府提出了新的安全战略目标和手段途径，其核心是巩固冷战的胜利果实，延续和拓展美国的优势地位。

---

① 由于过于烦冗重复，每年发布一份国家安全战略报告的制度并没有严格执行，并逐步演变为每个任期发布一份。

② 1991 年版美国《国家安全战略》报告，https://nssarchive.us/wp-content/uploads/2020/04/1991.pdf。

③ 苏格：《美国“参与和扩展”国家安全战略的定位》，《外交学院学报》1997 年第 4 期。

④ 1991 年版美国《国家安全战略》报告，https://nssarchive.us/wp-content/uploads/2020/04/1991.pdf。

第一，提出建立“世界新秩序”这一长期战略目标。这一目标的核心是确保美国在世界事务中的优势和领导地位，本质是要建立一个符合美国利益的冷战后国际秩序。首先，冷战后的美国国家利益遍及全球，战略制订也必然着眼于全球，不可能因为冷战的胜利而再回到基于孤立主义界定的狭义的国家利益层面。只要美国的全球利益不收缩，其战略制订的全球性特征就不会改变。其次，冷战的结束使美国成为世界上唯一的超级大国，进入一个“战略机遇期”。在美国的实力远远超过其他大国和没有迫在眉睫威胁的情况下，在老布什政府看来，实施优势战略是可能的，也是必然的。最后，谋求世界范围的优势和领导地位是冷战后的有利环境和美国领导层胜利心态双重作用的结果。冷战后，美国获得前所未有的有利安全环境。美国四下望去，发现自己处于无人可比的有利地位。在这样的前提下，美国当仁不让谋求全球霸权优势，不仅有其符合情势的心理导向，更有强大的综合实力作后盾。

第二，构建美国领导下的“集体参与”联盟体系。联盟手段是冷战期间美国对付苏联威胁的重要手段。但在苏联解体后，美国非但没有解除或轻视与盟友的关系，反而加紧改造联盟以适应冷战后的新形势，进一步把联盟作为实现美国新的安全战略目标的重要手段。美国认为保持与盟国的密切联系是美国安全战略的重点，在建设世界新秩序过程中，仍需要这些盟友的支持。美国称霸世界的战略目标与战略手段和能力的不足，是二战后美国安全战略中一直存在的一对矛盾。冷战结束后，虽然美国成为世界上唯一的超级大国，但是这一矛盾并没有解决。为缓解这一矛盾，美国一直利用联盟手段，来补充本国力量和手段的不足，力图以较小的代价平衡他国力量，维持本国的优势。与此同时，依托联盟手段实现美国的目标更易于获得国内的支持和国际社会的认可。正如老布什政府《国家安全战略》报告中所阐述的：“在越来越多的情势中，我们的利益与那些并未与我们有正式条约关系的国家联结在一起。正如在海湾战争中一样，我们也许会在混合性联盟里行动。这一联盟不仅包括传统的盟国，而且还包括那些与我们没有成熟的外交和军事合作甚至没有共同政治或道德观念的国家。”①

第三，加强军备控制，阻止先进武器和技术扩散。美国认为军备控制是减少全球紧张局势的重要抓手，也是优势战略的重要组成部分。军备控制主要通过达成既能加强国际稳定又能增强美国及其盟国战略优势的协议来实施。具体途径包括：弱化能成为发动军事攻击诱因的军事能力；为减少对侵略意图的恐惧，提高军队规模和结构的可预见性；通过有

① 1991年版美国《国家安全战略》报告，https：//nssarchive. us/wp－content/uploads/2020/04/1991. pdf。

效的核查，保证对遵守条约的信心。① 为处理苏联巨大的核武库和常规军力，美国采取了双管齐下的方针。一是与苏联谈判达成关于常规武装力量和战略核武器的一系列协议，使欧洲常规力量对比由苏联的优势转为有利于美国及其盟国的优势，使战略核力量的均势保持在较低水平，消除对美国的潜在威胁；二是在拟定了欧洲和东西方军备控制项目后，将重点转向制止核生化武器以及发射这些武器的导弹在全世界的扩散。美国一方面利用联合国和现有的国际机制，制定如《武器出口准则》《中东军控、军品转让及不扩散》《导弹技术控制规定》《化学武器公约》等制度协议；另一方面，在处理国家关系中将不扩散作为判定一国国际行为优劣的尺度，并对美国认为有核扩散嫌疑的国家实施制裁。

（二）克林顿政府时期的国家安全思想：在世纪之交有效应对快速变化的安全环境

克林顿政府是冷战结束后上台的第一届政府，也是 20 世纪最后一届政府。克林顿政府执政期间的美国正处于一个战略转轨的关键历史时期。为此，克林顿政府的安全战略在继承了老布什政府大部分思想理念的基础上，提出了一些适应新形势的新思想。1994 年，克林顿发布上台后的第一个《国家安全战略》报告，提出了“参与和扩展”战略思想。“参与”的含义是，美国应避免“孤立主义”，积极参与国际事务，进一步加强美国对世界的领导。“扩展”的含义是，美国应充分利用冷战胜利的成果，扩大美国的影响力。② 克林顿政府认为，只有以“参与和扩展”为指导思想的安全战略，才能减少美国面临的威胁，确保美国的安全，促进美国的国家利益。从 1997 年开始，克林顿政府连续三年提出了主题为“21 世纪国家安全战略”的报告，与“参与和扩展”战略的基调和内容基本一致，同时更加关注 21 世纪将会出现的新情况，更加注重长远的威胁和挑战。2000 年底，克林顿政府又发布了“全球化时代的国家安全战略”报告。综合克林顿政府的多份国家安全战略报告和相关战略实践，可以清晰地发现其中的基本逻辑和思想。

第一，突出经济安全在国家安全中的地位作用。经济议题是 1992 年大选中克林顿竞选取胜的最主要因素。克林顿政府上台伊始，就大谈“美国的国家安全主要是经济安全”，树立以“经济安全”为核心的国家安全新理念，使一切对外政策和防务政策都围绕这一核心运转。这种将经济要求提升至国家利益优先地位的政策取向成了克林顿政府有别于以往

---

① 1991 年版美国《国家安全战略》报告，https://nssarchive.us/wp-content/uploads/2020/04/1991.pdf。

② 赵刚箴：《评美国新国家安全战略报告》，《现代国际关系》1999 年第 3 期。

历届政府的突出特点，也集中体现了冷战后时代美国战略制定者对其安全环境的重新认识和定位。随着全球化的深入发展，美国经济与世界经济融为一体，难以避免世界其他地区的经济动荡对其自身经济造成的冲击。1997 年《21 世纪国家安全战略》报告指出，“我们未来的繁荣取决于国际金融体系是否稳定和全球经济是否强劲”，① 因此，美国更注重自身的经济安全，加大对世界经济的干预力度，建立起一个以美国为主导的国际金融运行机制，扩展美国的经济利益，维护和强化美国在世界经济事务中的领导地位。

第二，将强大的军事力量作为维护国家安全的基础。克林顿政府认为军事力量对安全战略取得成功是至关重要的。要维护美国的利益，美国应该部署强大而又灵活的部队，完成应付重大地区的不测事件、提供有效的海外驻军、制止大规模杀伤性武器、实施维和行动、支持反恐怖主义等任务。同时进一步指出，美国应当注重在和平时期的军事力量运用，设法在对局部危机和冲突发酵和升级之前做出军事反应，将危机态势遏制在萌芽状态。但同时指出，美国军队参与和平行动不能太多，只有在国家利益受到威胁的情况下，才采取必要的军事行动。

就何时和如何使用军事力量的问题，克林顿政府提出了四项基本原则：国家利益是决定美国是否参与和多大程度参与国际事务的标准，对国家实体存续、安全和活力具有广泛的、压倒一切的影响的重要利益，军事力量的使用应该是明确的、果断的，在必要的时候，甚至可以是单方面的，而对不是迫在眉睫和影响重大的威胁，军队的使用要有选择性；尽可能寻求与盟国和多边机构的共同行动；军事手段是最后的选择；参战不得超过合理的费用和可行性界限。②

第三，防止大规模杀伤性武器的扩散和使用。和老布什政府时期一样，克林顿政府认为大规模杀伤性武器以及用来发射这些武器的导弹对美国及其盟国构成了重大威胁。因此，安全战略的一个关键部分就是设法防止这种武器的扩散，并且塑造能有效应对这些威胁的能力。报告指出，一是要通过执行目前的战略武器协议，以防止核武器的扩散；在防止扩散的努力失败后，考虑对使用大规模杀伤性武器的国家进行军事报复，这需要加强美国的军事能力。二是要维持强大的战略核部队，通过威慑作用防止和制止大规模杀伤性武器的扩散和使用。三是加强军备控制，限制大规模杀伤性武器的扩散和潜在的军备竞赛的

---

① 1997 年版美国《国家安全战略》报告，https：//nssarchive. us/wp－content/uploads/2020/04/1997. pdf。

② 1994 年版美国《国家安全战略》报告，https：//nssarchive. us/wp－content/uploads/2020/04/1994. pdf。

出现。①

第四，开始关注应对各种非传统安全问题。冷战以后，美国面对的安全威胁类型不断增加，非传统安全威胁比重明显上升。尤其大规模杀伤性武器的扩散、恐怖主义的发展等问题开始成为美国在世纪之交面临的重要威胁。克林顿时期的国家安全战略还首次提出环境问题等对国家安全的重要性，指出人类对资源的争夺会对全球的地区性稳定形成威胁。应对环境问题，需要政府和非政府组织之间建立伙伴关系，需要国家与国家之间以及地区与地区之间实行合作，制定出解决这些环境威胁的长远政策。为此，克林顿政府提出要不断拓展维护国家安全的途径手段。如要加强情报机构的能力，使其能够对付更广泛、更多样的威胁和风险。1999 年的国家安全战略报告进一步在外交、国际援助、军控和防扩散、军事行动这四种手段之外，又增加了公众外交和环境健康计划两种手段。②

克林顿政府的国家安全战略在战略指导原则和战略目标上，继承了老布什政府利用苏联解体后的战略优势推行全球霸权的战略目标；在战略手段上，除继承老布什政府时期的传统军事安全方式和地区防区框架，同时更多地采用意识形态渗透等非传统安全方式，注重以多边主义为主，充分发挥盟友的作用。

（三）小布什政府时期的国家安全思想：以“先发制人”方式应对恐怖主义威胁

冷战后美国的国家安全战略的基本目标很明确：维护和加强一超地位，防止可能的竞争对手出现，建立美国的世界霸权。这一核心战略诉求并没有随着美国执政党的更迭而发生实质性变化。然而，在如何认识当前的国际形势、什么是美国面临的最大威胁等问题的认知上，小布什政府与之前的美国政府有很大的不同。特别是“9·11”事件打破了美国安全坚不可摧的神话，从而导致政府决策层安全观念的深刻变化。小布什政府共发布两份国家安全战略报告，发布时间分别为 2002 年 9 月和 2006 年 3 月，与《四年防务评估报告》《核态势评估报告》等战略文件一起，形成以应对恐怖主义和“先发制人”为主要特点的国家安全理念。

第一，将恐怖主义确定为所面临的最大和最现实威胁。小布什政府认为，地理距离提

① 1994 年版美国《国家安全战略》报告，https://nssarchive.us/wp-content/uploads/2020/04/1994.pdf。

② 1999 年版美国《国家安全战略》报告，https://nssarchive.us/wp-content/uploads/2020/04/2000.pdf。

供给美国本土的安全保障正在消失。美国的地理位置已不能够再能保证其人口、领土和基础设施免遭直接攻击。在未来，美国将面对一个一些国家的内部冲突加剧可能威胁全球稳定的世界。从中东到东北亚，有一个广阔的弧形不稳定区域，这一区域中既有正在崛起的新兴国家，也有走向衰败的地区大国。这些国家中有的政府有被种族矛盾或国内极端政治力量推翻的危险。很多这样的国家都拥有大规模军队，并拥有开发或获得大规模杀伤性武器的潜在能力。军事技术扩散会导致美国的对手、对美国构成威胁的非国家行为体因掌握了先进的军事技术，而能够对美国本土、美国的海外驻军、美国的盟国构成更大的威胁。这一点深刻地体现在小布什政府时期的两份《国家安全战略》报告中。2002 年的报告指出，“恐怖主义与大规模杀伤性武器的结合是美国国家安全面临的主要威胁”，美国目前的首要任务就是摧毁全球恐怖主义组织。2006 年的报告也指出，极端意识形态滋生的恐怖主义的兴起给美国带来了重大挑战和“不对称威胁”。

第二，采用“先发制人”的应对策略。2002 年 5 月，时任总统小布什在德国发表演说，首次提到要对敌人实施“先发制人”的攻击。2002 年 6 月 1 日，小布什总统在西点军校的演讲中指出：“准备在必要的时候先发制人，以捍卫美国的自由和美国的生命”，①借此提出了“先发制人”的国家安全战略思想。2002 年 9 月出台的美国《国家安全战略》报告把“先发制人”战略正式确定为美国在 21 世纪初的国家安全战略，强调美国将在威胁完全形成之前就采取行动，向恐怖分子和敌对国家发动主动进攻，消除针对美国的威胁，以保证美国的绝对安全。

在小布什政府执政初期，其前景并不被看好。但“9·11”发生后，小布什政府成了“准战时政府”，确实在一定程度上表现了出色的危机管理能力以及当机立断的行动反应。小布什政府有关美国正处于“战争状态”、发誓要进行反恐战争的提法和迅速组织反恐联盟来进行阿富汗战争的决断，激发了美国的民族主义情感，提升了受“9·11”事件重创的美国国民的情绪。特别是小布什政府一系列的强硬政策，如“不管死活都要捉拿本·拉登”、全面加强机场安全检查和为了国内安全所采取的一系列行动，对于当时心理脆弱的美国国民心态来说，无疑是注入了一针又一针的“强心剂”，这都使得小布什政府的国内支持率空前高涨，他本人一跃成为二战后最强势的总统之一。这为新一届美国政府推行强硬对外政策和安全战略奠定了基础。

第三，以应对恐怖主义为核心重整内外措施。在国内政策方面，国土安全被提升到了

---

① 布什在西点军校扬言要先发制人打击恐怖主义，新浪网，http：//mil. news. sina. com. cn/2002-06-02/68907. html。

前所未有的高度。继2001年9月成立国土安全办公室以后，小布什政府又于2002年成立了国土安全部。国土安全部合并了22个联邦政府机构，成为美国最大的联邦政府部门。为了防止恐怖分子对美国的渗透，FBI还推出了招募百万人成为政府"线人"的计划。① 反恐的各种国内措施让安全战胜了民主，以至于媒体怀疑反恐政策是否会将美国拖回到20世纪50年代初的"麦卡锡主义"时代。在对外政策上，其单边主义的政策倾向进一步发展，反恐的战略性需要成了美国外交的优先事项。2001年12月13日，布什宣布退出反弹道导弹条约，强调为了履行保护美国人民的承诺而要大力发展导弹防御系统。美俄关系在"9・11"事件后大幅度改善，俄罗斯成了美国的反恐盟友和战略伙伴。由于亚洲是反恐的重点，美国的亚洲政策出现了重大调整，一批支持美国反恐的亚洲国家得到了美国特别关注，美国在中亚、南亚和东南亚的军事存在进一步扩大。为了有效推进在阿富汗、中东和东南亚的反恐行动，美国在2002年7月24日提出了新的中东和平计划，在南亚大力斡旋印巴冲突，在中亚国家签订了驻军或者军事设施利用协议，同东南亚国家签署了美国与东盟的反恐合作协议。同时，美国还帮助格鲁吉亚进行反恐行动，派出近百名军事人员进入格鲁吉亚。在军队建设方面，布什政府全面推动"军事转型"构想，力求使得美国的军事力量摆脱冷战时的以苏联军队为主要目标的重装化力量结构，建立新"三位一体"的战略和常规威慑力量，加强美军的全球迅速反应和投送能力。同时，通过建立导弹防御系统、发展空间军事计划、研发无人驾驶飞机和对深藏目标的打击能力为代表的新作战能力，适应21世纪美军军事行动的作战需要。

"9・11"事件的爆发导致恐怖主义和地区安全威胁成为美国的首要关切，战略手段也变成进攻性的"先发制人"。但值得注意的是，这并不意味着小布什政府不关注大国战略竞争。相反，打击恐怖主义现实威胁和防止长期大国威胁这两个目标有机统一在"先发制人"这一战略中。

（四）奥巴马政府时期国家安全思想：以"巧实力"应对多样化的安全挑战

小布什政府发动的反恐战争又一次将美国拖入了战争的泥潭，透支了美国的国力，激化了美国的内外矛盾，并且最终导致了2008年经济危机的爆发。在此背景下，奥巴马政府积极调整美国的国家安全战略。奥巴马政府分别于2010年和2015年出台了两份《国家

---

① 美国联邦调查局招募网民当"线人"，央视网，http://news.cctv.com/world/20070731/108500.shtml。

安全战略》报告，对小布什政府的国家安全战略进行了大幅度的调整。不同于小布什政府时期重点突出恐怖主义威胁，奥巴马政府认为当时的美国实际上面临着非常多样化的威胁和挑战，包括新兴大国、恐怖主义、气候变化、流行性和传染性疫情、跨国犯罪等。因此，美国需要尽快结束反恐战争并推动经济全面复苏，在应对多样化的全球挑战的过程中，恢复和重塑美国的全球领导力。

第一，调整战略理念，以“巧实力”取代了小布什时期的“先发制人”。进入21世纪以后，美国面临的安全威胁日益多元化，这一判断成为美国战略界的共识。小布什政府在“9·11”事件前，主要将中国等新兴大国列为主要威胁，而“9·11”事件后又立刻急转向，将恐怖主义及其资助国看作主要威胁。从威胁判断上来看，都体现出了“一元论”的倾向。更重要的是，在应对威胁的方式手段上，小布什政府体现了传统的国家中心主义，用过时的常规思维应对非常规的“9·11”事件，仍然主要依靠军事手段来解决恐怖主义威胁。与这一思路相反，美国智库“战略与国际问题研究中心”的“巧实力委员会”于2007年推出研究报告《更灵巧、更安全的美国》，其思想理念很快受到民主党特别是希拉里·克林顿阵营的高度关注。报告强调，面对美国实力和影响力下降的现实，美国应灵活使用不同的政策工具，特别是要加强与盟国的关系，强化国际制度，善用投资发展、公共外交、经济整合、科技创新等途径实现美国的战略目标。① 奥巴马上任后，美国政府正式接受了“巧实力”思想，并以此作为推行战略的重要方法途径。

第二，收缩反恐战线，调整打击恐怖主义的策略手段。过度投入反恐战争是先前美国政府的重要战略失误，纠正这一失误是奥巴马政府的当务之急。因此，奥巴马上任后立即启动了分阶段从伊拉克撤军的行动。2010年8月31日，奥巴马政府宣布美国正式结束在伊拉克的作战任务并开始撤军。到2011年12月18日，美军完全撤出伊拉克，时任国防部长帕内塔于12月15日正式宣布伊拉克战争结束。对阿富汗战争，奥巴马政府的战略也是逐步退出，不过采取了先增兵稳定局势、后分批次撤出的战略安排。美国反恐战略的调整并不意味着反恐行动的终结，而只是反恐策略方式的调整，即更多地运用特种部队和无人机进行小规模精准行动。2011年5月，美国特种部队在巴基斯坦击毙本·拉登，取得了反恐斗争的重大胜利。与此同时，美国使用无人机“定点清除”，尽管造成一些无辜平民死伤，但也确实“不动声色”地打击了恐怖分子。奥巴马政府调整打击恐怖主义的策略手

① Richard L. Armitage and Joseph S. Nye, Jr. (cochairs), A Smarter, More Secure America, A Report of the CSIS Commission on Smart Power, http://csis.org/files/media/csis/pubs/071106_csissmartpowerre-port.pdf.

段，成本更低、动静更小、收效也更为明显。

第三，将经济问题置于国家安全战略的首要位置，推动美国从金融危机中恢复。将经济问题置于国家安全战略的首要位置，是奥巴马政府的国安战略与过去相比最大的变化。2010年《国家安全战略》报告开宗明义地指出："我们的战略基于这样的认识，即我们在国外的力量与影响力源自我们在国内的行为。""我们工作的中心是让经济保持活力，这是美国力量的源泉。"① 奥巴马政府，特别是希拉里担任国务卿的国务院反复强调"经济国策"的重要性。在自由贸易方面，除批准了小布什政府时期与韩国、巴拿马、哥伦比亚达成的自贸协定外，奥巴马政府还以多边方式积极推进"跨太平洋伙伴关系"（TPP）和"跨大西洋贸易与投资伙伴关系"（TTIP）这两个新的经济自由化安排。在吸引投资方面，奥巴马政府于2011年6月推出"选择美国"计划，希望吸引更多外国投资。此外，奥巴马政府还开始推行"能源新政"，重点推动可再生能源的发展。总体看，奥巴马政府将国家安全的重心放在了国内，给经济的复苏创造了一个比较稳定的外部环境。

第四，平衡军事态势，推进重返亚太。军事力量始终是美国国家安全与大国地位最基本、最根本的保障。自2001财年以来，美国在反恐战争期间国防预算一直处于迅速增长之中，峰值年份达到了近七千亿美元，造成了沉重的财政负担。由于金融危机对美国经济造成巨大冲击，美国政府的财政状况不断恶化，奥巴马政府必须削减政府开支，而其中相当大的一部分是国防开支。根据2011年美国《预算控制法》，美国国防开支需从2013财年开始的10年间削减4870亿美元。② 2012年，奥巴马政府发布了《国防战略指南》，调整了"同时打赢两场战争"目标，提出"在一个战场击败重大侵略行动，同时在另一场冲突中干扰和破坏潜在敌人，或使其付出难以承受的代价"。③ 在此基础上，美军开始裁减人员和装备，升级军事技术，推动军事力量向"小、快、灵"的方向转型。美国国防部2014财年《国防预算优先性与选择》明确要求确保将紧张的经费投入到太空、网络、特种作战以及情报、监视、侦察等重点领域，提出美国战略重心必须向亚太倾斜。④ 为应对

---

① 2010年版美国《国家安全战略》报告，https://nssarchive.us/wp-content/uploads/2020/04/2010.pdf。

② 美国国防部公布2013国防预算 911以来首次下降，中国网，http://www.china.com.cn/military/txt/2012-02/14/content_24630980.htm。

③ 《保持美国在全球的领先优势：21世纪国防的优先事项》，http://www.defense.gov/news/defense_strategic_guidance.pdf。

④ The US Department of Defense, "Defense Budget Priorities and Choices Fiscal 2014," http://www.defense.gov/pubs/DefenseBudgetPrioritiesChoicesFiscalYear2014.pdf.

中国等国的“反介入/区域拒止”能力，提出“空海一体战”等概念，发展和部署高精尖武器。2012 年 6 月，时任国防部长帕内塔宣布将在 2020 年前，将在太平洋和大西洋部署的舰艇数量比例从 5∶5 调整为 6∶4。为应对东海、南海可能出现的意外和冲突，美军在新加坡轮驻濒海战斗舰，在日本冲绳部署“鱼鹰”运输机，加强其在亚太驻军的针对性。

与布什政府倾向于在全球推进美国霸权及美式民主的单边主义态势相比，奥巴马政府的战略目标集中于纠错，恢复美国经济发展，重新平衡各方面的战略投入，努力维持美国霸权“基本盘”，在战略手段上更加强调运用“巧实力”和多边主义。

（五）特朗普政府时期的国家安全思想：聚焦“美国优先”与大国竞争

冷战结束后，克林顿、小布什与奥巴马政府持续奉行“威尔逊式”自由主义的国家战略，向全世界推广美国式自由国际秩序。但是，2017 年初上台的特朗普政府在“美国第一”的思想理念指导下，并不认为一个自由民主与经济开放的世界与美国国家利益关系重大。特朗普政府所强调的安全、繁荣、民主都是美国自身的，而不是世界的。特朗普宣称，他领导的政府将以“美国第一”为准绳，坚定捍卫美国利益，保护美国人民、国土安全及美国人的生活方式，促进美国繁荣，通过实力维护和平，拓展美国在全球的影响力。

第一，明确倡导“美国优先”。维护美国的霸权利益，是第二次世界大战结束以来美国安全战略一以贯之的主题。然而，特朗普政府的国家安全战略对如何维护美国的利益，有着不同于以往的理解和诠释。特朗普政府认为，要确保美国在竞争中立于不败之地，美国政府必须改弦易辙，聚焦美国国家利益，坚定捍卫美国的制度、文化、传统和民主自由等立国原则，将本国人民的安全、利益和福祉放在第一位。其《国家安全战略》报告明确提出，捍卫“美国第一”意味着必须保护美国的四大核心国家利益：保护美国人民、美国国土及美国的生活方式；重新焕发美国经济活力，促进美国繁荣；建立强大的军事力量，以实力求和平；促进美国的全球影响力。美国的一切对外政策和行动都要以此为准则，以促进美国国家安全、经济利益、军事优势及全球影响为行动指南。①

第二，渲染国际权力争夺与大国竞争。渲染权力争夺和大国竞争是特朗普时期美国安全战略的另一突出特点。冷战结束后，美国战略界一度陶醉于冷战结束的“单极时刻”与“历史终结论”中，认为大国竞争的时代已经过去。这一基本战略判断直至奥巴马时期也没有发生实质性变化，尽管在奥巴马执政后期，美国国防部开始强调俄罗斯和中国对美国

---

① 2017 年版美国《国家安全战略》报告，https：//www. whitehouse. gov/wp－content/uploads/2017/12/NSS-Final-12-18-2017-0905-2. pdf。

国家安全构成的挑战。特朗普政府的国家安全战略明确宣称“大国竞争的时代已经再次来临”，过去的“战略自满”及“竞争将让位于合作”的战略判断是错误的。将中国和俄罗斯定性为“修正主义国家”及美国的战略竞争者，认为中俄“在地区及全球拓展其影响”，“挑战美国的权力、影响、利益”及“地缘政治优势”，“以有利于它们的方式改变国际秩序”，“塑造一个与美国的价值观及利益相对立的世界”。报告还危言耸听地给美国与中俄的大国竞争贴上口号化的标签，指出这在本质上是“自由与压迫”的竞争，是两种不同世界观的竞争。美国必须严肃对待，做好应对挑战的准备。①

第三，将中国视为美国的头号战略竞争对手。除了明确宣扬大国竞争和捍卫“美国第一”外，将中国视为美国头号竞争对手是特朗普时期美国国家安全战略的重要变化。特朗普政府认为中国在全面挑战美国的权力、影响与利益，试图削弱美国的安全与繁荣。“中国试图替代美国在印太地区的地位，推广其国家驱动的经济模式，并按照对其有利的方式重塑地区秩序。”② 特朗普政府不赞同以往美国政府应对中国的策略，指出：“数十年来，美国的政策都基于这一信念，即支持中国崛起和融入第二次世界大战战后国际制度将会让中国自由化。但事与愿违，中国在以损害他国主权的方式拓展权力”，“传播其威权主义制度的特征，建立仅次于美国的强大和军费充裕的军事力量”。③ 因此，特朗普政府一改此前美国历届政府对中国的战略定位和“遏制加接触”的对华战略，明确将中国定位为美国的战略竞争对手，且排在美国各类威胁的第一位，在加大对华遏制力度的同时推动各方面与中国的“脱钩”。

第四，将印太地区作为美国全球战略关注的优先区。美国的战略思维深受地缘政治传统的影响，其本质是增强美国对全球战略要地的掌控，确保美国所倡导的价值体系畅通无阻，从而维持和巩固其国际领导地位。特朗普政府总体上继承了美国传统战略布局的整体方向，但是在区域优先排序和前沿部署上做了重要调整，明确提出“印太”概念并将印太地区放在美国全球战略的首要位置。根据特朗普政府的《国家安全战略》报告，印太地区的地理范围从印度西海岸一直延伸到美国的西海岸，基本上与美国太平洋司令部的责任区域重合。特朗普政府的“印太战略”是对奥巴马政府“亚太再平衡”战略的延伸与发展。

---

① 2017年版美国《国家安全战略》报告，https：//www. whitehouse. gov/wp－content/uploads/2017/12/NSS-Final-12-18-2017-0905-2. pdf。

② 2017年版美国《国家安全战略》报告，https：//www. whitehouse. gov/wp－content/uploads/2017/12/NSS-Final-12-18-2017-0905-2. pdf。

③ 2017年版美国《国家安全战略》报告，https：//www. whitehouse. gov/wp－content/uploads/2017/12/NSS-Final-12-18-2017-0905-2. pdf。

其实质都是通过美日印澳四国同盟来制衡中俄两国的战略威慑，只是相比而言，“印太战略”的针对性更为明确直白。基于此，特朗普政府主张加强在印太地区的军事力量，强化以美国为主导的多层次战略同盟体系，通过鼓励区域合作、增强基础设施投资、推进双边贸易协定等方式强化美国在印太地区的经济存在，以抵消区域大国的不断拓展战略影响力。

第五，提出“以实力求和平”的战略口号。军事优势是美国保持其领导地位的重要战略支撑。由于军事优势能够直截了当地解决问题，冷战以来，美国尤其喜欢将军事力量用作维护国家安全的基本手段。① 而在军工利益集团的影响下，特朗普政府对军事优势的依赖更为突出。早在竞选时期，特朗普就将“以实力求和平”作为其竞选纲领与承诺，并在执政后一直贯彻执行这一理念，在世界各大热点地区和主要大国之间，以强硬的姿态捍卫美国式和平。特朗普政府认为，传统大国间的地缘政治争夺正在强势回归，“修正主义国家”正在“挑战”和“颠覆”国际秩序。在特朗普政府看来，竞争对手突飞猛进的军事现代化和不断攀升的常规军事力量、独裁国家逐渐增强的核弹技术水平以及恐怖分子日益频繁的恐怖袭击活动，意味着这些国家或地区与美国在军事能力上的差距正在加速缩小。因此，美国必须重整军力，扩大军事力量规模、夯实国防工业基础、强化核力量、组建太空军、捍卫网络安全、完善情报系统，以应对地缘政治局势的改变。②

（六）拜登政府时期的国家安全思想：在大国竞争过程中重塑强大的美国

2021 年 3 月 3 日，拜登政府发布了关于美国国家安全战略的指导性文件《国家安全战略临时指南》。尽管这只是一份过渡性文件，但拜登明确表示，“政府各部门和机构的行动将与《临时指南》相一致，即使我们正在制定的国家安全战略也同样如此。”③ 《临时指南》主要从大国竞争的角度提出美国对国际变局的判断，尤其是将中国置于国际大变局的中心位置，这份正文只有 18 页内容的文件提到中国达 15 次之多，并且认为越来越自信的中国是“唯一有能力将经济、外交、军事和技术力量结合起来并对稳定和开放的国际体系

---

① 张爽：《美国民族主义：影响国家安全战略的思想根源》，世界知识出版社 2006 年版，第 54 页。

② 2017 年版美国《国家安全战略》报告，https://www.whitehouse.gov/wp-content/uploads/2017/12/NSS-Final-12-18-2017-0905-2.pdf。

③ 2021 年美国《国家安全战略临时指南》报告，https://www.whitehouse.gov/wp-content/uploads/2021/03/NSC-1v2.pdf。

提出持续挑战的竞争对手”。①

在对大国竞争的观念上，拜登政府在一定程度上延续了冷战时期美国对苏联的大国竞争思维，将美中竞争视为决定人类文明发展方向之争，亦即发展道路、发展模式之争，并认为这场竞争已经进入了一个决定性的“拐点”。拜登在《临时指南》的前言中写道：美国正处于“一场关于世界未来方向的历史性和根本性的辩论中。有些人认为，考虑到当前所面临的挑战，威权统治是最好的前进道路。有些人认为，民主对于应对不断变化的世界的所有挑战至关重要。现在必须清楚地表明，民主仍然能够为美国人民和世界各地的人民服务；必须证明，美国模式不是历史遗迹，它是实现人类未来发展前景的唯一最佳途径”。② 冷战时期的杜鲁门总统同样将美国与苏联之间的竞争称作是两种社会制度和生活方式之间的竞争。虽然时代和竞争对手不同，但美国政府对大国竞争的认识并无本质区别。

在地缘政治和安全领域，拜登政府认为中国对美国的挑战主要集中在印太地区。尽管美国在印太地区仍然保持着对中国的总体军事优势，但这种优势已经大幅缩小。到21世纪20年代末或30年代初，印太地区的力量平衡可能会变得对中国有利，并且在某些情况下，美国可能已处于军事平衡中的不利地位。为应对中国的挑战，美国需要与盟友协调一致，开发新的竞争模式以重塑印太地区的力量平衡，包括与地区盟友和伙伴建立更紧密的军事联系以在危机或冲突中发挥作用；帮助印度、日本、越南、菲律宾等地区国家增强挑战中国的能力。

在经济与科技领域，拜登政府高度中国的高速发展和竞争趋势。拜登政府认为中国的经济总量有很大可能在短期内超过美国；中国在人工智能、量子计算、新一代移动通信和基因组学等关键领域也在同美国争夺技术优势。在新兴技术领域，能够更有效创新的一方将占据大国竞争的优势地位。美国一方面要加强本国新兴技术创新的动力，促进在人工智能、量子计算等领域的研发；另一方面还要采取措施确保本国的关键技术优势，建立半导体制造设备的多边出口管制，保护半导体和稀土矿物质供应链等。

在全球治理领域，拜登政府同样将中国视为主要竞争对手。拜登政府指责中国“寻求不公平的竞争优势，采取激进和强制性的行为，破坏开放和稳定的国际体系核心规则和价

---

① 2021年美国《国家安全战略临时指南》报告，https://www.whitehouse.gov/wp-content/uploads/2021/03/NSC-1v2.pdf。

② 2021年美国《国家安全战略临时指南》报告，https://www.whitehouse.gov/wp-content/uploads/2021/03/NSC-1v2.pdf。

值观”，“推进威权治理的替代模式”；认为中国通过“不公平和不合法”贸易、“网络盗窃和胁迫性经济”严重削弱了美国的技术优势、战略优势甚至国家竞争力。拜登宣称美国“必须抵制中国政府滥用经济支配地位和胁迫手段”，并捍卫“中国的邻国和商业伙伴自主选择政治模式的权利”；“必须制定指导技术进步的规则以及网络空间、人工智能和生物技术领域的行为规范，让这些规则被用来提升人们的地位，而不是用来束缚他们”；“必须支持有可能实现这一切的民主价值观，抵制那些垄断和使压制正常化的人”。①

可见，在拜登政府时期，美国对华战略竞争的基本态势不会出现明显变化。但与特朗普乱棒齐下的打法相比，拜登政府的大国竞争战略将会更有章法和节奏，也会更加依赖盟友的力量。

三、冷战后美国国家安全思想发展的主要特点

冷战后，美国国家安全思想由传统安全不断向新安全领域拓展，维护国家安全的方式手段不断发展，体现出了不同于冷战时期的新特点。

（一）以维护美国的一超独霸的战略地位为根本诉求

与冷战时期面临苏联强大军事压力的情况不同，冷战后的美国面对前所未有的有利安全环境。与“天选论”“天命观”“例外论”等核心理念密切相关的道德优越感与意识形态偏好，连同商业精神与实用主义哲学，以及开疆拓土、无往而不利的历史经验，使得美国在进入全球主义时代之后，始终以确立、巩固或维系全球霸权为根本战略目标。用美国人自己的话说就是要领导世界，建立“美国治下的和平”。美国国家安全的追求既包括维护国家生存、安全和发展的一般目标，还包括维护其世界霸权与全球性主导地位的特殊目标。为此，美国总是倾向于奉行某种“绝对安全观”，进而还要争取和维持全面力量优势，争当“全能冠军”。

（二）兼顾有形与无形安全利益

“国家安全”概念以法律文本形式正式成为美国内外政策的官方指导原则，始于《1947 年国家安全法案》。但该法案及其修正案并未明确界定“国家安全”的具体内容。美国人在思考国家安全问题时，很少狭窄地将其国家利益限定在领土、经济等有形的物质

① 2021 年美国《国家安全战略临时指南》报告，https：//www. whitehouse. gov/wp－content/uploads/2021/03/NSC－1v2. pdf。

基础方面。美国政治精英眼中的国家利益融汇了政治权势、商业利益、军事安全、地缘政治和意识形态等多方面的考虑，举凡政治体制、经济模式、民主价值观、民族认同或国家凝聚力，都在国家利益或国家安全需求的范围之内。历届政府在阐述国家安全的具体目标时，既要反映美国的国家利益和社会核心价值取向，也要结合具体时代环境，突出特定时期的安全威胁。美国的国家安全目标既有延续性也有时代性，总的来说，安全目标越来越广泛，但不同时期的轻重缓急和优先次序又有所区别。

（三）秉持道德普遍性和意识形态优越论

物质与精神并重，权力尤其是武力手段与道德、意识形态旗帜并举，是美国战略安全观念的一个突出特征。美国政治与战略精英普遍共享的一种政治价值观，就是认为美国式自由民主理念及其政治实践代表了人类文明的最高成就和发展方向。他们大多持有这样一种主流战略观念：既崇尚实力甚至武力，具有干涉主义和单边主义倾向，同时又坚信“历史在我们一边”，具有浓厚的意识形态色彩。旨在凭借美国实力“领导世界”、按照美国价值观“改造世界”的全球主义与干涉主义，始终是美国成为世界霸权国之后的战略主旋律。

（四）强调国内制度建设与国际制度霸权

美国国家安全体系的构建模式有明显的法理主义与制度主义倾向，强调制度设计、法律规范和机制建设。这种倾向连同其他内外因素，使得美国国家安全体系异常庞大和复杂。与此同时，美国也非常重视利用其主导的各类国际安全机制来维护自身利益。历史上的大国霸权往往直接采取武力征服领土、奴役人民、强占资源的形式，美国则更多地采取“借力”的方式，一方面通过各种军事集团、条约组织来构建联盟体系；另一方面通过创建和主导各种国际机制与国际规范来构建制度性霸权。

总之，美国国家安全及其制度建构与能力建设的指导思想是维护全球霸权，同时也体现了一种综合安全观念和绝对安全观念，因此决定了其所追求的安全利益和战略目标非常广泛。此外，美国独特的战略文化传统还使得其安全战略具有既崇尚实力尤其是武力又强调意识形态的特点。

第二节　冷战后美国军事战略思想的发展

美国的军事战略是根据美国国家安全战略制定并直接服务于国家战略目标的。冷战时期的美国各届政府都根据国际形势的发展变化、美苏间军事力量对比的发展变化、军事技术以及国内政治、经济和社会状况等方面的发展变化，对军事战略的具体内容不断进行程度不同的调整和补充，并推出冠有自己特定名称的国家军事战略。但必须指出，美国历届政府都始终把“遏制”战略作为其总的安全指导方针，把“威慑”作为其军事战略的核心内容，整个冷战时期美军事战略调整的连续性明显大于其在不同时期所表现出来的变化，继承远远多于否定，其实质始终没有改变。冷战结束以后，两极格局解体，国际力量格局发生重大变化，新兴力量快速崛起，科技发展日新月异，新型安全威胁此起彼伏。面对冷战后快速变化的安全环境，美国军事战略思想的变化发展也愈加频繁。

一、冷战后美国军事战略发展脉络

冷战结束以后，国际战略环境发生深刻变化，各种力量加速分化组合，世界新军事革命蓬勃发展。虽然苏联这一势均力敌的军事强国不复存在，但综合国力最强的美国仍然将军事力量作为拓展美国利益、维护美国霸权的重要战略支柱。以应对地区性威胁为基本战略框架，在引领世界新军事变革的同时，不断发展和保持军事优势，推动军事战略持续调整演变。

（一）“地区防务”战略

苏联解体后，美国在全球范围内最强劲的对手消失，而作为苏联主要继承国的俄罗斯无论经济或军事实力都无法与苏联同日而语，不可能与美国抗衡，美俄之间爆发世界大战的可能性基本消失。但是，1990 年 8 月海湾危机的爆发，表明地区矛盾与冲突加剧，像伊拉克这样的地区性强国的崛起将对美国的安全利益构成严峻的挑战。基于对战略环境的新判断，老布什政府于 1992 年明确提出了“地区防务”战略，并在 1993 年度《国防报告》中完整系统地阐述了“地区防务”战略，正式提出了“战略核威慑和战略防御”“前沿存在”“危机反应”和“部队重建”四大基本要素。① 总的来看，“地区防务”战略明确了冷战后阶段的美国军事战略的基本框架，即从冷战时期应对苏联这一等量齐观的全球性对手的两强争霸框架，转变为冷战后以应对全球多个地区的各种地区性威胁为主，将矛头对准中亚和东北亚等地区性军事强国，并要求美军“必须准备打赢两场几乎同时发生的大规模地区冲突”。“地区防务”战略指出，虽然冷战后苏联的核威胁有所减弱，但加强战略核威慑力量仍是“地区防务”战略的基石，因为俄罗斯保留了苏联绝大多数的核武器，仍是全球唯一能与美国相抗衡的核大国。同时，海湾战争中伊拉克的导弹进攻与威胁以及核、生、化等大规模杀伤性武器的扩散，使得美国的战略威慑力量必须具有应对多种威胁的能力，即不仅能对付世界核大国的全球性威胁，又能对付伊拉克这样的地区性强国的威胁。

冷战后随着苏联威胁的减弱，地区危机与矛盾加剧，在世界重点地区的局部战争与冲突将是威胁美国全球利益的重要形式。“这种挑战常常是在事先很少或没有提出警报的情况下发生的，同时，海湾危机也充分证明了这种挑战不是小规模的或容易解决的。”② 因此美国政府认为军事建设的重点是提高美军对地区危机的快速反应能力，以便更好地应对突如其来的地区危机。首先，美国要充分利用世界新军事革命的成果，大力提高美军的高技术装备水平和作战能力。美国 1993 年度《国防报告》中指出：“海湾战争生动地展现了正在改变战争特性的军事技术革命……这次技术革命表现在许多方面，包括远距离精确制导武器、高级传感器、确保突袭和生存能力的隐身术、夜视技术，以及弹道导弹防御技术等方面。”③ 其次，美军还应该增加世界重要地区的战略物资储备能力，增强美军的应急反应能力，从而提高美军的快速反应能力。

随着战略环境的变化和战略目标的调整，美国已经不必像冷战时期那样在世界各地部署大量部队，为此美国将适当地削减海外军事力量，调整并减少美军的海外军事基地，以便减轻美国的军事负担和财政支出。对此，布什总统指出：“我们不是要按照冷战时期军事力量的结构建立规模较小的军事力量，而是要用全新的眼光来审视我们的国防需要。”“我们军事力量的前沿存在常常给重要的联盟关系提供了至关重要的凝聚力，而且标志着

---

① 军事科学院外国军事研究部译，1993 财政年度《国防报告》，军事科学出版社 1992 年版，第 10—20 页。

② 梅孜：《美国国家安全战略报告汇编》，时事出版社 1996 年版，第 231 页。

③ 军事科学院外国军事研究部译，1993 财政年度《国防报告》，军事科学出版社 1992 年版，第 13 页。

我们将以明确的行动支持我们的承诺。……尽管我们在前沿部署的力量将来会减少，但是深谋远虑地驻在前沿的部队和预先存放的装备将会减少从美国大陆派出计划中的力量的负担。"① 对此，1993 年版美国《国防报告》认为，为了慑止敌人的进攻，扩大美国的影响和保障美军海外设施的使用权，向盟国表明美国所承担的义务，美国必须维持在世界重点地区的前沿军事存在。虽然布什政府主张削减美国的海外兵力和减少海外军事基地，但仍认为美国应保持在世界重点地区的前沿存在，以便更好地维护美国的全球利益，尤其是防止像海湾战争这样的地区矛盾与冲突对美国海外重要利益的威胁。报告强调美国将在西欧、中东、东亚和世界其他重点地区保持美军的前沿驻军，并通过与各主要盟国的双边联盟条约、联合军事演习、帮助训练盟国军队和实现保留一些武器装备等措施来保障美军的前沿存在，使美军在世界上的重点地区继续起到平衡手的作用，更好地维护美国的海外利益与世界领袖地位。

对军队组织结构进行调整是实现"地区防务"战略总体目标的重要方面。"地区防务"战略提出要改变原来以苏联为主要作战对象的军队规模，适当削减军备和人员数量，增强美军对不同战争需求的适应和重组能力，使其足以威慑任何类型的挑战。具体而言，美军的总兵力应进行适当的削减，但削减后的现役部队和后备役部队应该是"一支规模较小、更加独立自足、能对出现的各种威胁迅速作出反应的处于高度战备状态的现役部队；一支已经缩小但仍然重要的后备役部队，其重点是支援和支持现役作战部队"。"除了由现役部队和后备役部队提供对危机作出反应的能力以外，我们还必须拥有在必要时组建新部队的能力。"②

（二）"灵活与选择性参与"战略

1993 年克林顿上台后，即着手对安全环境、防务政策进行评估，并相继出台了一系列报告。1993 年发布了《防务审查》报告，1994 年发布了《核态势审查》报告和《国家安全战略》报告。在此基础上，1995 年 2 月，美参谋长联席会议主席沙利卡什维利上将提交了《国家军事战略》报告。该报告以"参与和扩展"国家战略为依据，提出了"灵活与选择参与"的军事战略。这一新军事战略既继承了老布什政府"地区防务"战略的基本原则，又对其做了新的调整。该战略认为美军应该考虑到自身的资源和人力等条件限制，不能要求对全球范围内所有危机和冲突都做出有效反应，只能灵活并有选择地参与对

① 梅孜：《美国国家安全战略报告汇编》，时事出版社 1996 年版，第 228 页。

② 梅孜：《美国国家安全战略报告汇编》，时事出版社 1996 年版，第 236 页。

美国利益关系重大的地区安全和国际事务。“灵活与选择性参与”战略要求在应对危机的能力方面要能够“打赢几乎同时发生的两场大规模地区冲突”，强调保持强大的军事实力，积极参与世界各地区的安全事务，有效地对付地区危机和武装冲突，从而实现“促进稳定”“阻止侵略”的国家军事战略目标，维护美国唯一超级大国的地位。①

第一，积极参与世界事务，履行大国的责任。拓展军事力量发挥作用的途径，进一步丰富美国军事力量从平时到战时的职责任务。在和平时期，美国军队为了显示承担的义务、提高集体军事能力、推行民主思想，需要遂行一系列非战争行动，包括军事交流、国家援助、安全援助、人道主义行动、反毒品和反恐怖主义行动，以及维和行动等。其实质一是要控制大规模杀伤性武器的扩散，重点是与苏联国家的联系与合作，如在乌克兰拆除部分核武器；二是要鼓励“新兴民主国家”发展，防止出现伊拉克那样的独裁国家；三是要增加军事透明度，对非敌非友国家要加强安全和军事方面的交流与合作，及时掌握他们的动向。如果在和平时的参与未能防止新威胁出现，就必须采取威慑手段加以慑止。威慑通常包括以下各类行动：核威慑、地区联盟（继续维持在世界各地的军事联盟的同时，重点加强其在欧洲和亚太地区的军事联盟关系）、危机反应（通过保持应当规模的军事力量、加强前沿存在兵力和提高兵力投送能力来加强反应能力）、军备控制、建立信任措施、非战斗性撤离行动、实施制裁、强制实现和平等。一旦预防和威慑都不能奏效，就需要投入战斗并击败敌人，获取胜利。

第二，有针对性的建设发展军事力量。首先是调整加强海外军事存在，即需要在美国本土以外的重要地区保持适当的军事存在。美国海外军事存在是“能够对全世界广泛的威胁作出反应的具有机动性和做好战争准备的部队”。其目的有以下几方面：发生危机时可提供最初的危机反应能力；慑止“敌手”攻击，保持地区力量平衡，防止出现容易导致冲突的“力量真空”；显示美国对盟国的承诺，加强联盟的可靠性；扩大美国的影响，获得海外设施的使用权等。② 美国海外军事存在包括海外常驻部队、临时部署部队和部分轮换部队等形式。海外常驻部队所保持的支援能力和基础设施，对于危机和冲突时接受增援以及部队的推进与通过至关重要。海外美军大部分分布在西欧、东北亚（日本和韩国），少部分分布在中东与西南亚、拉美地区。其次是加强“力量投送”能力，即根据战略机动原

① 1995 年版美国《国家军事战略》报告，https：//history. defense. gov/Portals/70/Documents/nms/nms1995. pdf？ver=FpT1JOUGguy83LIRFW87Ow%3d%3d。

② 1995 年版美国《国家军事战略》报告，https：//history. defense. gov/Portals/70/Documents/nms/nms1995. pdf？ver=FpT1JOUGguy83LIRFW87Ow%3d%3d。

则，实施跨洋远距离战略投送，迅速增援在危机和战争地区的军事力量。美国削减了海外常驻部队，因而必须增强向海外投送兵力的能力。可靠的力量投送能力既可以补充美国的海外驻军，成为阻止“潜在敌人”的一支威慑力量，又能为使用军事力量提供更大的灵活性。

克林顿政府的军事战略调整进一步明确了在冷战后新的战略环境下美国军事战略的任务和方式，在军事力量建设与运用的手段和策略上有了系统性的调整变化，但是从深层次来看，美国军事战略的性质未发生根本性改变。

（三）“塑造、反应、准备”战略

1997 年克林顿连任美国总统后，美国政府于当年 5 月发表了国防部《四年防务评估报告》及总统《21 世纪国家安全战略报告》。根据这两个报告，美国参联会主席沙利卡什维利于 1997 年 8 月提交了《国家军事战略报告》。该报告明确提出，美国将推行“塑造、反应、准备”战略。它对“灵活与选择参与”战略作了调整，进一步充实和发展了克林顿政府的“积极参与”和“预防为首”的防务思想。它强调，采取多方面措施营造有利于美国的国际安全环境；主张不仅要对付近期的现实威胁，还要为对付较远期不确定的重大威胁做准备；突出“打赢两场几乎同时发生的大规模战区战争”为重点，兼顾应付其他危机和冲突。

在经过冷战结束后初期几年的实践探索之后，1997 年克林顿政府连任以后，在“灵活与选择性参与”战略的基础上，通过对美国新的防务需求和军队建设进行评估，克林顿政府又提出了“塑造、反应、准备”三位一体的新军事战略，即美军在和平时期要以对美国有利的方式“塑造”国际安全环境，当危机发生时能对各种危机做出迅速有效的“反应”，并能打赢两场几乎同时发生的大规模战区战争，同时立即着手为应对 2015 年之后中国或俄罗斯的全球性挑战做“准备”，确保美国在军事上的持续优势。该战略既是对“灵活与选择性参与”战略的补充，更意味着美国全球战略已完成了向“冷战后”这一新的历史阶段的转型，它确定了此后 15 至 20 年美军运用和建设的总体规划，并强调以平时与战时相结合、军事与外交相结合、当前与长远相结合的方式推进美国对全球的军事控制，从而表明美国将以更加灵活多样和富于进攻性的手法参与国际斗争。

（四）“先发制人”战略

2001 年乔治・沃克・布什（以下称小布什）当选第 43 任美国总统。小布什政府起初在很大程度上继承了克林顿政府时期的战略理念，在应对多样化威胁的过程中，侧重于关注和应对可能崛起的新兴大国。作为保守主义政府，小布什批评克林顿政府姑息、迁就俄罗斯和中国，宣称应该去掉幻想，面对现实。他甚至批评克林顿将中国说成"战略伙伴"。在就任初期，小布什政府不断加大对于中国的军事威慑力度，以致2001年4月1日发生了南海中美"撞机事件"，中美关系持续紧张。

2001年下半年，"9·11"事件爆发，对小布什国家安全战略和军事战略产生了巨大的影响。在冷战后的所谓多样化安全威胁中，美国第一次遇到了实实在在的、能够威胁美国本土的巨大安全威胁。20世纪90年代以来，美国先后把日本、俄罗斯、中国渲染为潜在对手。但是实际上，这些都是美国战略谋划当中的假想敌，并未构成现实紧迫的威胁。"9·11"事件使美国在冷战后第一次遇到一个明确的战略对手——恐怖主义。

基于这一威胁判断，美国大幅度调整了运用军事力量维护安全利益的基本理念。2002年小布什向国会提交的美国《国家安全战略》，提出了发动主动进攻的"先发制人"战略，主要对象是恐怖主义和所谓的"邪恶轴心国"。恐怖主义对美国本土的突袭成功使布什认识到，以前的威慑和遏制战略虽在某些情况下仍然适用，如对大国的核威慑等，但是对付新的威胁却需要新的思维。威慑战略主要依靠大规模报复性打击来要挟他国，但这种手段对于没有领土和国民需要保护的、处于暗处的恐怖组织来说，毫无疑义。而对于通过军事力量进行遏制这一方式来说，在突如其来的恐怖袭击面前，美国强大的军队似乎也无法像遏制国家行为体那样有效地遏制恐怖组织。因此，小布什指出："只靠防御不能取得反恐战争的胜利。我们必须与敌人作战，摧毁他们的计划，在最严重的威胁出现之前就予以打击。在我们所在的这个世界里，通向安全的唯一道路就是行动起来。……我们的安全将需要所有的美国人富有远见卓识、坚定不移，准备好在必要时采取先发制人的行动，捍卫我们的自由、保护我们的生命。"① 同时，小布什政府认为美国有权使用认为适当的手段，对"无赖国家"和恐怖分子进行"先发制人"的打击，而不必取得联合国授权。在这一战略思想指导下，2003年3月，在多年的核查没有发现伊拉克存在大规模杀伤性武器的情况下，即以"防止大规模杀伤性武器扩散"为名，未经联合国授权，并遭其德法等盟友强烈反对下悍然对伊拉克发动战争，推翻萨达姆政权。可以看出，布什军事战略有鲜明的进攻性、冒险性，对于威胁进行"先发制人"的军事打击是其最鲜明的特点。

2005年美国国防部发布的《国家军事战略》又提出了更为详细的"保护、预防、战

① 中国现代国际关系研究院美欧研究中心：《反恐背景下美国全球战略》，时事出版社2004年版，第525页。

胜”军事战略思想，即“保护美国、预防冲突与意外攻击以及战胜敌人”。同时，伊拉克战争后美军的处境迫使美国国防部重新考虑“同时打赢两场战争”的战略，而调整为“在打赢一场常规战争的同时，将更多的资源用于保卫美国领土和打击恐怖主义”。该战略强调利用绝对优势力量，以反恐为牵引，进行新一轮军事扩张，建立绝对霸权的单极世界。同时，继续保持在欧洲和亚太关键地区的军事投入，建立具有“全维攻防能力”的21世纪军事力量，从而彻底改变了过去奉行的威慑和遏制战略思想。

为了实现上述战略思想，美国在军事力量建设发展和具体运用方面，提出许多新思想、新观点，如：美军提出了“基于能力”的军队建设思想，强调为了在新环境中应对各种威胁，需要塑造美军的“全谱优势”；要进一步建设灵活、模块化、易于快速部署的部队；充分肯定一体化联合作战是未来战争的基本作战样式，军队建设应注重将单一军种、各战区级司令部、其他政府机构和多国伙伴的优点融为一体的能力。联合部队需要在网络中心战理论的指导下，提升互联互通互操作水平，由自下而上的“后天联合”向自上而下的“先天联合”发展。

（五）“再平衡”战略

自21世纪初美国持续推进反恐战略以来，各种力量分化组合，安全环境变得更加复杂，而美国综合国力由于反恐战争持续消耗反而相对下降。在此背景下，奥巴马以“维持美国全球领导地位”为主要目标，大力推进军事战略调整，收缩中东战线，聚焦应对新兴大国的崛起，确保长期、全面的战略优势。

奥巴马政府历经两个任期，每个任期均发布了一版《国家安全战略》报告、《四年防务评估》和《国家军事战略》报告。2012年还发布了一份定位为国家防务战略的“防务战略指南”。总体来看，相较于冷战后美国军事战略的历次调整，奥巴马政府时期的军事战略调整更具有过渡性和转换性的特点。

在军事战略目标和任务上，从重视反恐转为关注未来的新型威胁，尤其是应对新兴大国的崛起。2011年版的美国《国家军事战略》报告把美国军事战略目标定位为抗击暴力极端主义，威慑并打败侵略，加强全球和地区安全，以及构筑未来力量等方面。2015年，奥巴马政府又发表了其任上第二个军事战略报告，其本质和内容与第一份战略报告相比，最大的改变就是美国军事战略规划的重点开始由反恐向传统的大国博弈回归。将大国挑战威胁排在地区对手和恐怖主义威胁前面，并将中俄等国定性为企图挑战美主导的“国际秩序核心环节”的“修正主义国家”①。

在战略指导方针上，重点为未来可能爆发的高端战争做准备。以2012年发布的《防务战略指南》为标志，明确系统地提出要应对中国以网络战、导弹战等非对称作战手段形成阻止美军投送兵力的“反介入/区域拒止”能力的形成。在2014年美国《四年防务评估报告》当中指出：“在未来几年，像中国这样的国家将继续寻求利用‘反介入/区域拒止’手段，以及通过运用其他新的网络和太空技术，来对抗美国的优势。这些国家会继续发展先进的一体化防空系统，限制对方在其领土范围以外水域和空天领域的自由进入和机动。精确常规弹道导弹和巡航导弹威胁不断增加，对美国和伙伴国海军及地面设施构成了额外的、代价巨大的挑战。”② 在美军看来，应对中国在西太平洋地区所形成的所谓“反介入/区域拒止”威胁，已经成为美军未来建设发展所要解决的主要问题之一。对此，美军提出“空海一体战”构想，并随即展开理论研究、试验演训和装备研发等配套工作。最初，“空海一体战”是美海空军为应对“反介入/区域拒止”威胁而开发的作战概念，既要针对中国等高端军事挑战，又要应对伊朗等中低端威胁。随后，美国陆军和海军陆战队结合自身在“两场战争”中积累的非正规战经验，开发重点用以指导地面部队实施濒海和陆上进入行动的“进入作战联合概念”；海军及陆战队则开发侧重应对伊朗等中低端威胁的“濒海作战概念”，将“空海一体战”定位于应对高端威胁的作战理论。

在军事力量建设上，秉持“均衡”建军理论，全面提高军队作战能力。2010年版《四年防务评估》报告着重阐述了“均衡”理念，提出了“均衡”建军六大目标：保卫国家并为民事机构提供支援；成功进行反暴乱、维稳和反恐行动；提升盟友伙伴国的安全能力；在反介入中威慑和击败入侵敌手；防止大规模毁伤性武器扩散；在电磁网络空间中有效运作。③ 在此基础上，2014年版《四年防务评估》报告提出，对联合部队和国防部进行“再平衡”。主要围绕四个方面展开：一是作战能力的“再平衡”，强调以应对新兴大国的“反介入/区域拒止”能力，重点发展联合部队应对复杂多元威胁的全谱作战能力；二是军力部署的“再平衡”，增强亚太地区军事力量部署，提出在2020年前将驻外海空军力量的60%海军舰艇部署到亚太地区；三是兵力结构的“再平衡”，调整各军种、现役与预备役

① 美国2015年版《国家军事战略》报告，https：//history. defense. gov/Portals/70/Documents/nms/NMS2015. pdf? ver=XGOU_ 7X6YpNjZfuym7Jfvw%3d%3d。

② 李志东：《2014年世界重要安全文件汇编》，时事出版社2015年版，第21页。

③ 美国2010年版《四年防务评估》报告，https：//history. defense. gov/Portals/70/Documents/quadrennial/QDR2010. pdf? ver=vVJYRVwNdnGb_ 00ixF0UfQ%3d%3d。

之间的数量对比与任务划分，强调重点发展海、空军力量和特种部队，确保美军的全球力量投送、塑造安全环境和应对危机的能力，同时削减陆军、海军陆战队现役部队和预备役部队的整体规模，打造一支“规模较小、战备水平和现代化程度更高”的军队；四是国防机构的“再平衡”，强调推行国防部机构改革和采办体制改革，旨在削减国防部雇员数量，控制政府运作成本，实施以“更优购买力”计划为核心的采办体制改革，强化国防部工作效益。①

（六）“大国竞争”战略

继奥巴马政府后期的回归调整趋势，特朗普政府上台后，为兑现其在大选时提出的“让美国再次强大”的“美国优先”原则，展开了以“应对中俄挑战，准备大国竞争”为重心的军事战略调整。2018 年初颁布的美国《国家防务战略》标志着特朗普政府的军事战略基本成型。在威胁判断方面，渲染中俄威胁，鼓吹大国竞争。在军事力量建设方面，要建设一支更具杀伤力的部队，重塑美军优势。特朗普政府认为，必须全面改变奥巴马政府“减量增质”建军方向，转向“全面扩军”以“重建美国军事力量”，实现“获得战备”“获得平衡”“获得更大的规模和更强的杀伤力”三大建军目标。② 为确保“重建美军”这一目标的实现，特朗普政府终结了奥巴马时期建立的国防“自动减赤”机制，并且连续多年提高美国国防开支。此外，随着自身实力相对衰落，美国需要更多依靠盟友的力量，让盟友承担更多安全责任，利用精心打造的同盟体系来维系其在地区事务中的主导权。拜登政府上台以后，并没有急于进行军事战略调整，而是基本延续特朗普时期的军事战略。

二、美国当前军事战略思想发展的主要内容

随着美国的反恐战争接近尾声，美军开始重新评估审视战略环境的变化发展，重新界定评判美国面临的主要威胁，并在此基础上进行战略指导思想的调整。尤其是特朗普时期先后出台的《国家安全战略》《国家防务战略》《国家军事战略》等基础战略文件，以及《印太战略》《网络安全战略》《太空防御战略》等重要领域的新战略文件，表明调整了美

① 美国 2010 年版《四年防务评估》报告，https：//history. defense. gov/Portals/70/Documents/quadrennial/QDR2014. pdf? ver=tXH94SVvSQLVw-ENZ-a2pQ%3d%3d。

② 美国 2018 年版《国家防务战略》报告，https：//crsreports. congress. gov/product/pdf/download/R/R45349/R45349. pdf。

国军事战略的大幅度调整，一系列应对所谓新兴大国威胁、打赢高端战争的战略思想理念完善成型。

（一）持续深化"大国竞争"战略思想

特朗普政府上台以后，美国在重新进行战略评估的基础之上，陆续发布了新版的《国家安全战略》《国家防务战略》《国家军事战略》等顶层战略指导文件，正式宣告美国战略重点由"9·11"事件后的应对恐怖主义等非国家行为体转向应对新兴大国的"大国竞争"。

新版美国《国家安全战略》指出，以中国和俄罗斯为代表的新兴力量是美国所面对的首要挑战势力。新版《国家防务战略》则明确表示，大国竞争而非恐怖主义如今是美国国家安全的主要关注点。美国认为中、俄都在发展先进的"反介入/区域拒止"系统、防空反导、网络、电子战以及反太空能力，运用"混合战争"或"灰色地带"战术来削弱美国及其盟国的优势和利益，对美国构成跨地区、多领域、多功能的挑战。美国国防部于2019年4月推出了清晰的《印太战略》指导文件，进一步延续和拓展了"亚太再平衡"战略，意在对冲中国"一带一路"的倡议突破，塑造新的地区力量格局和秩序，力图把西太平洋和印度洋联系起来，纠集更多的所谓盟友和伙伴国，以遏制中国的影响。

从美国一系列新战略文件可以看出，其战略判断的核心是质疑中国的和平发展道路，认为中国实力发展到一定程度，必然会挑战美国全球领导地位。美国战略界主流观点认为，过去几十年通过接触将中国纳入西方体系的政策失败了，现在要重新审视并"修正"对华战略。未来几年是遏制中国的"最后机会窗口"，必须趁中国将强未强之际，充分利用军事和联盟两大战略优势，阻止、迟滞中国实力增长的步伐。

拜登政府上台以后，时隔两年多才开始着手发布新的《国家安全战略》和《军事战略报告》，在军事力量的建设和运用方面，在很大程度上仍然在延续特朗普政府时期的遏制和围堵措施。

（二）围绕大国对抗调整战略布势

美国的军事战略部署调整实际上从奥巴马第一任期末就已经在"亚太再平衡"的战略框架内开始逐步推进。特朗普政府上台以后，美国围绕大国对抗的战略布势更加明显。在"大国竞争"战略理念的指导之下，美国近年来迅速强化印太范围的军事优势，力图恢复在反恐战争过程中所逐步丧失的针对地区大国的绝对军事优势。

首先，调整军事力量的部署，在亚太方向实现两个60%力量结构。重点部署高端战争能力，包括第五代战斗机、能够突破“反介入/区域拒止”环境的先进制导武器、水下战优势能力等。同时强化西太地区的军事基地建设。军事基地作为美国军事力量前沿存在的重要载体，对美国军事战略的实施至关重要。自从提出“亚太再平衡”战略以后，美军在兵力部署上便开始追求分散化和高效能，收缩一线兵力，加强二线兵力，全面升级第二岛链的关岛基地。同时拓展可供使用基地的数量和种类，通过军事交流与合作的方式增加部分地区的“柔性军事存在”。美军还在考虑逐步推动领导指挥体制的调整，以印太战区为基础加强军事力量的跨战区整体运用。美军已经于2015年提出“第三舰队前移”战略，以弥补第七舰队在争议岛礁巡航、反潜猎雷行动和海上保交护航等方面的短板弱项，缓解美国海军兵力不足与战线过长、资源下滑与保持战备之间的尖锐矛盾。

其次，强化与盟友和伙伴国的军事关系。美国的地区乃至全球安全秩序的重要依托就是美国自战后所逐渐建立起来的同盟体系，这种同盟体系既是美国谋求该地区利益的重要工具，又是其军事战略的重要组成部分，是美国参与国际事务、处理危机冲突、左右地区和世界局势、维护其地区和全球利益的重要手段。美军认为平时与盟国和伙伴国的军事关系，不但决定着能否有效遏制平时敌对势力的胁迫行为，还在相当程度上决定着在战时能否顺利实施力量投送。因此，美国2017年版《国家安全战略》报告明确指出：“互助互利的联盟和伙伴关系对我们的战略至关重要，它能够长久地为我们提供竞争对手和敌人无法匹敌的非对称战略优势”;① “我们的盟国及伙伴国可提供互补性的作战能力及作战力量，以及独特的视角、地区关系和信息，可帮助我们更好地了解环境，丰富我们的选择。盟国及伙伴国还能使我们进入关键地区，为大范围设置基地和后勤保障系统提供支持，强化国防部的全球到达能力”。② 美国主要采取安全对话、联合训练与演习、轮换部署、军事援助与指导等方式，加强军事同盟和伙伴关系，尤其是加强军事力量的互通性，让盟国军队无缝融入美军的作战力量体系。一是稳固美日同盟“基本盘”。推进战略协调，强化美日军事一体化。二是整合印太盟友架构。通过“美日韩”“美日澳”“美日澳印”等关系机制，把更多的盟友整合起来，积极谋求修复与菲军事关系，试图构建“印太”安全网络。三是扩大“朋友圈”。加强同越南、马来西亚、印尼等东南亚国家的合作。

---

① 2017年版美国《国家安全战略》报告，https：//www. whitehouse. gov/wp-content/uploads/2017/12/NSS-Final-12-18-2017-0905-2. pdf。

② 2017年版美国《国家安全战略》报告，https：//www. whitehouse. gov/wp-content/uploads/2017/12/NSS-Final-12-18-2017-0905-2. pdf。

（三）提升跨域联合作战能力

美国为了应对所谓新兴大国的挑战，在“反介入/区域拒止”环境中应对具有同等军事能力的对手，由海空军率先提出了“空海一体战”概念，并由美国国防部最终发展为“联合介入作战”概念以及“全球公域介入与机动”概念。特朗普政府上台后，美军为了应对与新兴大国可能爆发的“高端战争”，新的作战概念进一步快速迭代发展。美陆军近几年来强力推出了“多域战”概念，并得到其他军种积极响应。2018 年 5 月 22 日，美陆军训练与条令司令部将“多域战”发展为“多域作战”，以拓宽这一新作战概念的覆盖面，更好地加强各军种、机构和国家间的合作以赢得未来战争。为检验多域作战概念，美陆军专门成立了具备在太空、网络、海上、空中和地面作战能力的“多域特遣部队”。2018 年 7 月，多域特遣部队参加了“环太平洋”军事演习，与日本陆上自卫队共同进行反舰演练。此外，美国空军提出了“云作战”概念，美国海军提出了“分布式打击”等概念，DARPA 则牵头推进以“马赛克战”为代表的决策中心战理论。“联合全域作战”从联合作战深度发展的视角，从总体上对美军未来的作战样式进行了发展规划，强调了依托战场网络的进一步发展来强化军种之间的深度融合与互补，从而更好地形成整体合力；“马赛克战”则是在“全域联合作战”的框架内，构想了如何通过一种新的动态编组的作战力量架构，以有效应对“体系破击战”等针对美军传统信息优势的战法战术；“决策中心战”分析了“马赛克战”的有效性，设计了如何运用高速无线网络（5G、6G、激光通信）、人工智能等新技术对作战力量的编组和运用方式进行创新发展，强调了“马赛克战”的核心优势在于基于人工智能的决策优势。

这些新作战概念充分利用了技术发展的最新成果，其核心要义仍然遵循了在“空海一体战”概念当中就已经提出来的“跨越协同”思想。所谓“跨域协同”思想，一种基于领域而非基于军种的思维理念，就是要进一步加强美军各军种的联合程度，从战役层面的联合向战术层面的联合发展，进一步形成优势互补，从而使美军具备更强的跨领域体系作战能力，形成新的非对称作战能力，建立起“我打得着你，你打不着我”的军事优势。在具体实施层面，美军正在变革传统部署和保障模式，通过分布式部署和分布式作战来提升己方作战体系韧性。通过前沿部署兵力和二线远程打击力量、不同军兵种之间在不同层级融合，将隐形战机、远程反舰导弹和无人作战系统等系统与平台之间整合，形成新的体系作战能力，力图穿透并拆解对手的作战体系。

（四）加强新型领域战略规划

冷战结束以后，围着高新技术装备的发展，常规威慑的能力和作用明显上升，核威慑的地位和作用相对下降，美军的核力量发展相对温和。尤其是反恐战争时期，遏制核技术与核武器扩展成为美国重点关注的问题，直至奥巴马时期提出了“无核世界”的倡导。随着反恐战争走向尾声，美国重新准备大国竞争与对抗的高端战争，核力量的更新换代发展被提上议事日程。自特朗普政府上台以后，持续加大了核、太空以及网络空间等重大战略领域的建设发展力度。美军近几年相继发布了新的战略指导文件，并采取了一系列措施加强相关力量建设。尤其是2018年特朗普政府发布了新版《核态势报告》，标志着美国政府核政策发生重大转变。新报告明确拓展了核威慑的适用范围，提出美国核力量将威慑核攻击和非核进攻，为盟友及伙伴提供安全保证，并且进一步提出要“以非战略核武器强化威慑能力”。基于此，特朗普政府要发展低当量核武器，增强美国核力量的灵活性和响应能力。这种观念大大降低了“核门槛”，增加核武器在战场上使用的可能性，使小冲突、小摩擦走向核冲突、核战争的可能性增大。进一步完善“三位一体”核力量结构以强化战略威慑和实战能力。发展下一代B-21隐形战略轰炸机和“哥伦比亚”级弹道导弹潜艇，发展下一代陆基弹道导弹以替换运行了几十年的“民兵”-3陆基洲际弹道导弹系统。

美军视网络空间为第五大作战域，推进网络与其他作战力量的融合，加紧网络空间作战准备。美国连续出台《国家网络空间战略》《国防部网络空间战略》《网络空间作战条令》等文件，将大国间网络竞争作为美国面临的长期战略风险，将中国的网络威胁排在首位。美国网络司令部2018年5月升级为第十个联合作战司令部，各军种已经建成了结构完整、具备实战能力的网络空间作战力量体系，133支网络任务部队已经具备全面网络空间作战能力，美军已经在作战行动中积极运用网络空间能力保护自己的网络，并对敌方网络采取行动。美军网络行动强调遂行“先发制人”打击，进攻性特征日益明显。

美军明确提出视太空为新的作战域，推动太空作战能力发展，目标是打赢未来将会延伸到太空的战争。2018年4月10日，美国参联会发布新版《太空作战》条令，强调太空作战能力对联合作战的支撑作用，推动太空力量与联合作战深度融合；谋求建立“防御、弹性”太空体系，确保太空系统生存能力；新增多个太空作战指挥机构，太空作战指挥体系更趋完善。2018年6月18日，美国总统特朗普要求国防部着手组建“太空军”，使“太空军”成为美国武装力量第六个分支，确保美国在太空的绝对优势。2020年8月，美天军发布首份顶层条令《太空顶层出版物：太空力量》，① 提出应把天权作为国际政治体系下国家权力发展运用的新手段，并发展太空轨道战、太空电子战等新的作战样式。2020年11月，美太空作战部长约翰·雷蒙德上将发布天军首份《太空作战部长规划指南》。该文件作为指导天军未来建设发展的行动纲领，明确要求天军加快发展太空攻防能力。2020年12月，特朗普政府对奥巴马政府于2010年发布的《国家太空政策》进行了更新，推出新版《国家太空政策》，提出开展太空外交战、法理战、科技战、经济战及军事斗争准备，充分体现了美国针对大国竞争贯彻“天权”全维博弈思想。新版《国家太空政策》大幅提升了太空在国家发展中的战略地位，要求统筹协调政府各部门，调动军、民、商、盟各方力量，军事、外交、经济和科技等领域多管齐下，谋求通过“太空总体战”夺取和巩固太空霸权，进而助力美重塑全球领导力。②

美国将北极地区视为安全利益拓展和美俄竞争的重要领域。美国2017年发布的《国家安全战略》中，重点提出注重与俄罗斯之间的大国竞争，竞争态势逐渐蔓延至北极。随着美国国家安全战略定调，针对北极的具体安全战略也逐步成型，各部门纷纷颁布北极战略文件。2019年1月，美国海军发布《北极战略展望》。同年4月，美国海岸警卫队也出台了《北极战略展望》。2021年1月，美国海军部进一步颁布了《蓝色北极：北极战略蓝图》。2020年7月，美国空军部颁布了其北极战略文件——《空军部：北极战略》。2021年1月，美国陆军部发布《重获北极优势》战略文件。美国空军部发布的《空军部：北极战略》强调，“俄罗斯在北极拥有最强的军事存在”，据此提出了其在北极地区的四大战略目标：保持全域高戒备状态；精确投送战斗部队；强化与盟友及伙伴的合作；为北极行动做准备。美国海军部在2021年1月发布的《蓝色北极：北极战略蓝图》中明确指出，“海冰融化和航道通航为美国带来新的机遇与挑战，如果没有美国海军在北极地区的持续存在和伙伴关系，和平与繁荣将日益受到俄罗斯和中国的挑战。”美国陆军部的北极战略——《重获北极优势》同样认为，北极是“大国竞争”的空间，“俄罗斯和中国寻求利用军事和经济力量，以牺牲美国利益为代价获得并维持进入该地区的机会”。从国家战略到军种战略，美俄北极“军事安全博弈”的关系定位在美国的话语主导下愈演愈烈。

---

① USSF. Space Capstone. Space power：Space capstone publication. Doctrine for space forces. https：//spacechannel. com/spacepowerdoctrine/.

② Nation space policy of the United States of America. https：//trumpwhitehouse. achieves. gov/wp-content/uploads/2020/12/National-Space-Policy. pdf.

三、冷战后美国军事战略发展对我国安全的影响

冷战后，美国在以“地区防务”为基本战略框架推动军事战略发展的过程中，始终将中国视为东亚地区大国。随着中国国力的不断发展，美国对中国的威胁判断逐步从“潜在危险”上升为“现实威胁”，其军事战略谋划针对中国的指向性也越来越强。尤其是近十年来，美国从反恐战争脱身，投入大国博弈竞技场，对中国的安全和发展产生了重要的影响。

（一）美视中国为首要战略竞争对手，将在军事领域诸多方面展开对华长期竞争

作为美国政府眼中的“全方位竞争对手”，中国已经成为美国军事战略的重点关注对象，美国已经开始在军事领域诸多方面开启对华长期竞争。在美国政府换届以后，美国针对中国的打压式军事竞争态势也不会改变。

首先，在常规军事力量方面，在特朗普政府提出重回“大国竞争”的背景下，美国大幅增加国防预算，大力扩充常规军事力量的规模，提高其战备水平。虽然近年来中国军队发展较为迅速，尤其是加强了海、空力量的建设，但主要是补课式发展，在主战装备数质量上仍然与美军有着比较明显的差距。美军现役主力航母、驱逐舰、战机服役时间都比较久远，生产数量很大，大多经过实战检验，其技战术成熟度较高。而中国军队陆续装备的国产新式武器虽然在技术水平上逐渐接近美军的同类装备，但绝大多数集中在 21 世纪以后服役，同类装备的生产数量远不能和美军相比，且都没有经过实战考验，故而在成熟度上和美军同类装备还有一定距离。

其次，在军事前沿技术方面，特朗普政府延续第三次“抵消”战略的核心思想，力图通过新一轮前沿技术的创新发展获得压制对手的军事技术优势。2012 年 8 月，时任国防部副部长的卡特创立“国防部战略能力办公室”，该办公室通过促进军民融合、挖掘装备新用途、发挥集群作用三个路径，推动军事创新，加快美军增强常规威慑力和整体军事主导态势进程。2015 年，时任国防部长的卡特在美国硅谷创建“国防创新实验单元”，意在借助民营企业的创新活力，以更快的速度实现创新。这些军事创新主体很大程度上体现了美国对于军事前沿技术的高度重视。美国国会在《2019 财年国防授权法》当中明确要求美国防部加快对高超音速、人工智能、定向能武器、量子通信等新兴技术的研发，分析与中国等主要竞争对手的差距，尽快形成报告向国会提交。

再次，美国正在掀起一场针对中国的军事理论创新热潮。美军将中国军队当前的军事能力建设总结为“反介入/区域拒止”（A2/AD）体系的构建。为了应对中国军队的这种作战思想和能力，美国无论是官方还是民间，无论是现役军人还是退役人员，都在积极寻找破解之策，并出台了一系列咨询报告、指导文件。从“空海一体战”概念到“多域战”“全域战”以及“马赛克战”等新一系列新概念的提出，表明了美国一直在积极准备，争取在中美国军事竞争的过程中掌握军事理论发展的优势。

（二）亚太地区成为美围堵中国的重点区域，中国地缘战略空间受到进一步挤压

继奥巴马政府提出“重返亚太”之后，特朗普政府又大力推行“印太战略”，目的在于以一种连续、高压的手段挤压中国的战略空间，抑制中国影响力的扩大，迫使中国在一些关键问题上对美妥协。特朗普政府在“印太战略”中着力提升印度在美全球战略中的地位，试图使中国不仅仅面临北印度洋、西太平洋方向日益严密的联合海上围堵，更意图让中国在陆地上面临一个实力较强且富有敌意的对手。这就使中国在更广阔的地理空间内面临更大军事敌视与压力的同时，也将对中国解决国家统一、陆地领土纠纷、海洋权益争议、海上通道安全等问题起到极大的战略牵制作用。中国正面临美网络化伙伴体系的非对称竞争压力。特朗普政府正通过网络化伙伴关系，整合印太地区各国军事力量形成国际合力，通过鼓励印太国家之间的安全合作，将原本美国承担的一些责任和成本转嫁到盟友和其他国家或地区身上，降低其在中美军事竞争中的成本，从而达到对华施压、强加竞争成本的战略目的。

（三）美利用我周边地区热点问题作为博弈筹码，存在擦枪走火的安全风险

美军认为，中国的军事力量在近些年来不断发展，对亚太局势已经产生了一定的影响。美国必须趁着中国正在发展的过程中打压中国，等到中国真正执掌东南亚局势时美国就没有机会插手，这会对美国的利益造成严重的损害。故而在近几年来，美国纠集一些亲美国家一同来压制中国的发展，阻碍其在亚太地区影响力的拓展，在南海方向，加大对于中国战略围堵的力度。一方面，美国利用南海周边与中国有利益冲突的国家当作马前卒，不断在南海问题上给中国制造麻烦，侵犯中国海洋权益。另一方面，打着“针对解放军在南海制造军事威胁”的旗号，在南海地区进行频繁的舰机抵近侦察行动，对我在南海地区

开展的军事行动造成了严重的威胁。美国还拉拢日、澳、印度等国家在南海地区乃至印度洋地区频繁举行各种联合军事演习，加强对中国围堵之势。尽管中国与其他多方都有相应的联络和沟通机制，但是美国长此以往在中国家门口玩弄军事版“极限施压”的手段，在一定程度上存在着失管失控和擦枪走火的风险。

第三节　冷战后美国军队建设思想的发展

美国的军队建设思想随着军事战略的调整而不断变化。尤其是冷战后不断变化的战略环境，对美军的军事能力提出了更加多样化的需求。从这些变化中不难发现，其中的一些基本原则大致上保持稳定，反映出美军对军队建设的一些规律性认识。

一、注重打造高效灵活的常规作战力量，应对多样化威胁

美军每一次军事战略的调整，都会相应地对军队目标和任务作出调整，这必然会促使军队进行一定程度的改革。冷战时期，在美军实行“大规模报复”战略的阶段，军队按照核战争的要求进行了全面改革，削减了常规部队，并把陆军师的编制从相对集中的“三团制”改为高度疏散的“五群制”。在实行“灵活反应”战略时期，军队建设全面纠偏，在重新加强常规力量建设的同时，以现代企业管理的经验改革国防与军队建设的计划、规划和预算体制。到了实行“新灵活反应”战略时期，不仅改革了国防部和参谋长联席会议的机构与职能，而且建立了中央司令部等一系列地区性联合司令部，构建了现代联合作战指挥体制，同时为了提高兵员质量，将征兵役制改为志愿兵役制。其他改革包括：成立快速反应部队，将陆军师改编为重型师和轻型师，改革部队的教育训练等。

冷战后，美军所面对的战略环境发生较大变化，最大特点是安全威胁的多样性以及变化发展快速性。这要求美国军事力量的结构具有很强的灵活性和适应性，能够有效应对多种威胁。在这其中规模最大、持续时间最长、影响最深远的莫过于美军的模块化改造。美军认为，进入21世纪以后威胁的种类日益增多与有限的兵力规模产生了矛盾，需要对部队体制编制进行模块化改造来解决这一问题。模块化“改编”后的部队具有联系更为紧密、功能显著增强、更加趋向小型化、便于裁剪与组合等特点。美陆军按照合成、精干、灵活和快速的要求对传统部队进行了模块化“改造”。具体说来，将模块化的旅级单位作为美国陆军的基本战术单位，称之为“行动单位”；把军、师指挥机关改编为“使用单

位”，主要履行对所分配的部队实施战术和战役作战指挥的职能。在经过加强后，则可以进一步履行联合部队地面司令部或联合特遣部队司令部的职责。军、师机关作为模块化指挥功能模块，与下属单位不再具有固定隶属的关系。具体到行动单位，又设计了轻型部队的步兵旅、机械化部队的重型旅和中型部队的斯特瑞克旅这3种战斗旅，以及5种支援旅（火力旅、航空旅、战场侦察旅、机动增强旅和维持旅）。类似的模块化改造也体现在美军的其他军种，如美国空军用“作战联队”取代“战斗机联队”成为美军的基本作战单位。共建86个作战联队，通过一定的分配组合构成17支航空航天远征部队。86个作战联队主要分为3种类型，分别是打击力量、机动运输力量和情报、监视与侦察力量。打击力量将拥有28个打击联队，其中包括19个战斗机/攻击机联队，6个远程轰炸机联队和3个远程弹道导弹联队；机动力量将由34个机动联队构成，主要任务是为联合部队提供战略与战术上的空运和空中加油；情报、监视与侦察力量由24个骨干联队和辅助联队组成，主要包括有人驾驶侦察机、无人侦察机和预警指挥飞机等等。每个航空航天远征部队都由上述3种类型的力量编组而成，体现出能力完成、模式统一、结构一致的特点。

二、快速运用和转化技术优势，打造优势作战能力

美国军事思想的一个突出特征就是崇尚技术制胜，因而在军队建设层面，美军非常重视利用其较为成熟的军民融合体制，快速将社会层面的先进技术运用于军事技术和装备的研发，从而有效将先进社会生产力转化为军队战斗力。

随着20世纪90年代网络技术的发展应用，美国的社会生产力获得了极大发展。美军很快关注到这一技术增长点，认为网络技术在军事领域的应用同样会极大地提高美军的战斗力。1997年4月，美国海军作战部长约翰逊上将首次提出“网络中心战”的概念，称“从平台中心战到网络中心战是一个根本性转变”。2001年7月，美国国防部向国会提交了一份题为《网络中心战》的报告，全面阐述了网络中心战的目的与意义，论述了实现网络中心战的条件、途径、战略与措施，标志着网络中心战被美国国防部接受，成为美军信息化建设的指导性理论。之后，网络中心战在阿富汗战争、伊拉克战争和诸多军事演习中得以运用，取得了较好的预期效果。2003年11月，美国陆海空三军发表了《转型路线图》，从验证军事转型方向和效果的角度总结了伊拉克战争经验教训，认为伊拉克战争表明网络中心战具有巨大的潜力。同月，美国国防部军队转型办公室颁发了《军事转型战略途径》，首次提出网络中心战是美军新的战争方式，确定以此作为统一美军建设和作战理论发展的指导思想。2005年3月的美国《国家防务战略》报告和2006年2月的《四年防

务评估》报告，均重申了网络中心战的战略地位。2006 年 10 月，美国国防部首席信息官签发了《国防部首席信息官战略计划》，标志着美军网络中心战建设进入全面发展阶段。美军计划在 2015 年前后建成全球信息栅格，2020 年左右进行比较成熟的网络中心战。

2014 年 11 月，时任美国国防部长的查克·哈格尔在 2014 年里根国家防御论坛上发表主旨演讲，提出了新的《国防创新倡议》，意图在大国竞争时代保持美国的军事技术优势。《国防创新倡议》包含一个新的“长期研究与发展规划项目”，该项目着眼未来十几年的发展，将帮助美国从最尖端的技术和武器系统中甄别、研制并装备最尖端的技术和装备，尤其是机器人、自主系统、小型化、大数据以及先进制造（包括 3D 打印技术）等方面的技术装备。①

这些技术都不是专用军事技术，现代技术发展的军民通用性相比较过去要强很多。利用其较为成熟的军民融合体制，美军能够快速发现和捕捉全社会范围内有重要军事运用前景的新兴技术。依托专门化的研究机构和庞大的创新资源体系，美国已经形成了前沿、先进技术的常态化研究机制，先后实现了隐身技术、全球卫星定位系统、激光、高超声速飞行器、无人机等重大颠覆性技术的突破。美军目前侧重发展有关机器人、自主操作系统、先进制造和微型化等颠覆性技术，以继续保持其军事优势。

三、维持海外军事部署，加强军事力量投送能力建设

冷战结束以来，美图调整冷战时期的全球争霸与力量部署模式，进行军事力量收缩，缩减全球军事基地的规模。但是为了能够快速有效地应对全球范围内的各种地区危机，美军仍然保持了相当大规模的海外军事部署。美国在 1993 年的《国防报告》中提出了“地区防务”的战略，其中重要的战略途径就是“通过前沿军事存在和持久的危机反应能力，阻止潜在对手控制关键地区”。高效的前沿部署模式保障美军打赢了自海湾战争至反恐战争的一系列局部战争。

（一）加强海外基地群建设，打造可靠前沿军事存在

冷战时期，美国通过在欧亚大陆边缘地带的军事部署，将苏联的军事、政治和意识形态影响力限制在欧亚大陆的腹地。美国在东亚、东南亚、中东、地中海、南欧和西欧的军事基地，使之能够维护其作为海洋国家对于全球的领导权。通过海外军事基地部署，美国

---

① 童真：《美第三次“抵消战略”呼之欲出》，中国军网，http：//www. 81. cn/jwgd/2015-01/16/content_ 6311750. htm。

从遥远的西半球“边缘国家”变成了“世界岛”上三大关键区的“近邻”，为美国克服地缘劣势、干预各地区事务提供了重要抓手。

冷战以后，美国在调整海外驻军的过程中，将美军的海外军事部署集中在三大区域：一是欧洲军事基地群，包括德国、英国、意大利、西班牙、葡萄牙、希腊等；二是亚太军事基地群，包括日本本土、韩国、冲绳、关岛、新加坡、菲律宾、澳大利亚等；三是大中东军事基地群，包括美国中央司令部管辖下的海合会和阿富汗，欧洲司令部管辖下的土耳其，以及非洲司令部管辖下的吉布提等。其中，美国在欧洲和亚太地区的海外基地和军力部署相对固定、规模较大，主要是用于应对新兴大国崛起的威胁，在大中东地区的军事部署往往出于发动战争、参与战后维和、打击恐怖主义等临时性任务的需要，更具机动性和灵活性。

在美国提出“重返亚太”和“大国竞争”战略思想之后，美军重点强化在西太平洋地区基于三条岛链的军事基地体系，根据“重心后移、分散部署、增强弹性”的思路调整完善三线岛链的部署态势，强调“主动前倾”“收放自如”，尤其是把第一岛链视为中美两军必争之地和未来的主战场。一是加强军事威慑。主要有“惩戒威慑”和“拒止威慑”两种方式。惩戒威慑是发出威胁信息——如果“侵略者”采取有损美国利益的行动，则进行报复性打击，让“侵略者”感到“痛”，目的重在增加对手采取敌对行动的预期成本和现实代价，迫使其因得不偿失，而放弃或中止敌对行动。“拒止威慑”是“劝阻”潜在对手采取危害美国利益的行动，其途径是清楚表明对手的行动不可能取得成功，目的重在动摇对手取胜信心，迫使其因难以得手而放弃敌对行动。二是确保作战进入。多年来，美军在考虑应对“反介入/区域拒止”行动方案时，重点放在海空力量如何突破对手远程打击力量和前伸部署力量的阻遏，确保远征部队到达并投入战斗上。未来，美军将进一步调整力量态势，构建一个由靠前部署力量、远征力量和盟友力量构成的动态混合的力量体系，注重从区域内部威胁对手的“反介入/区域拒止”能力。三是寻求快速反应。美军强调，一旦冲突或战争爆发，立即将部署在冲突区域的前沿力量（包括地面部队）投入作战，挑战对手的“反介入/区域拒止”体系，通过攻击或威胁对手的关键弱点，将拒止空间转变为对抗空间。

（二）维持和发展海外预置力量，保障特定区域的快速军力投送

冷战以后，配合“地区防务”战略思想，美军始终保持一支规模庞大的海外预置舰队，保障特定区域的快速军力投送。海上预置舰队，顾名思义就是由各类预置舰艇组成的

一支海上舰队，是美军为了能够及时应对海外重点利益地区突然爆发战争而打造的一支舰队。预置舰队由多种预置舰艇组成，这些预置舰会装载大量作战装备、后勤补给物资，在热点地区附近的美军控制海域下锚长期停泊。这些预置舰船具有强大的滚装能力，可及时将重型武器装备和作战物资输送到位。一旦某个地区发生危机并上升为军事冲突，美国决定武力介入时，只需要用运输机、快速运输船向这个区域快速运输作战人员，和预置舰队汇合，人员和装备结合，即可迅速发起较大规模的战争行动。花费的时间比从本土或者其他地区运送整支军队以及其作战装备要少得多，从而大大提高兵力投送的速度。

冷战结束以后，美军一度拥有 36 艘预置船，编为 4 个中队部署在全球 3 个战区，其中第一海上预置中队部署在大西洋和地中海，预置了美海军陆战队第 7 陆战旅的作战装备。第二海上预置中队部署在印度洋的迪戈加西亚，预置了美海军陆战队第 6 陆战旅以及美陆军、空军、海军大量作战装备物资。第四预置中队部署在波斯湾地区，它比较特殊，隶属于美陆军，预置储备了 2 个美陆军装甲旅战斗队的全套作战装备和 2 个陆军重装师 30 天作战所需的后勤补给物资，针对的目标显而易见。而第三海上预置中队则部署在关岛和塞班岛附近海域，装备有 6 艘海上预置舰和 3 艘后勤预置舰，作战指挥权归属第七舰队，主要预置的是美海军陆战队第 1 陆战旅的装备。由于预算削减，经费不足以及美军战略转变等原因，如今 4 个预置中队已削减至 2 个，得到保留的是第二和第三海上预置中队，前者应对中东地区，后者对应亚太地区，这也是美军目前两大海外焦点地区。

四、高度重视发展新型作战力量，夺取新兴领域优势

美军认为，未来的战争必须进行联合全域作战，需要全面整合陆、海、空、天、网五个作战领域，按任务灵活编组部队，利用信息网络技术优势，将作战人员、武器装备和指挥控制系统有效联为一体，因而格外重视新兴战略领域作战力量的建设发展。

（一）维持美军在太空领域的绝对军事优势

1991 年的海湾战争中，太空力量为美军作战行动提供了关键的侦察、预警、通信、导航、气象等服务，标志着太空支援开始从战略层次进入到战役战术层次。随后，美军开始大力发展能够更好地支持战役战术作战的太空支援力量，启动了各类军用卫星的大规模建设和升级换代。“全球定位系统”全面建成，“锁眼-12”成像侦察卫星、“未来成像体系结构”、“天基红外系统”、“宽带全球卫星通信”、“先进极高频”、“移动用户目标系统”等新一代卫星相继投入使用。2003 年的伊拉克战争中，美国使用卫星总数达 167 颗。截至

2015 年底，美国在轨卫星近 400 颗，其中军用卫星 120 余颗，形成了强大的太空支援作战能力。在加强力量建设的同时，美军于 2002 年把联合太空司令部并入战略司令部，统管三军太空司令部，以更好地组织指挥太空力量支援战略、战役、战术各层次的军事行动。各军种也形成了各自的太空支援力量编制和支援模式，以顺利实现战役战术层次的太空支援。

随着越来越多的国家进入太空领域，太空安全环境发生了显著变化。美军参联会在 2013 年版《太空作战》条令中指出，指挥官必须考虑到敌对方可能采取的恶意行动，并能够在太空能力降级的情况下继续保持军事能力。为达到这一目的，美军率先在太空攻防领域推出了一系列措施。一是提高太空监视能力。2015 年 2 月，美空军和洛克希德-马丁公司启动了新型“太空篱笆”雷达系统建设工作。该系统用于监控所有从美国上空经过的卫星，掌握卫星经过的时间、姿态和轨道等，还可探测直径小至 10 厘米的中低轨道目标，从而大大增强美国的太空态势感知能力。该系统与美空军陆基光电深空探测系统、导弹预警雷达网和太空监视系统共同构成从近地轨道到深空轨道的立体空间目标监视系统。二是提高现有太空力量的抗毁性。2013 年美军发布了《抗毁性与分散式太空系统体系结构》白皮书，提出采用结构分离、功能分解、载荷搭载、多轨道分散、多作战域分解等措施，来提高太空支援系统生存能力。2014 年美国发布《迈向新抵消战略》报告，提出美国需要一系列措施来对冲天基系统丧失可能带来的影响，包括加快研发 GPS 替代系统、装备具有长持久力和/或空中加油能力的“高低混合”情报监视与侦察无人机等。三是建立军民融合的太空力量建设发展模式。美军计划采用战时租用民用与商用太空系统服务、在商业卫星上搭载军用载荷、直接购买先进的民用或商业系统转为军用等方式，补充现有太空支援能力的不足。四是通过开展军事演习发展太空力量建设和运用理论。美军联合参谋部、空军、海军和陆军都有以太空支援作战为主题的军事演习。2001 年美空军太空司令部开始举办“施里弗”太空战军事演习，不断创新发展太空作战思想，强化太空作战组织指挥。2015 年 9 月，美国防部与情报界成立了机构间联合太空作战中心，负责整合卫星侦察数据、强化太空侦察能力，监控美军卫星运行情况，防范潜在对手攻击美国太空资产。尤其是特朗普政府时期，为了更有效地应对太空领域挑战，维持美国在太空领域的霸权优势，2019 年的美国国防授权法案正式批准建立“太空军”。此后，美国陆续发布了多项有关太空战略的报告、条令、行动指南等，为太空作战提供政策依据和指导方针。

（二）提高网络空间的威慑和实战能力

网络空间已经越来越被世界各国公认为是继陆地、海洋、空中、太空之后的第五个作战域。近年来，为取得并保持在这一新的作战域的世界领先优势，美国正在大力进行网络空间作战力量建设。美军视网络空间为第五大作战域，推进网络与其他作战力量的融合，加紧网络空间作战准备。美国连续出台《国家网络空间战略》《国防部网络空间战略》《网络空间作战条令》等文件，将大国间网络竞争作为美国面临的长期战略风险，将中国的网络威胁排在首位。美国网络司令部于 2018 年 5 月升级为第十个联合作战司令部，各军种已经建成了结构完整、具备实战能力的网络空间作战力量体系，133 支网络任务部队已经具备全面网络空间作战能力，美军已经在作战行动中积极运用网络空间能力保护自己的网络，并对敌方网络采取行动。① 美军网络行动强调遂行“先发制人”打击，进攻性特征日益明显。美军网络空间作战能力发展体现出以下主要特征：网络作战任务由实施重点进攻向发展全面防御能力转变，以适应美国整体安全战略的调整；计划持续扩大网络任务部队力量规模，应对潜在大国竞争与冲突的网络作战行动需求；投入大量资源发展接入管理和“零信任”架构，努力推行“网络卫生”措施；网络部队作战和训练重点装备研发和采办力度继续加大，持续增强网络部队作战行动能力。

（三）将极地作为军事竞争的重要领域

冷战后，美国一度拆除了大量位于北极的军事基地，撤出了部署在北极的部队。近年来，随着北极地缘安全环境的逐渐改变，美国认为其本土防御的前线正在向北移动，已经从确保美国家安全的“战略屏障”演变为本土防御的“最前线”。美国北极政策规定，需要建设可于北极地区自由行动的军事力量，这种方式可使美国于北极的影响力显著增长，并能够切实保障其北极的各项利益。美国认为，任何国家如果在北极点及其附近地域部署射程达到一定范围的武器装备，那么就能够在最短时间内打击北半球各国的境内目标。这相当于控制了北半球的一处战略要冲，势必会对美国的本土安全构成直接威胁。为此，近年来美国加大了向北极地区部署军事力量的力度，除了增派航母、核潜艇等战略性武器赴北极活动，与周边国家举行大规模军事演习外，还开始加大对环北极基地群的建设力度。2020 年 7 月 21 日，美空军发布《空军北极战略》，明确了空军在美国北极战略中的地位与作用，强调美国将寻求在邻近北极圈地带增建港口与机场、加强极地任务相关装备与战术研发、提升通信能力和情报侦察能力，通过整合在北极地区的军事资源，进一步提升该地区基地群的使用效益。美军投入逾 5200 万美元升级凯夫拉维克海军航空站。通过在该

---

① 汪涛、彭浩泰：《“幕后黑手”——美军网络部队的发展演变》，《军事文摘》2017 年第 23 期。

航空站部署战略轰炸机和察打一体无人机，可以使得美空军战机的出动方式更加灵活多变，既可以采用由美本土基地起降、“不落地”奔赴目标地区活动的方式，也可采用由美本土部署至盟友前沿基地，再依托该基地赴目标地区活动的方式，灵活机动，达成行动的隐蔽性和突然性。此外，美国还将眼光投向可控制经北极圈进入欧亚大陆空中航线的阿拉斯加基地群。该基地群扼守白令海峡、面向亚太、辐射北极，主要担负北美地区防空反导、空中力量全球投射转运等任务，同时也可应急支援印太总部责任区内的各种行动，形成美遏控北极、西出印太的重要支点。目前，美国已经提出了向阿拉斯加基地群部署 150 架 F-22 和 F-35A 隐身战斗机的计划，同时将加强阿拉斯加埃尔门多夫空军的基地建设。总体上来说，美军通过加强环北极军事基地群建设、远程打击力量战略投送、演练不同兵种在极地环境下的协同作战能力等途径手段，充分展示了在北极地区的全方位军事行动能力和掌控能力，为未来可能的北极军事对抗做准备，也使得北极地区成为未来美国开展军事竞赛、搅动印太局势和谋求霸权的重要区域。

五、注重作战概念创新，打造军事力量建设发展新模式

自 20 世纪 90 年代起，美军在新军事革命的实践过程中逐渐形成了“基于能力、概念驱动”的军事能力建设发展模式。从 1999 年至 2003 年，美军曾连续推出“快速决定性作战”和“网络中心战”等概念，并试图将这些前沿概念推向全军，但这些零散的、孤立的概念在当时尚未形成体系和权威指导。进入 21 世纪以后，为了适应信息化战争的要求，美国国防部在 2001 年的《四年防务评估报告》中正式提出美军的转型发展任务。2002 年 5 月，美国国防部颁布《防务规划指南》将美军的转型计划和构想进一步具体化，拉开了美军转型发展的序幕。2003 年 3 月，美国国防部颁发了《军事转型战略途径》，进一步阐明如何实施转型的问题。其中指出了国防部转型战略的关键是未来联合作战概念的发展，将作战概念的开发与试验作为支撑美军转型的四大支柱之一。① 2003 年 11 月，国防部正式颁布《联合作战概念》文件。紧接着，又颁布了联合行动概念、联合职能概念、联合赋能概念等下位概念文件，开始形成由联合作战概念为纲，以联合行动、联合职能和赋能概念系列为支撑的概念体系。② 自此，作战概念创新开始成为美军作战理论发展中的重要而独特的现象。

---

① 军事科学院外国军事研究部：《21 世纪美国军事转型计划——美军转型“路线图”文件汇编》，军事科学出版社 2003 年版，第 24 页。

② 军事科学院世界军事研究部：《美军联合作战新构想》，军事科学出版社 2005 年版，第 17 页。

（一）美军作战概念的作用定位

作战概念和作战条令同属于美军作战理论体系的重要组成部分，但是二者的地位、作用有较大不同。作战条令主要指导和规范在作战过程中的组织关系和操作流程、方式方法。例如，指挥机构如何建立、指挥关系怎么确立、作战力量如何编组、如何运用等等。作战概念则不一样，作战概念是“运用简明的语言或图表，能够清晰地表述联合力量指挥官的行为意图以及如何运用有效资源达到这一意图的构想说明。”① 换句话说，作战概念更侧重于对于未来战争的预判和预研。一个作战概念首先要分析研究未来“打什么仗、怎么打仗”的问题。在此基础之上，作战概念要进一步提出打这种仗需要发展什么样的军事能力。虽然分析研究未来战争是作战概念的一个重要内容，但实际上明确未来战争所需要的军事能力才是美军作战概念的最终落脚点。美军发展作战概念不仅仅是提出一些新名词新思想，而是通过构想未来战争从而牵引美军军事力量建设的一种军事创新机制。我们所熟悉的美军的“快速决定性作战”“空海一体战”，以及最近比较热的“多域战”“马赛克战”“分布式作战”等这些概念，都不是直接指导美军实施作战行动的，而是主要起到牵引美军未来建设发展的作用。

以作战概念创新牵引军事能力建设发展这一模式与以往军队建设最大的区别是，首先通过开发作战概念来设计未来战争及其作战样式，并通过设计作战样式来确定美军应该具备什么样的能力，而后就发展什么样的能力，建设什么样的军队。概括起来，就是通过设计战争来设计军队，通过驾驭未来战争来获取军事竞争优势。

（二）美军作战概念开发的机制流程

美军的作战概念不仅仅是对于未来战争的单纯理论设想，它是通过一套机制，将宏观战略需求转化为微观的军事能力需求，从而起到牵引军事能力建设的重要作用。

第一，将宏观战略需求转化为具体军事问题。以战略分析与评估为依据，将战略当中的威胁判断和战略需求转化为具体的军事问题，是作战概念发展的首要环节。美国定期会对国家安全、国防和军队建设问题进行战略评估，相关的内容体现在定期发布的《国家安全战略》《国家防务战略》《国家军事战略》以及《四年防务评估报告》等等这些战略文件当中。仔细观察这些战略文件，我们不难发现，美国的战略文件大致都是这样一种思路

① 参见“GUIDANCE FOR DEVELOPMENT AND IMPLEMENTATION OF JOINT CONCEPTS,” CJCSI3010. 02D，2013 年 11 月 22 日。

和模式，即进行环境分析和威胁判断，根据威胁判断提出战略需求，根据战略需求明确战略目标、途径和手段。战略文件中提出的战略需求相对比较宏观，作战概念则要把相对宏观的战略需求放到特定军事背景当中进行战役战术层面的具体研判，从而将战略需求从军事角度加以明确，转化为军事层面的具体问题。

美军以应对“反介入/区域拒止”问题为核心所发展的一系列作战概念具有非常鲜明的代表性。自奥巴马第二任期开始到特朗普政府时期的各种战略文件当中，提得最多的就是大国竞争背景下的“反介入/区域拒止”威胁。在美军看来，应对中国在西太平洋地区所形成的所谓“反介入/区域拒止”威胁，已经成为美军未来建设发展所要解决的主要问题之一。只有解决了这个问题，美军的力量投送型的战争模式才能有效运转。因此，美军推出了一系列作战概念来针对性地解决这个问题。2011 年 11 月，美国国防部专门成立了空海一体战办公室，并且主导制定了官方的《空海一体战概念》。2012 年 1 月，在“空海一体战”概念的基础上，推出了进一步囊括陆军和海军陆战队的《联介介入作战概念》。2015 年 1 月，又发展更名为《全球公域介入与机动联合概念》。为什么要发展这些概念？美军讲得很清楚：未来联合部队面临的根本问题是如何向作战地区投送兵力并在面对武力对抗的情况下维持行动能力。要达到这一目的，必须要能够解决杀伤力和复杂性不断提高的反介入/区域拒止系统。

第二，探索研究军事问题的解决方案。通过将战略需求转化为具体军事问题，建立了作战概念发展的逻辑起点，接下来就是怎么解决上面所提出的军事问题。在这个过程当中，负责作战概念开发的主管部门，通常是美国国防部下属联合参谋部的 J7 办公室，以及各军种的条令司令部，就会联合军队院校、各种智库和军工企业一起，通过理论研讨、兵棋推演、计算机模拟和实兵演习等手段，分析应对上述军事问题需要具备什么样的军事能力，如何去运用这些军事能力，从而形成基本的作战思想和相关的作战原则。这些基本作战思想和作战原则在理论构想层面形成一个基本的解决方案，并且在很大程度上决定了美军未来建设发展的基本方向。

作战概念中表现为理论构想的解决方案并不是纯理论的演绎，而是通过反复的定性和定量研究所得出的，因而具有较强的科学性和严谨性。为了寻求应对“反介入/区域拒止”的方法途径，美国国防部相关部门综合了多方意见，用 14 个月的时间先后组织了 7 场理论研讨和推演，举行了 5 场实验性的实兵演习，最终才形成了《联合介入作战概念》中以“跨域协同”为核心思想的一系列作战原则。《联合介入作战概念》设想和探索了一系列新的“跨域协同”作战思想。比如，利用空中力量打击反舰武器、利用海军力量来打击防空系统、利用地面部队打击针对空军和海军的陆基威胁、利用网络行动来打击太空系统等等。① 所谓“跨域协同”，简单来说，就是要进一步加强美军各军种的联合程度，从战役层面的联合向战术层面的联合发展，进一步优势互补，从而使美军具备新的非对称作战能力，建立起“我打得着你，你打不着我”的军事优势。2018 年 12 月 6 日，美国陆军发布《美国陆军多域作战 2028》则提出，为赢得与俄罗斯和中国的军事竞争和武装冲突，美国陆军实施多域作战主要遵循三个相关联的原则：塑造力量态势、施行多域编组和融合作战力量。为了验证“多域战”概念，美国陆军专门组建了多域特遣部队作为试点。时任美国陆军参谋长马克·米利称，多域特遣部队是 1500 人左右规模的小型部队，但其作战能力是当前 4000 人规模的旅级战斗队所不具备的。

第三，基于军事问题解决方案明确未来军事能力需求。军事问题的解决方案形成以后，作战概念主管部门会再组织分析评估，审视现有军事能力是否能够满足新的作战思想和作战原则。如果现有军事能力不能实现新的作战思想，那么就要找出现有军事能力与概念构想中军事能力的差距，进而形成明确的能力需求。满足新作战概念所需的军事能力，通常需要在指挥控制、武器装备、后勤保障、作战条令等方面，做出一系列相应的发展和调整。作战概念对于军事能力的需求和牵引作用，在这一过程当中就体现出来了。作战概念当中提出的这些能力需求，将成为美军在具体军事能力建设过程当中的重要指导。它不再是宏观的战略需求，而是相对具体的军事能力需求。在这个基础之上，各军种的建设发展都必须以作战概念提出的具体能力需求作为指导和依据。美国陆军在 2015 年提出了“多域战”概念的初步设想，经过一年多的研究论证。2016 年 11 月，美国陆军训练与条令司令部正式将“多域战”概念写入新版陆军条令 ADP3-0《作战》当中，从而进一步推动从概念构想向实际军事能力的转化。可见，美军的作战概念不是纯理论的演绎，而要进一步对军事力量的建设发展起到指导和规范作用。

通过以上三个环节，美军将宏观的总体战略需求细化为军队建设层面的具体能力需求，将战略与军事能力有效对接，从而大大增强了战略指导的可操作性。作战概念当中提出的这些能力需求，将成为美军在具体军事能力建设过程当中的重要指导。它不再是宏观的战略需求，而是相对具体的军事能力需求。各军种的建设发展都必须要以作战概念提出的具体能力需求作为指导和依据。

---

① 唐笑虹：《2012 年世界重要安全文件汇编》，时事出版社 2013 年版，第 35 页。

（三）通过作战概念族进行系统化战争设计

美军作战概念经过近二十年的发展，自上而下形成了较为完善的体系性，有利于构建全谱军事能力，提高军事力量对于各类威胁的适应能力。从21世纪初美军进行转型建设以来所颁布的相关文件资料可看出，美军针对联合作战需求，依据联合作战的不同层次和领域，对作战概念进行了分层细化的系列化描述。一般认为美军主要将作战概念分为三个层次：首先是顶层概念，其次是联合概念，底层是军种概念。不同层级的作战概念构成了完善的作战概念体系。作战概念按照层级，以上统下，提供指导，渐进具化；以下承上，逐级集成，提供支撑。除了具有最高指导性的顶层概念，下面的联合概念和军种概念都是由诸多概念所构成的概念族。例如，2012年版的联合概念族针对特定的战略环境分为六个方面，分别是合作安全、威慑作战、非正规作战、大规模作战、维稳重建、国土安全。这几个方面实际上就是美军先前认为的在今后可能遇到的主要的战争样式。在这个体系当中，每个概念都会提出一系列相应的能力需求，而通过作战概念体系的构建，实际上是形成了一个自上而下的庞大的树状军事能力谱系，从而实现美军一贯追求的、对各种类型威胁都能有效应对的“全谱军事能力”。而随着战略环境的变化，2019年美军又对联合概念族的体系结构进行了较大调整，重点将以往按军事行动类型来区分联合作战概念的模式调整为针对特定威胁对象的规划模式。按新版联合概念族的设计，此次美军需新开发的联合概念共有5种类型，即分别针对中国、俄罗斯、伊朗、朝鲜这四个国家性威胁和暴力极端组织这一非国家性威胁，来开发军事解决方案。由此可见，不管哪种体系结构，美军都力图通过作战概念的体系性来应对安全威胁的多样性。

第四节　冷战后美国军队作战思想的发展

冷战结束以来，美国运用其优势的军事力量，不断穿梭于频发的武装冲突和局部战争，在给世界人民带来深重灾难的同时，客观上也拓展了自身的军事实践，形成了作战思想创新发展的重要动力。

一、冷战后美军作战理论体系的发展

作战理论是作战思想的重要载体。冷战后美军作战理论伴随着军事实践快速丰富发

展，形成了一个功能完备的理论体系。纵向来看，由联合和军种作战理论体系两个层次构成；横向来看，主要由作战构想体系（Vision）、作战概念体系（Concept）和作战条令体系（Doctrine）三个主要类型构成。美军作战理论体系中，联合作战理论和军种作战理论横纵密切互动，层次覆盖了战略、战役和战术三个层级，内容涵盖了联合军事行动、人事、情报、作战、后勤、计划、指挥等多个领域，是一个指导美军建军、备战和作战的宏大理论体系。

1986年，美国防部《戈德华特——尼克尔斯国防部改组法》以法案形式明确，参联会主席负责联合作战理论的发展。20世纪90年代初，美联合作战理论诞生。此后，美军作战理论一直由联合和军种两大部分组成。具体而言，联合作战理论的发展由参联会主席负责，由联合参谋部具体组织实施；陆军作战理论的发展由陆军参谋长负责，由陆军训练与条令司令部具体组织实施；海军作战理论发展由海军作战部长负责，海军教育与训练司令部具体组织实施；空军作战理论发展由空军参谋长负责，由空军教育与训练司令部具体组织实施；陆战队作战理论发展由陆战队司令负责，由陆战队教育与训练司令部具体组织实施。

总体上看，无论是联合还是军种的作战理论体系，均包括作战构想体系、作战概念体系和作战条令体系这三个组分。这三部分既相互独立自成体系，又互相影响构成有机互动的整体，美军作战理论的开发也是依照“构想——概念——条令”的顺序而实施。

（一）以作战构想规划作战能力的未来发展

构想是对未来安全环境、作战环境、作战样式、作战能力需求等的宏观展望，关注的时间跨度一般为15~20年，一般来说比较宏观和概略，既不能直接落实到某项具体行动上去，也不能在未经实验和论证的情况下直接写入作战条令。联合构想重点在于构想未来作战的各类主要场景，以作战场景为基本依托，初步摸清未来作战的目标和能力需求，从而指导下一环节的作战概念开发。例如，美参联会于1996年7月颁发的《联合构想2010》和2000年5月颁发的《联合构想2020》就属于联合层面的作战构想文件，各军种在这些联合构想的指导下，审视自己在未来联合作战环境中的任务、能力和需求等，结合本军种的实际情况开发出各自的军种构想，例如，美国陆军先后发表了《2010年陆军构想》和《陆军构想：士兵为国出征》，提出将采取制敌机动、决定性行动、精确作战、全维防护、聚焦后勤、信息优势等作战思想和反应、部署、灵敏、多能、杀伤、生存、持久等作战原则。美国海军先后发表了《由海向陆——为美国海军进入21世纪做准备》、《前沿存在向海向陆》和《2020年海军构想：未来由海向陆》，强调海军要从海上投送美国的力量和影响，通过和平、危机和战争时期的“全谱”军事行动，对陆地的事态施加直接和决定性影响。美国空军先后发表了《全球参与——21世纪空军构想》和《2020年空军构想》，要求发展“航空与航天优势、全球攻击、全球快速机动、精确作战、信息优势、灵活的作战支援”等6种核心能力，实现“全球警戒、全球到达和全球力量”战略。美国海岸警卫队发表了题为《海岸警卫队2020：今天已经准备好，再为明天做准备》的构想，展望海岸警卫队在21世纪将面临的挑战和机遇，提出完成未来任务所需要的作战能力和海上技能。

（二）以作战概念明确作战能力的生成路径

作战概念是根据联合和军种作战构想开发的，关于未来战争和作战的前沿理论，主要围绕未来5~15年内中长期安全挑战与威胁，针对军事力量的运用与建设而提出的理性思考，目的是预测战争、设计战争，指导军队建设，生成打赢未来战争的军事能力。内容包括联合作战概念体系和陆军、海军、空军、陆战队、海岸警卫队作战概念体系等。

自20世纪90年代起，美军开始采用“基于能力，概念驱动”的方法推进作战理论创新与军事转型，着力开发联合作战新概念。自1999年至2003年，美军曾连续推出“快速决定性作战”和“网络中心战”等概念，试图将这些前沿概念推向全军，但这些零散的、孤立的概念尚未形成体系。2003年11月，国防部正式颁布《联合作战概念》文件。紧接着，又颁布了联合行动概念、联合职能概念、联合赋能概念等下位概念文件，开始形成由联合作战概念为纲，以联合行动、联合职能和赋能概念系列为支撑的概念体系。在随后的6年中，美军在《国家安全战略》《国家防务战略》《国家军事战略》《四年一度防务评审》《转型计划指南》《战略计划南》《应急计划指南》等顶层纲领性文件的指导下，对联合作战概念体系的结构和内容进行了重大调整，形成了由“拱顶石”联合作战概念、联合行动概念、联合职能概念和联合一体化概念构成的联合作战概念体系。

军种作战概念是各军种根据联合作战概念体系开发的本军种作战概念，是本军种作战构想的细化和具体化，经论证、演示、实验和联合训练与实战检验证实后，写入本军种作战条令，指导本军种部队进行作战和训练。例如，美陆军曾发布有《陆军顶层概念》以及下位的《战役机动》《战术机动》《陆战网》等陆军行动概念；《作战指挥》《打击》《防护》等陆军职能概念；《未来模块化部队的防护》《未来模块化部队分布式作战》《陆军航空兵作战》等陆军概念能力计划等。美空军曾发布《全球警戒》《全球到达》《全球力量》《国土安全》《太空与C4ISR》《全球机动》《核反应》《全球打击》《全球持续攻击》等作战概念和作战支援行动概念。美国陆战队发布《远征机动作战顶层概念》《由海向陆机动作战》《舰对目标机动》《陆战队空地特遣部队岸上持续作战》等行动概念及《城市地形军事行动》《2010及之后海上预置部队》《未来海军水雷对抗措施》等职能概念。

（三）以作战条令确保作战能力的落实落地

美军作战条令体系是整个理论体系的核心，由联合作战条令体系、陆军条令体系、海军条令体系、陆战队条令体系、空军作战条令体系和海岸警卫队条令体系组成，是指导美军进行在近5年内联合与军种作战训练的权威性文件。

美军联合作战条令是指导美军组织和实施联合作战与训练的权威性文件。自1991年11月首次颁布JP1《美国武装部队的联合作战》以来，美军联合作战条令从无到有，从少到多，从分散到系统，至今已经形成比较成熟的理论体系。在近20年的发展过程中，美军根据联合作战和联合训练的实际情况，不断修订、增加、合并或减少联合作战条令，其数量从1991年的1本，增加到2001年的114本，再由114本减少到2009年的77本。其目的是使联合作战条令体系结构更趋合理。从纵向看，美军联合作战条令分为战略、战役和战术3个层级。从横向看，美军联合作战条令分为人事、情报、作战、后勤、计划和C4系统6个系列。战略层级条令，即《美国武装部队条令》，主要阐述美军的任务、职责、作战思想、作战原则等，将国家安全战略和军事战略转化为具体的作战指导方针。战役层级条令，即人事、情报、作战、后勤、计划、C4系统等6个系列的领本，主要将战略级条令所阐述的任务、职责、作战思想等转化为各个职能领域的指导思想。战术层级条令，即每个系列的下位条令，主要将战役理论细化、具体化，是操作性很强的战术、技术和操作程序，是实施各种战术行动的具体方法。

各军种也都有自己的作战条令。陆军作战条令是指导陆军实施作战与训练的权威性文件。美国陆军现有条令纵向分为战略级、战役级和战术级3个层次，横向分为人事、情报、作战、计划、指挥控制等7个系列。海军作战条令是指导海军实施作战与训练的权威性文件。美国海军条令纵向分为战略级、战役级和战术级3个层次，横向分为参考、情报、作战、后勤、计划、指挥控制等6个系列。陆战队作战条令是指导美国陆战队实施作战与训练的权威性文件。美国陆战队条令纵向分为战略级、战役级和战术级3个层次，横向分为情报、远征作战、后勤、计划、指挥控制等5个系列。空军作战条令是指导空军实施作战与训练的权威性文件。美国空军条令按层次分为战略级、战役级和战术级3个系列，但不按职能分类。战略级条令指空军基础条令（AFDD1），战役级条令指空军2系列条令（AFDD2），战术级条令指空军 3 系列条令（AFDD3）。海岸警卫队作战条令是指导海岸警卫队实施作战与训练的权威性文件。目前，美国海岸警卫队的作战条令体系包括原则与文化、编制条令、作战与支援条令、作战与支援战术技术程序等 4 个层次和人力、情报、作战、后勤、计划、C4&IT、能力管理、资源、采办、其他等 10 部分的内容。

除美国军方颁布的作战构想、作战概念和作战条令外，美军作战理论还散见于《联合部队季刊》、各军种刊物和一些学者的著作中，如戴维·德普图拉的《基于效果作战》、约翰·沃登的《空中战役》、罗伯特·佩普的《轰炸制胜：空中力量和战争中的威胁》等。但这些理论在得到美国军方认可前，不具备权威性，因此未将它们纳入美军作战理论体系的范畴。

二、冷战后美军作战思想发展的主要内容

综合冷战以来美军提出的各种概念、构想和条令，可以从中发现美军作战思想发展的基本脉络和主要内容。

（一）20 世纪末美军作战思想的发展

20 世纪 90 年代以来，美国国防部和各军种进行了大量理论创新，提出了很多新的军事概念，用于指导美军作战的思想不断涌现，可谓是目不暇接，出现了所谓的“井喷”现象。经过理论研究、实验室论证、战争检验的大浪淘沙，“战略瘫痪”“全谱优势”“迅速制敌”等作战思想得到官方的认可，起到重要的指导性作用。

1. 确立和发展联合作战思想

从联合作战的定义来看，只要是两个以上军种力量共同实施的作战都是联合作战，追求的是多军种力量联合，注重的是如何形成整体合力。从这个意义上讲，美军联合作战实践已有较长的历史。1942 年，美军仿效英军指挥体制组建参谋长联席会议。通过参联会的协调，实现各军种之间以及与盟军的联合作战。二战后期，美国各军种的火力射程增大，当两个军种在相邻地区作战时，火力在结合部的浅近纵深可进行相互支援，因此联合作战被称为“有限火力支援”的联合作战。1982 年美国陆军《作战纲要》提出“空地一体战”理论，就是对该时期联合作战的归纳总结，标志着其认识上升到了新的理论高度。为了进一步推动各军种进行联合作战，1986 年颁布了《国防部改组法》，基本理顺了以战区司令部为核心的联合指挥架构。

20 世纪 90 年代以来，随着联合作战训练与实践越来越多，美军对联合作战的认识越

来越全面、越来越深入。1991 年美军参联会颁布第 1 号“联合出版物”《美国武装部队的联合作战》以来，已经形成并不断修订“联合出版物”系列文件，不断总结联合作战的本质特征和基本规律，为联合作战奠定了理论基础。1996 年、2000 年，先后颁布《2010 年联合构想》和《2020 年联合构想》，对未来联合作战进行了预测并提出一些重要思想，深化了对联合作战的认识。后来，参联会、军种部和联合作战司令部着眼未来作战环境，制定并更新了“联合作战概念”系列文件，包括《联合作战顶层概念》《联合行动概念》《联合一体化概念》《联合作战进入概念》《海军陆战队作战概念》等，探讨了联合作战的新变化与新趋势，逐步实现了由协同式的联合作战向一体化联合作战的转变。

2. 重视以体系破击、战略瘫痪为核心理念的作战思想发展

随着美国科技经济实力的不断增强，美军的军事技术优势也在不断拓展。美军基于传统的技术制胜理念，结合对于社会建设发展的全面深度分析，提出了从根本上快速瓦解对方战争体系的作战思想。纵观冷战结束初期美国军界和学术界陆续提出的许多新作战思想，如“快速主宰”“基于效果作战”“五环目标”“并行作战”等，会发现这些作战思想角度上各有侧重，但内容上互有交叉，并且都主张运用优势力量快速完成战争进程，同时普遍反对传统的拉锯消耗式的战争进程。其共性思想包括：主张使敌方失能而不必追求将敌人歼灭；主张把作战基点放在打击敌人抵抗意志上而不偏重物理打击；主张把威慑运用于作战，通过震慑手段把意志强加于敌人，利用各种手段主宰战场；主张政治与军事目的的高度统一，通过系统分析找出敌重心，直接达成战略目的；主张战争的低成本和低消耗，包括降低敌方伤亡和附带损伤；主张时间重于空间，强调同时行动，快速解决问题。

实际上，这些作战思想都可以看作是“战略瘫痪”理念的衍生产物。关于“战略瘫痪”的定义，普遍的看法认为，“战略瘫痪”是指在使敌人丧失能力而非将之消灭的一种对物质因素、智力因素和精神因素综合作用的军事选择。它寻求以军事上不可避免的最小努力和代价，来获得政治上可能存在的最大效果和利益。它旨在达成一种快速决定性的结果，即通过机动作战，打击敌人赖以维持和控制其作战行动的物质和智力上的能力，以削弱其精神上的抵抗意志。“战略瘫痪”是从目标视角来分析的，从实现“战略瘫痪”的途径来分析，则可以归纳为“体系破击”思想，即通过将敌方国家和军队视作一个大体系，通过寻找和击破这一体系的关键节点，来迅速瓦解敌方战争力量，实现战争目的。“战略瘫痪”思想的含义主要体现在以下三个方面。

一是作战重点从强调空间争夺，向突出重视时间效应转变。博伊德特别强调战争的时间维度，他引入了时间武器的理念，突出了时间对战争胜负的决定性影响。他在仔细研究

了中国共产党领导的抗日战争和越南的抗美战争后指出，无论短暂还是持久，时间都是一种最有力的力量。毛泽东在抗日战争的作战指导思想是，战略上的持久和战术上的速决，中国共产党军队主要负责敌后战场作战。从抗日战争的整体战略考虑，毛泽东的作战思想是以空间换取时间，以时间为抗日的主要武器，最终打败了在军事上处于明显优势的日本军队。在美国人看来，越南在抗美战争中的制胜之道与毛泽东的“持久战”理论简直如出一辙。因此，不仅是空间，时间也在决定战争胜负的过程中发挥着至关重要的作用。其战场由陆、海、空三维向陆、海、空、天、电（磁）、信（息）等多维扩展，人们将较多的目光投向不断扩大的战场空间之时，“战略瘫痪”论学者将时间作为决定战争胜负的重要因素加以研究，并以此指导作战理论的研究和发展，是当代作战思想与作战理论转型的重要方面。美国前国防部长科恩说过：“以往的哲学是以大吃小，今天的哲学是以快吃慢。”时间是战争双方可以利用的重要资源，博伊德以篮球比赛的战法为例，简要地探讨了“以快制快”“以快制慢”和“以慢制快”在当代战争中的运用，找出了美军快速作战弱点：如果对手不按美军的规则作战，故意放慢节奏，那么美军也很有可能输掉战争。在“战略瘫痪”思想的大厦中，时间效应是研究作战理论必须重视的重要环节。

二是打击对象的选择上由强调全面打击、消灭敌有生力量，向研究敌人重心、打击重心转变。战争是政治的继续，所有的战争都具有政治目的。沃登指出，虽然战争与政治家的其他工具相比或许有着其自身的明显的能力与局限，但它们是天生的政治工具，因而战争本质上是各派政策制定者之间的话题。因此，军事行动的目的不全是摧毁敌人武装力量的能力，而是操纵敌人领导层的意志。沃登详细阐述道：战争的目的是迫使敌人领导层做我们需要其做的事——在政治上做出让步。在以往的战争中，改变敌人领导层意志的方法是通过大规模消灭敌人武装力量，同时毁灭其工业和基础设施，造成敌方无法承受的生命和财产损失，进而使用武装力量威胁其政权，从而实现战争目的。也就是以歼灭战和消耗战的方式达成战争的政治目的。因此，敌方的有生力量、工业和基础设施就成为战场打击的主要目标。“战略瘫痪”论试图突破歼灭战和消耗战的旧框架，追求从打击可以直接影响到敌方领导层意志的重要目标着手，通过使“敌人的战役和战略重心感到难以忍受的压力威胁或受到难以忍受的实际压力时，敌人的领导层就会一致认识到做出政治让步的必要”。“战略瘫痪”论的研究过程中引入系统论和瘫痪论的研究方法，就是把敌国或敌军作为一个整体进行分析，找出其重心，打击敌重心，使敌人作为一个整体陷入瘫痪状态，最终放弃抵抗，从而达到我方的政治目的。从这个角度讲，瘫痪战具有歼灭战和消耗战无法相比的高效率。博伊德和沃登通过对当前军队现实情况的系统分析，得出了当前瘫痪战略的重心所在。博伊德和沃登都认为，所有军事行动均应以敌方指挥系统为目标；要把军事投入转化为政治收益，最有效、最直接的机制就是瘫痪敌军指挥系统。

三是打击方式上由单纯的强调物质打击向重视物质、心理双重瘫痪转变。“战略瘫痪”是旨在使敌人丧失能力而非将之消灭的一种具有物质因素、智力因素和精神因素的军事选择，旨在通过“机动作战”，打击敌人赖以维持和控制其作战行动的物质和智力上的能力，以削弱其精神上的抵抗意志。利德尔·哈特指出：“对一个国家政府产生的心理压力足够抵消它所掌控的所有的资源，所以剑从其瘫痪的手中掉了下来。”在武器装备毁伤能力不断提高的当今时代，“战略瘫痪”思想研究把重点放在了心理与物质两个方面，尤其突出心理和精神上的打击和瘫痪，确实是作战思想方面的重要转变。这一重要转变对于作战理论和作战实践的指导具有十分重要的意义。美军认为，他们所需要的作战条令，更加强调在物质和精神上同时摧毁敌人的能力。具体地说，美军的目标是促使对手在精神和物质上的双重瘫痪——这种瘫痪会造成对手的错误判断，使他们不能适应瞬息万变的周围环境，削弱他们对美国或联军行动作出反应的能力。

（二）反恐战争时期美军作战思想的发展

反恐战争时期，美军的作战思想强调在“先发制人”的战略框架下，迅速消灭恐怖主义威胁。典型的代表如“迅速制敌”“快速决定性作战”等思想，其中“迅速制敌”思想更具基础性。

“迅速制敌”作战思想最初由美国国防大学提出，后被决策层采纳，其含义就是在一个由多个子系统组成的军事体制内，充分发挥诸军兵种和各部门的职能，综合运用军事力量及其他国防资源对敌人进行突然性、震撼性的打击，瓦解敌方的意志，迅速制敌战局，以取得决定性的胜利。其实质是对敌国民众的心理和情绪进行严重打击，使其丧失抵抗的意志，在不使用核武器的情况下，取得与使用核武器同等效力的结果。

美军认为，“迅速制敌”将传统的联合作战提高到了一个新的更高的水平，作战行动信息化是“迅速制敌”的核心。在实施过程中，通过一个互联的、互操作的网络环境实时发布信息分析结果，向前沿部队实时提供作战信息。接收信息的一方可以是一个坦克师、一辆坦克、一个炮兵连、一名步枪射手、一个海军战斗群、一艘战舰、一支空军大队、中队或是作战中的一架战机。在占有信息优势的情况下，军事行动必须要坚决果断，形成适当的打击力度，产生震慑效果。拥有信息优势使军队能够根据敌方的决策动向采取行动，对敌方的重要目标进行震慑性的打击。在战场上，“迅速制敌”将对敌军、指挥部门和民众产生战略性的震慑。特别是当这些攻击的画面通过电视实时地向全世界广播时，将对本国或盟国产生积极的重要影响，而对敌方或潜在的威胁者则是沉重的打击。

“迅速制敌”主要用于阻止或影响那些危及美国国家安全利益、民主制度及自由市场制度的行为。在制定预案过程中，美国军方一般都要对作战目标进行预先评估，以确保“迅速控制”能产生足够的震慑，并向其他潜在的挑衅者传递明确的信息。美军认为，“迅速制敌”不仅适用于主要地区冲突和次要地区冲突，它还可在多个领域运用，包括防止大规模杀伤性武器扩散、反击恐怖主义和解决其他政治问题。

（三）“大国竞争”时期美军作战思想的发展

随着苏联解体和冷战结束，美军开始推行地区防务战略，以应对不同地区的地区性威胁为主要战略目标。在此过程中，美军的作战思想始终处于活跃发展的状态，一方由于其面对的威胁始终在不断发展变化；另一方面则是得益于其较为成熟的军民融合的体制机制，从而能够迅速地将代表先进生产力的前沿技术转化为军队战斗力，推动军事思想不断推陈出新。尤其是进入 21 世纪以来，美军的战略指导从大力推行反恐到逐步回归“大国竞争”，美军针对性地提出了一系列新的作战概念。从“空海一体战”到“多域战”，从“分布式作战”到“马赛克战”，各种新概念、新战法、新技术不断吸引着人们的视线。我们在关注其具体内容的同时，也应当将目光投向美军作战概念的深层机理。实际上，美军的作战概念早已经从单纯的学术探讨上升为引领其军队建设发展方向的理论指导，其丰富内涵和内在机制值得全面认识和系统研究。

最近几年来，美军从军种到总部，从国防部到民间智库，从不同角度、不同层面都提出了一些创新性的作战概念，反映了美军作战思想创新发展的最新成果。美军新的作战概念强调应对大国间体系对抗带来的困难和挑战。前沿部署的部队需要在对手联合火力打击中生存，还要在情报、通信和后勤支援体系无法正常运转的情况下坚持作战。在通过变革传统部署和保障模式提升己方作战体系韧性的同时，着力通过前沿部署兵力和二线远程打击力量、不同军兵种之间在不同层级融合，穿透并拆解对手的作战体系。

1. 从军种融合视角来看，从“多域作战”向“联合全域作战”发展

多域战概念是美国陆军自 2016 年到 2018 年逐步提出发展的作战概念。所谓的域，主要是指作战空间领域，是一个空间性的概念，包括实体空间和虚拟空间。分析近年来美军发动的历次局部战争，我们可以看到，美军的作战模式都是这样的：首先由海军和空军的中远程火力打击敌方重要目标，比如雷达、通讯、指挥控制节点、弹药库甚至是兵营基地

等目标，先把对方作战体系打瘫、打残，尔后地面部队才介入，这种情况下地面部队的作战行动往往是顺风顺水。在伊拉克和阿富汗战场上，美军的无人机装备到连排，阿帕奇直升机一般会在地面部队交火后5分钟内赶到战区上空实施火力增援。尤其是空中力量窃听无线电信号、压制敌火力、干扰路边炸弹的行动给地面部队创造了良好的行动环境。问题是，一旦美军的优势空中力量被敌人拒止域外，陆军的行动将很大程度上受到限制、甚至受到对方空中力量的巨大威胁，过去美国陆军习以为常的空地协同模式将难以继续实施。美国陆军认为，如果空军和海军不能像过去一样提供支援，那就自身具备全方位作战能力。甚至陆军还可以用自己的能力来辅助空军掌控制空权，帮助海军夺取制海权。比如可以通过在地面前沿部署更多更先进的态势感知和防空火力，来威胁敌方空中力量，还可以在第一岛链、第二岛链的一些岛屿上隐蔽机动的部署射程1000公里以上远程反舰导弹，来威胁敌方的水面舰艇，帮助海军夺取制海权。

陆军训练与条令司令部发布的新版《作战》条令称："作为联合部队的一部分，陆军通过开展'多域战'，获取、掌控或剥夺敌方力量控制权。陆军将威慑敌方，限制敌方的行动自由，确保联合部队指挥官在多个作战域内的机动和行动自由。"这意味着，美国陆军要具备将作战效能投射至空中、海洋、太空和网络空间等领域的能力。要能击沉军舰、要能压制卫星、要能拦截导弹，乃至通过网络电磁空间入侵或破坏敌方指挥控制系统等，从而既能主导或支援其他作战域夺取制海权、制空权以及制网络权，又能在其他作战领域力量受到限制而丧失优势时，通过自身力量为地面行动创造优势环境。

从本质上来看，"多域作战"与早先提出的"空海一体战"有类似的地方，其核心理念都是跨域协同，要求一个军种要同时具备在多个作战空间领域作战的能力，不同军种的能力在作用于相同空间时是有所不同的，因此形成能力优势互补，形成更强的整体合力。

在陆军多域作战的基础之上，美军参联会又提出了覆盖美国各军种的"联合全域作战"——实际上是把陆军的多域作战思想推广到了全军。将陆、海、空、天、电、网和认知等全部作战领域统一起来，融合太空、网络、电磁频谱、导弹防御等各种能力，就成了深度联合作战的最新发展——联合全域作战的核心诉求。不同军种之间在作战空间上如此交叉重叠，按照作战域对各军种进行同类项合并，就成为模糊军种概念、打破军种界限的当然思路和出路。

2. 从作战力量体系视角来看，从"分布式作战"向"马赛克战"发展

美国海军最早提出"分布式打击"作战构想是在2014年。当年，为论证濒海战斗舰后续方案，美国海军开展了一系列兵棋推演，其间，使用了一艘加装反舰导弹的濒海战斗

舰，极大地影响了红蓝双方的作战行动。最终，美国海军得出结论：水面上的每一艘军舰都应给敌方带来威胁。至此，“分布式打击”概念逐渐浮出水面。当时，美国海军对“分布式打击”概念的普遍理解是，给所有水面舰船，包括两栖攻击船甚至是勤务船，加装远程攻击武器以扩展火力范围。到2016年，“分布式打击”概念的内容逐渐丰富，加入了如下内容：保持水面部队保护航母战斗群和其他海军重要目标的能力；增加作战舰艇在防区外实施目标打击的能力；增强电子战优势，以欺骗和干扰对手；增强情报、监视和侦察能力，提高行动组的战场感知；将水面舰艇分布式配置，提高己方战场生存能力；等等。自海战出现以来，受限于海空平台的感知、信息传输能力以及武器的射程、打击精度等因素，世界各国海上作战长期奉行兵力集中原则。航母打击群是兵力集中的代表，其作战构想可称为“集中式杀伤”。而“分布式打击”是将昂贵的大型装备的功能分解到大量小型平台上，将海上反舰、防空导弹分散到更多的水面舰艇上，通过自主、协同等技术达到相同或更高的作战能力，其具有成本低、灵活性强、对抗性强等优势。按照美国海军的说法，“分布式打击”要求“漂浮者，均战斗”，即“使更多的水面舰船，具备更强的中远程火力打击能力，并让它们以分散部署的形式、更为独立地作战，以增强敌方的应对难度，并提高己方的战场生存性”。

与此同时，美国空军也提出了自己的分布式作战的概念。分布式空中作战概念的核心思想是不再由当前的高价值多用途平台独立完成作战任务，而是将能力分散部署到多种平台上，由多个平台（通过高速无线网络）联合形成作战体系共同完成任务。这一作战体系将包括少量有人平台和大量无人平台。其中，有人平台的驾驶员作为战斗管理员和决策者，负责任务的分配和实施；无人平台则用于执行相对危险或相对简单的单项任务（如投送武器、电子战或侦察等）。2013年8月，美国空军航天司令部发布《弹性与分散式太空系统体系结构》白皮书，系统阐述了对空间系统“弹性”和“分散式空间系统”体系结构的认识和思考。提出采用“结构分离、功能分解、载荷搭载、多轨道分散、多作战域分解”等措施，来提高太空系统的可恢复性、经济性、安全性与生存能力。结构分离是将系统分解为多个模块，通过无线互联的方式，提供类似于大型卫星的能力。功能分解是指将传感器分散部署，将原来集中在一个系统上的多个载荷分散部署到多个独立的平台上，这种方法可以降低平台的复杂性，实现方案和需求间的快速匹配，缩短采办时间，降低成本。有效载荷搭载是指将军用载荷作为次级载荷部署到其他卫星平台（宿主卫星）上，利用宿主卫星的星上电源、处理设备、温度和姿态控制能力，不需要再部署一套自身的平台。多轨道分散是指将卫星分散部署到多个轨道以增加弹性，增加对于选取攻击目标的难度。多作战域分解是指利用空间域以外的系统，包括陆基和空基的能力，通过系统的协同工作，利用天基传感器的广域覆盖特性和空中或地面传感器的战术能力，实现最具弹性的工作方式。

2017 年 8 月，DARPA 首次提出马赛克战概念，其核心理念是以决策为中心，将各种作战功能要素打散，利用自组织网络将其构建成一张高度分散、灵活机动、动态组合、自主协同的“杀伤网”，进而取得体系对抗的优势。2019 年 3 月，DARPA 开始大规模布局马赛克战使能技术项目研发，9 月发布《恢复美国的军事竞争力：马赛克战》，概述了马赛克战的内涵、组成和原则等。2019 年 12 月，DARPA 等机构运用兵棋推演方法对马赛克战进行了评估，其有效性得到初步验证。马赛克战的军力设计思想是将多任务平台分解为数量更多、规模更小的作战单元，每个单元的功能更少，可组合性更强。通过作战单元临机、灵活的组合和重组，己方能更好地获取决策优势。例如，一艘护卫舰和几艘无人水面舰船可以取代由多艘驱逐舰组成的水面战斗群。一个空中战斗机群编队可以由一架攻击战斗机以及几架搭载传感器和电子战装备的无人机取代。从理论上来讲，“马赛克战”思想实际上是“分布式打击”作战思想的进一步发展，体现了从“兵力集中实现火力集中”向“兵力分散实现火力集中”的转变。

3. 从核心优势视角来看，从“网络中心战”向“决策中心战”发展

美军自 20 世纪 90 年代提出网络中心战概念，并以此为指南进行作战体系的构建。首先美军利用约 10 年时间，将各作战要素通过公共网络平台互连起来，即全球信息栅格（GIG）。第二阶段，美军又利用了约 10 年时间，通过将各类信息资源云化，建设联合信息环境（JIE）。通过两个阶段的建设，美军基本形成了形成“一朵云”“一张网”，即构成所谓的网——云——端体系架构。网络中心战的基本特点，一方面，网络中心战通过强化集中式指挥来提高决策能力；另一方面，网络中心战依赖强大的通信网络来支撑战区指挥官对广域战场态势的充分掌握和与下属所有部队的可靠信息交互。然而，在复杂的战场环境中，通信网络，特别是末端战术通信网络常常受限甚至中断。特别是在与强敌对抗条件下，对手不断提升的电子战和反侦察监视、反指挥控制能力将削弱指挥官对战场态势的理解和对部队的通信指挥，高抗毁、高可靠的战术通信网几乎无法实现，即使短暂达成也难以持续保持。之前的信息化思想主要是通过信息技术来增强侦察判断决策这些环节，从而加速整个信息流，从而实现更快流动到行动环节，先敌发现，先敌行动。为了对抗这种信息流加速，就产生了信息战，但是过去的信息战主要是做减法，摧毁或破坏信息流当中的某些环节或者节点，使对方的信息流降速，甚至瘫痪，以“马赛克战”为代表的“分

布式作战”思想实际上是换了一个思路。目前美军的作战平台主要由有人驾驶的独立的或一体化集成的多任务单元（如飞机、舰艇、部队编队）组成，具备高性能的传感器、电子战系统、指挥控制系统以及武器系统等。然而，独立的多任务作战平台和一体化集成系统配置不够灵活，限制了作战力量可重组性，降低了部队的适应能力，其行动更容易被预测，也削弱了迷惑敌方的能力。马赛克战的指挥控制机制是基于实时可用通信网络而构建，而不是反过来，预先设计指挥控制方式，然后为此构建特定的通信网络。分散的作战单元在保证一定程度的信息共享前提下，其相互之间的通信状态可能是断续和局部的，无法与所有其他作战单元保持持续的、全局的连通关系，由机器实现的控制系统将自动匹配当前可用的作战单元与指挥官，进而构建马赛克战特有的指挥控制机制。

“马赛克战”作战概念的核心思想是由人类指挥官负责指挥、由 AI 赋能的机器负责控制，对己方高度分散的部队快速组合和重组，使得战场态势复杂化，在提升己方适应性和灵活性的同时，让敌方难以判断战争形势，进而陷入决策困境。决定马赛克战成败的关键是给敌方造成困境的数量及施加困境的速度，其作战重点是扰乱敌方 OODA 环路的判断环节。因此，网络中心战依赖战场的高度透明和可控，而决策中心战却拥抱战场迷雾和混乱。

“决策中心战”体现出以下新作战理念。第一，以任务为中心，高速反应，动态规划，动态编组。联合全域作战要求打破传统的军（兵）种之间的界限，面向战场任务，从所有作战域中精选可用作战要素进行快速组合或重组，追求作战效果最优化。在未来复杂多变的战场环境下，兵力组合结构及支援-受援关系可能在不同部队、作战域之间迅速切换，传统上那种提前规划、相对静态的兵力结构可能不再适用。这必然对联合全域指挥与控制提出非常高的要求。第二，以作战云为基础支撑。联合全域作战要求战场指挥员及时掌握战场上各作战域的情报信息，保持持续的全域态势感知。美国空军于 2013 年提出的“作战云”概念为实现这一点提供了无限可能：在大数据、云计算、云服务技术支撑下，不同兵种、不同作战域产生的情报信息都可以在虚拟的“云端”共享，战场指挥员根据按需分配原则获取所需全源情报信息，并依托虚拟算力高效融合为可裁剪的全域战场态势图。第三，以智能化决策为核心优势。联合全域作战要求指挥员决策速度不慢于战场态势的快速演化，必然需要将人工智能引入决策程序，而这将改变传统的指挥控制模式。按照美国空军设想，未来战场就如同“市场”：指挥员依据作战任务作为“买方”，各作战能力作为“卖方”，买方可以向众多卖方提出能力“竞标”，“交易物”为作战能力，“交易平台”就是指控平台，而操作“交易平台”的任务交由人工智能。这一构想同马赛克战有关思想类似。第四，以分布式智能作战为基本样式。联合全域作战的表现形式将是分布式智能化作战：在“联合全域指挥控制系统”的智能化决策下，各有人、无人作战平台（编队）根据战场任务快速组合与重组，整个作战体系表现出极强的战场适应性、韧存性和杀伤力。

三、冷战后美军作战思想发展的主要特点

冷战后，依托美国持续不断的技术创新和丰富的战争实践，美军作战思想不断推陈出新，并在其发展过程中体现出一系列鲜明的特点。

（一）时代性

美军始终强调着眼打赢下一场战争，而不是重复上一场战争。这种前瞻性思想在其作战理论中有明显体现，有助于更好地顺应未来作战环境和新型作战样式，为打赢未来战争奠定坚实的理论基础。

对战略态势和战略需求的评估和分析，是美军发展新理论的根本依据。美军在 20 世纪末提出的两个联合构想以及后来发展的快速决定性作战等理论，都严格地以国防部提交国会的《四年防务评估报告》所提出的战略环境和战略需求为出发点。而《四年防务评估报告》所提出的战略需求本身就是具有前瞻性的。美军 2001 年提交的《四年防务评估报告》中，就是以 2001—2025 年的战略态势为研究对象，而不是只局限于研究美国目前的战略态势。因此，战略评估的前瞻性决定了在其基础上所进行的作战理论的探索和发展也必然体现出其包含的前瞻性。

正如恩格斯所指出的，人类以什么样的方式生产，就以什么样的方式作战。美军作战概念凝聚了现代工业思维，是现代社会生产力和生产方式在军事领域延伸应用的生动写照，反映了美军经过近几十年的改革调整之后，在军事理论创新和军事力量建设方面形成的一种基于现代工业文明的企业化运作模式。从美军作战概念创新的具体内容来看，其秉承了美军一贯的技术制胜传统思维，极其注重吸收运用最前沿的先进技术，有的甚至是刚刚处于萌芽状态的未来技术。通过作战概念的不断迭代发展，一步步推动先进技术转化为成熟的、可运用和部署的技术产品。

（二）权威性

作为美军作战思想的主要载体，美军的作战理论通常是在国防部和军种部的统一领导下进行发展创新，其所形成的新作战思想和作战原则具有较高权威性。从作战理论发展的逻辑起点来看，《国家安全战略》《国家防务战略》《国家军事战略》以及《四年防务评估报告》等等这些高层级战略文件当中的战略环境分析和威胁判断是作战理论发展的基本依据，从而保证了作战理论创新的战略指向。从作战理论的发展过程来看，美国国防部、各

军种以及各种军事智库都在加大作战概念创新发展的力度，确保联合作战能力和军种作战能力的发展能够遵循明确而具体的新理念、新要求，避免了政出多门、资源分散，确保各军种的建设发展能够形成合力。

（三）体系性

美军作战理论体系由联合作战理论体系和军种作战理论体系构成，是联合作战和军种作战相互联系而构成的组织和实施军事行动的知识整体。美军作战理论体系经历了一个从无到有、从单一到多元、从零散到系统的发展过程，呈现出系统性好、创新性强的特点。

无论是联合作战理论还是军种作战理论，无论是作战构想还是作战概念、作战条令，本身既是一个独立而完整的系统，又与其他系统紧密相连，共同构成一个更大的有机整体。2003 年美国防部颁发了《联合作战概念》《联合行动概念》《联合职能概念》和《联合赋能概念》文件，各军种也制定出本军种的作战概念，形成支撑联合作战概念体系的军种作战概念体系，并与联合作战概念体系一体构成一个覆盖作战各个领域、战场各个维度的作战概念体系。2011 年，美军开始逐步制定并颁发由“空海一体战构想”“联合作战进入构想”和“实现并维持进入构想”组成的“作战进入构想”系列文件，分别从空海军联合、多军种联合、陆军和海军陆战队跨军种联合的角度阐述了美军联合部队如何保持和提高“作战进入”能力，从战略战役层面提出了解决“作战进入”问题的若干基本原则和主要思想，以及需要建立健全的相关能力。三者之间层次分明，前后衔接，系统成套。2012 年，美军围绕未来联合地面作战颁布 6 类 50 本作战条令，涵盖决定性行动、战斗职能、兵种行动、参考出版物、其他部队层次、作战和行动样式等。

美军作战理论体系由作战构想、作战概念和作战条令组成。实际上，它们也是美军创新作战理论的不同阶段。作战构想根据科学技术和武器装备的发展以及安全环境的变化，预测未来 15~20 年的作战环境和作战对象，提出未来作战的总体能力需求。作战概念根据作战构想的预测，开发具体的作战方法、作战样式和能力需求。作战条令把经过实验、演习和实战检验的新思想、新观念、新理论纳入新一代作战条令，指导部队的训练和作战，为打赢下一场战争做好准备。这三个阶段连接起来，就是一个作战理论创新周期，即以创新构想为起点，以创新概念为桥梁，以创新条令为终点，依次推进、环环相扣、周而复始，形成一个完整的作战理论创新过程。

第三章　冷战后俄罗斯军事思想的发展

任何思想都是特定时代的产物，俄罗斯军事思想的发展也不例外。冷战结束以来，俄罗斯军事思想在两大时代背景下延续和发展：一是冷战失败和苏联解体，使得俄罗斯军事思想发展面临全新的战略环境。实力的大大削弱和周边盟友体系的崩塌迫使俄罗斯军事思想被迫由苏联时期的为了大国争霸服务转向为冷战后的国家复兴而服务。二是以信息化为特征的新军事革命催生的新战争形态和作战样式，对俄罗斯传统的军事思想产生了强烈的冲击，需要俄罗斯创新发展面向信息化战争的新军事思想。总的来看，冷战后俄罗斯的军事思想发展的重点，是在以美国为首的北约竭力围堵的战略环境下，在国力不强、资源有限的基本条件下，建设规模有限的高质量军队，发展适应冷战后多样化安全威胁的军事手段，有效捍卫国家安全与保障国家发展。

第一节　冷战后俄罗斯国家安全思想的发展

冷战结束以来，世界各民族国家安全呈现出前所未有的新情况、新局面、新特点。而对于作为苏联主要继承国的俄罗斯来讲，地缘政治和安全空间的重大变化尤其跌宕起伏，由此导致俄罗斯国家安全思想的不断调整变化。

一、俄罗斯国家安全思想的战略文化基础

俄罗斯是一个有着深厚历史积淀的民族，它的发展曾经深刻地影响过世界历史的进程。俄罗斯经历过无数惨烈的热战，也经历过核威慑下长达半个世纪的冷战；既有过神话般的新生，也有过悲剧性的瓦解；既享有过辉煌，也遭受过劫难。在几百年的曲折历程中，俄罗斯民族形成了独具特色的战略文化。尽管历史形成的文化元素在当今的环境中不

断发展变化，尤其是受到西方文明的强烈冲击，现实的国际环境也使俄罗斯更加务实，但是历史积淀的战略文化传统会按自己独特的方式影响俄罗斯当下的观念形成和战略选择。

（一）追求屹立于世界民族之林的强国梦想

千百年来，俄罗斯民族不断地追寻着自己的强国梦。在经历了苏联解体的短暂阵痛之后，俄罗斯重新矫正了自己的战略目标，力图在较短的时间内实现民族和国家的复兴，从而成为国际舞台上独一无二的重要一极。正如俄罗斯总统普京在 2000 年上任伊始就明确指出的："俄罗斯唯一现实的选择是选择做强国，做强大而自信的国家。"① 俄罗斯之所以做出这样的战略选择，其不断传承的战略文化传统起到了非常重要的影响作用。

从俄罗斯社会历史的发展历程来看，成功的争霸扩张历史是铸成其大国和强国观念的一个重要因素。自沙皇俄国至苏联，俄罗斯通过政治改革和军事扩张成功地跻身欧洲大国之列，并且在数百年间享有大国地位、充当欧洲和世界历史的主角。俄罗斯人已习惯了大国或超级大国和世界强族的地位。自身的发展历程使俄罗斯人深刻地认识到，正是依靠国家的强大力量，才使俄罗斯得以"从愚昧无知的深渊登上了世界光荣的舞台"。当俄罗斯推翻蒙古人的统治而形成一个统一的中央集权国家时，还仅是一个孤踞亚欧大陆深处、为其他欧洲国家所睥睨的粗鄙小邦，在通过几代统治者的励精图治、锐意改革之后，国力有了很大发展。之后俄罗斯通过对外战争击败了瑞典、吞并了立陶宛、占领了波罗的海沿岸地区、从波兰和土耳其那里夺占了大片领土，打通了抵达黑海的通道，俄罗斯由一个内陆国家变为一个濒海国家。从 18 世纪起，沙皇俄国开始与欧洲的法、奥、英等欧洲大国一起，在欧洲扮演举足轻重的角色，对欧洲大陆的权力均衡产生了巨大影响。在打败拿破仑帝国后，俄国还一度成为欧洲大陆上首屈一指的陆上强国。在此期间，沙皇俄国也在不断向东扩张，将其领土扩张至太平洋，最终成为一个横跨欧亚大陆、世界上领土面积最大的军事大帝国。随着欧洲资本主义的发展，俄国的经济水平逐渐落后于欧洲其他大国，开始从欧洲霸主的位置上滑落。在此背景下，俄罗斯社会出现了一股泛斯拉夫主义的思潮，这实际上是俄罗斯的大国观念在特定历史条件下的一种表现，它强调维护俄罗斯民族尊严和传统文化的神圣性。十月革命以后，社会主义苏联在短时期内所取得的巨大成就、所据有的超级大国的地位重新唤起了俄罗斯人内心的荣耀和尊严，在强烈地激发起俄罗斯人民族自豪感的同时，更是对膨胀俄罗斯人的大国、强国意识产生了强烈而持久的影响。

---

① 庞大鹏：《俄罗斯的国家认同：内政外交的联动性》，《俄罗斯东欧中亚研究》2018 年第 1 期。

东正教信仰是形成俄罗斯大国和强国观念的另一个重要因素。东罗马帝国（拜占庭）首都君士坦丁堡被奥斯曼土耳其帝国攻陷后，莫斯科公国成为唯一的东正教国家，其国君伊凡三世（他的妻子是拜占庭末代皇帝的侄女）开始以东罗马帝国的合法继承人自居。普斯科夫修道院的菲洛费伊修士恰逢其时地致信莫斯科大公称，“所有的基督教王国都统归于您的王国，两个罗马已经消失，而第三罗马却正屹立不动，至于第四罗马则将不会再有”，① 由此，“莫斯科即第三罗马”的说法使得俄罗斯被赋予了特殊的历史使命。俄罗斯认定，由罗马传来的基督教是纯正的，而东正教作为仅存的宗教源流，俄罗斯有义务保护其不至灭亡，俄罗斯的使命就是重新恢复基督教世界的统一，并成为整个基督教世界的政治中心。俄罗斯著名思想家别尔嘉耶夫说：“很久以来就有一种顶感：俄罗斯人注定负有某种伟大的使命，俄罗斯是一个特殊的国家，它不同于世界上任何一个国家。俄罗斯民族的思想界感到，俄罗斯是神选的，是赋有神性的。”在这种宗教世界观的影响下，俄罗斯人认为只有俄国才是世界上真正东正教信仰的唯一捍卫者，并且将沙皇看作是继承和实现东正教的救世主义理想的上帝代表，形成了一种将宗教、君主、国家视为一体并负有重要历史使命的大国观念。

经历了漫长的历史沉积，大国、强国观念已经根植在俄罗斯人内心深处，虽然有过苏联解体后一段时期内的信仰迷失，但俄罗斯人最终无法接受在世界的政治舞台上扮演二流的角色。正如俄罗斯著名文学家陀思妥耶夫斯基所言：“一个真正伟大的民族永远不能甘心于它在人类事业中扮演次要的角色，甚至不甘心于扮演一个重要角色，而是要经常地和专门地扮演主要的角色。”这种俄罗斯式的大国情节是俄罗斯的战略精英们制定其国家战略的重要思想根基。

（二）东西兼顾、以西为主的战略取向

俄罗斯地处欧亚大陆，深受欧洲文明和亚洲文明不同文化的影响。公元988年，基辅罗斯大公弗拉基米尔皈依基督教，并宣布基督教为国教，同时命令全体基辅市民到第聂伯河集体受洗。“基辅洗礼”是俄罗斯第一次向西方靠拢，它使尚在形成中的俄罗斯接触到了当时欧洲文明最发达的部分，并与欧洲文明建立了直接联系。但此后蒙古人的征服和占领迫使俄罗斯民族接受了东方的制度模式和思维方式，使刚刚走上西方文明之路的俄罗斯在政治上调头东向，并为俄罗斯文化和思想注入了难以清除的东方血液。别尔嘉耶夫指

① 汪宁、章自力：《东正教文化能否成为俄罗斯的主流文化》，《俄罗斯中亚东欧研究》2005年第4期。

出："东方与西方两股世界之流在俄罗斯发生碰撞，俄罗斯处在两者的相互作用之中，俄罗斯民族不是纯粹的欧洲民族，也不是纯粹的亚洲民族。俄罗斯是世界的一个完整部分，是一个巨大的东方——西方，它将两个世界结合在一起。在俄罗斯精神中，东方与西方两种因素永远在相互角力。"①

在这种角力的过程中，俄罗斯的统治者总是将目光更多地投向西方欧洲，将欧洲作为战略重点和主要方向。首先，俄罗斯的源头位于欧洲东部，其政治、经济、军事和文化等活动中心绝大部分是面向西方的，欧洲是俄国最大的利益所在。其次，在俄罗斯的发展历程中，其周边战略格局总体上呈现出西强东弱的特点，西方欧洲国家在经济、社会文化等领域一直处于世界领先水平，因而以西方国家为参照，追赶西方国家，成为俄罗斯实现强国理想的主要路径。从彼得一世确立面向西方的世界观开始，持续的、大规模学习和赶超西方的改革构成了此后两百多年俄罗斯历史的主要内容，并最终使俄罗斯从一个偏居东欧一隅的穷国一跃成为欧洲强国。第三，俄罗斯面临的最大威胁也来自欧洲。为了避免欧洲国家联合对付俄罗斯，俄罗斯必须打破孤立，因此推行对西方的积极政策。"在沙俄时代，西部是俄国的安全所系，而南部则往往是俄国的传统，威望以及激情之所在，至于东方，始终在俄国的利益中居于次要地位。"②

值得注意的是，在这种东西文明角力的过程中，西方化始终未能彻底战胜和压倒俄罗斯的东方性。无论在西方化的道路上走得多远，东方式的专制制度和集体主义观念在俄罗斯始终未被动摇。俄罗斯的种种社会改革，都是东方式权威主义主导下的变革，是学习西方先进科学文化与巩固东方政治传统相统一的进程，彼得大帝和叶卡捷琳娜二世也通常只被认为是开明的君主。因此，"一方面，它在形式上或文明的某些表面成分上成为西方文明的近亲，但另一方面，在本质上又与西方文明的核心进一步拉开距离。它用西方的物质文明将自己武装得更像俄国。"俄罗斯战略文化体现出"一种欧洲的意识和一种非欧洲的无意识"。

苏联解体后，俄罗斯曾出现过短暂的向西方文化"一边倒"的倾向，但由此造成的信仰迷失迫使俄罗斯重新回到东西兼顾的道路上来。正如普京所言："俄罗斯既是欧洲国家，又是亚洲国家，我们既对欧洲的务实主义，也对东方的智慧应予以应有的评价。"作为一种战略文化传统，向东还是向西的问题将会作为俄罗斯战略当中一个恒久的话题不断延续。

---

① 转引自马风书：《俄罗斯对外政策的政治文化背景及其影响》，《现代国际关系》2002 年第 2 期。
② 杜正艾：《地缘特点对俄罗斯外交传统的影响》，《外交学院学报》2005 年第 1 期。

（三）基于夺取和维护出海口的海洋观念

俄罗斯地缘上的内陆型国家特性，使其始终把谋求和维护出海口作为争夺海洋的基础。通向海洋——通向波罗的海、黑海和太平洋的强烈愿望，一直是俄国时的一个主题。在沙皇俄国的时期，俄罗斯共进行了30多次比较大的战争，其中有半数以上与争夺水域有关，主要是为了获得进入波罗的海、黑海、里海以及太平洋的出海口，并且巩固和扩大沿海地域的范围。

对于俄罗斯来说，夺取出海口和沿海地域不仅是扩大地理疆域，更重要的是打开了对外交往的重要窗口。随着中央集权的巩固和商品经济的发展，全俄统一市场逐渐形成，也迫切需要打开出海口，发展对外贸易，开拓新的市场。彼得一世曾多次宣称："俄国需要的是水域。"另一方面，俄罗斯进一步推行扩张和争霸的战略也需要海洋。"对于一种地域性蚕食体制来说，陆地是足够的；对于一种世界性侵略体制来说，水域就成为不可缺少的了"。[①] 俄国需要波罗的海，进而夺取芬兰，从北翼控制西欧；俄国需要黑海和土耳其海峡，以便控制巴尔干，进入地中海，从南翼控制西欧；俄国需要里海，以便进入中亚，南下波斯湾和印度洋；俄国还需要中国黑龙江口，以便进入太平洋。为此，从伊凡四世开始的历代沙皇都把出海口看作"房屋的钥匙"，围绕夺取和维护出海口进行着不断的扩张和争夺。

俄罗斯人首先把目光投向波罗的海。波罗的海的战略地位十分重要，素以"北欧地中海"著称，控制了波罗的海就可以获得通往西欧的最短通道，这对于当时俄国的发展意义重大。伊凡四世甚至称，波罗的海海水的分量是值得用金子来衡量的。为了夺取波罗的海出海口，伊凡四世进行了长达25年的立窝尼亚战争，但目标未能实现。彼得一世统治时期形成了一整套长远的夺取出海口的战略规划，他先是将目光投向黑海出海口，向土耳其发起挑战，失败后又转回波罗的海，在历时21年的北方大战中打败瑞典，以法律形式确认了它在波罗的海沿岸的土地，在波罗的海站稳了脚跟，并且打开了通向西欧的窗户。俄罗斯南下黑海夺取南方出海口的战略目标是女皇叶卡捷琳娜二世实现的。根据俄土战争签订的《库楚克—凯纳吉和约》，俄罗斯打通了南下进入黑海的出海口，并且进一步通过吞并克里木汗国获得了黑海北岸的大片土地，包括黑海重要港口、海军基地和一条很长的海岸线，俄国开始成为"黑海沿岸国家"。俄罗斯在征服高加索和中亚过程中获得了高加索

---

① 《马克思恩格斯全集》第12卷，人民出版社1956年版，第625页。

里海沿岸一带的大片领土，俄国享有在里海建立海军的特权。根据1860年《中俄北京条约》，俄国又获得了太平洋沿岸的海参崴，并将其改名为符拉迪沃斯托克（俄语意为“控制东方”）。符拉迪沃斯托克是俄国太平洋沿岸最大的港口、重要的军事要地，濒临日本海，控制鄂霍次克海。

俄罗斯在夺取波罗的海、黑海出海口以及进抵太平洋水域后成为一个陆海国家，但它的出海口除北方濒临的北冰洋出海口是全开放的外（但其常年封冻），其他出海口——黑海、波罗的海、鄂尔霍茨克海等的出海口都不是全开放性的，处在他国的控制之下。俄罗斯能否顺利走向海洋，深受其他国家的影响，特别是受控制着其最终通向大洋的国家，如丹麦、德国、英国、土耳其、日本、朝鲜、韩国等国的影响，俄罗斯与这些国家关系的好坏将直接关系到其出海通道是否畅通。因此，处理好与上述相关国家的关系，维持出海口的畅通在俄罗斯国家战略中占据着十分重要的位置。

（四）以不断拓展地缘安全带为核心的安全观念

一个国家、一种文明所处的地域环境往往对其战略偏好的形成产生深刻的影响，进而形成各具特色的战略文化。一般而言，以平原为主的开放型地理环境更容易遭受外敌入侵，也会使在此地域中生活的人们产生一种不安全感，进而希望周边有能够保证其安全的缓冲地带，这种维护安全的缓冲地带可以依靠相互间的友好关系来维持，亦可以通过侵略和扩张来获得。俄罗斯境内绝大部分领土为辽阔的平原，几乎没有任何天然屏障，地理环境的开放性使俄罗斯人始终有一种地域上的不安全感，这种不安全感生成一种以地理疆界为核心的安全理念。疆界范围越大，就有越充足的缓冲地带和战略纵深，其安全感就越强。这种最初源于地理因素和地缘关系的安全理念，逐渐形成为一种全民族共同认可的战略文化。

俄罗斯的历代统治者很好地继承和发展了这种传统的基于地理因素和地缘关系的安全理念，在战略实践上都注重通过建立“缓冲地带”和“势力范围”来增强俄罗斯防御纵深，把不断扩张领土范围作为俄罗斯维护地缘安全的重要手段。恩格斯就此指出：“从莫斯科作为一个摆脱蒙古霸主统治的独立政治单位出现的时候起，它的统治者就用领土扩张的手法作为一种防御手段。”① 在早期羽翼未丰、实力有限的条件下，俄罗斯向外扩张的主要对象是大陆邻国，推行所谓的“地域性蚕食体制”。

---

① 转引自陈路平：《俄罗斯外交传统及其影响》，《理论观察》2014年第4期。

随着实力和地位的提升，原先那种借助地理屏障维护安全的思维，逐渐演变成对外扩张的战略思想。经过无数扩张战争经历的不断锤炼，俄罗斯的安全观在彼得大帝时期基本成型。彼得大帝认为俄国向西、向东扩张是“命定周期性运动”，要求国家长期保持战争状态，以战继和，以和继战，目标在于分割波兰；占领瑞典国土，肢解瑞典；迫近君士坦丁堡，征服土耳其；灭亡波斯，迫近印度；制服和消灭维也纳王朝，征服法国，征服日耳曼，最后征服欧洲。彼得大帝的继承者们可以说基本上都是依照这套方针继续实施扩张战略的。

由于受到欧洲资本主义经济发展的影响，俄罗斯商品经济不断发展并形成了对于原材料和产品市场的强烈需求，这种强烈的需求又使得俄罗斯的扩展战略有了更广阔的用武之地。在资本主义国家的扩张大潮中，只有夺得更多的海外殖民地，国家才能获得发展，才能更加“安全”。这样，在西欧国家殖民扩张和内部经济压力的双重影响下，俄罗斯从所谓的防御性扩张转向进攻性扩张，从“地域性蚕食体制”转向“世界性侵略体制”。到第一次世界大战时，沙皇俄国的领土已达2200多万平方公里，多次对外扩张的成功历史经验更加强化了这种战略偏好。

十月革命以后，在俄罗斯的大地上诞生了社会主义大国——苏联。虽然国家的性质发生了变化，但是其战略观念仍然体现出其根深蒂固的历史烙印。苏联在战略上所竭力维护的，除了马克思列宁主义的正统地位之外，还包括多民族的庞大帝国疆域的安全无虞，而这种安全无虞在苏联看来，仍然要通过和西方国家争夺势力范围来实现。

苏联解体以后，作为其主要继承国的俄罗斯联邦曾试图通过与西方国家建立伙伴关系来实现自身的安全。但是随着北约的不断东扩，俄罗斯的战略空间不断被压缩，使其重新意识到周边的“缓冲地带”和“势力范围”对其发展的重要性，因此普京在其总统第一任期就优先发展与独联体成员国的友好关系，给独联体成员国许多实际的优惠，让这些国家成为俄罗斯国家安全的战略缓冲带。在梅德韦杰夫担任总统时期，由于安全环境的变化，俄罗斯更是主动出击，打击那些变了“颜色”的国家，以进一步加强其在独联体中的核心地位和扩展其安全空间。在南奥塞梯问题上，俄罗斯对格鲁吉亚表现出了强硬的姿态，就是要起到敲山震虎的作用，防止战略缓冲带进一步被压缩。

二、冷战后俄罗斯国家安全思想发展的主要内容

苏联解体以后，作为苏联主要继承国的俄罗斯面临着国际国内安全环境的巨大变化。相较于苏联时期的以军事安全为核心的传统安全观念而言，冷战后俄罗斯的国家安全思想

更加趋于多元化和综合化。同时，由于北约持续不断的安全压力，传统军事安全在俄罗斯国家安全思想中仍占据主要地位。

（一）叶利钦时期，俄罗斯以矛盾的心态审视西方威胁

苏联解体后，俄罗斯丧失了约三分之一的国土和近半数居民，地缘政治环境严重恶化，传统安全优势丧失。起初，西方的口头承诺给予叶利钦以理所当然的幻想，即全盘实施西方政治制度，与西方在战略上结盟，消除东西方军事对峙，从西方获取资金和技术，迅速实现国家体制转轨，共享西方世界的科技、经济和文明。为此，在北约东扩、核武器库处理、俄罗斯境外驻军、西方苛刻的贷款条件等问题上，叶利钦做了最大的让步和妥协，向西方“一边倒”。凭着足够的诚意与行动，俄罗斯自认为已经与西方建立了共同的价值观和意识形态基础，西方再也没有理由与俄罗斯为敌，俄罗斯更没有理由成为西方的敌人。俄罗斯以各种姿态完全放弃与西方的对抗，可以看作是俄美关系的“蜜月期”。但是，俄罗斯的一厢情愿很快就被西方国家泼了一头冷水。1994 年 1 月，以美国为首的北约推出了“和平伙伴计划”，开始推动北约东扩，企图从战略机制上不断挤压俄罗斯的战略空间，彻底剥夺俄罗斯的大国地位，确立由西方国家主导的新的欧洲安全格局。北约东扩使俄罗斯深感意外和不解，叶利钦及其幕僚不愿意正视这一事实而又不得不面对。

1997 年 5 月，时任总统的叶利钦签署了首份《俄罗斯联邦国家安全构想》。在这份文件中，可以明显地感受到俄罗斯受伤的情绪，同时依然对西方寄予厚望的矛盾心态。1997 年《俄罗斯联邦国家安全构想》称：“一些大国（及其联盟）在与俄罗斯领土毗邻地区保持或建立强大的兵力集团仍是俄罗斯国防面临的威胁。即使没有侵略俄罗斯的意图，这些兵力集团也构成潜在的军事危险。”“北约可能的东扩及其向主导欧洲军事政治力量的演变使欧洲大陆面临重新分裂的威胁。在欧洲保持着机动突击集群部队、核武器以及维持和平的多边机制不能发挥明显的效果的情况下，这一威胁尤其危险。”① 尽管俄罗斯看出了美国及北约的意图，但是仍然一厢情愿地想要将自身安全纳入欧洲整体去考虑。认为在当前和可以预见的未来，俄罗斯面临的主要威胁不具有军事性质，而主要是内部性的，并集中于内政、经济、社会、生态、信息和精神领域。在保持核遏制潜力的情况下，不存在对俄罗斯发动大规模入侵的威胁。实现国际关系非军事化、提高国际法在调节国际争端中的作用的前提条件已经具备，直接入侵俄罗斯联邦的可能性已经减小。② 为了维持这种一厢情

① 参见 1997 年《俄罗斯联邦国家安全构想》。

② 转引自郑羽：《评 1999 年〈俄罗斯联邦国家安全构想〉》，《国际经济评论》2000 年第 2 期。

愿的所谓“蜜月期”，俄罗斯首个国家安全构想对西方国家表现了极度忍让的姿态。对于北约东扩威胁到俄罗斯的事实，俄罗斯采取了低调隐忍、息事宁人的态度，不愿意首先撕破脸，仅仅旁敲侧击，模糊表达了不满。

（二）普京一、二任期，明确安全威胁，形成系统国家安全思想

叶利钦执政期间，俄罗斯虽然在一定程度上实现了社会转型，建立了新的政治经济体制，也一度激发了国内的民族主义情绪，大国复兴思想重新抬头，但是直到叶利钦执政末期，俄罗斯依然未能摆脱持续衰落的颓势，国内外安全形势未得到根本改善。在国外，西方国家始终保持对俄罗斯的战略遏制，继续推行北约东扩，在独联体国家策动颜色革命，侵蚀、分化俄罗斯的传统势力范围。在国内，金融寡头等垄断集团严重扰乱国家的政治生活秩序，中央与地方之间的政治斗争弱化了中央权威，地区分离势力不断抬头，社会矛盾因经济的不景气而更加难以调和。

普京执政后，以《俄联邦国家安全构想》为主，以《俄联邦军事学说》《俄联邦对外政策构想》等纲领性文件为辅，建立起新的国家安全理论体系，其中对国家安全观、安全形势、国家利益界定及战略目标都做出了重大调整。

从这一阶段开始，俄罗斯的国家安全思想明确提出了强国意识、大国观念和综合国家安全观。面对新的安全环境，俄罗斯重新界定了国家利益，主要包括：一是要保持并增强俄罗斯的大国地位及对国际事务的影响力，努力成为多极化发展中重要的一极；二是坚定地维护国家主权的独立与领土的完整；三是努力促进经济发展，满足人民的物质需要与精神需要，实现生活水平的稳定提高；四是确保俄罗斯在世界海洋和宇宙空间活动的安全，能够自由出入世界最重要的经济区域和交通要线。①

在传统安全方面，俄罗斯明确指出以美国为首的北约是俄罗斯的主要军事威胁。尤其是1999年北约对南联盟的空袭以及美国导弹防御体系的建立，使得俄罗斯面临的军事威胁不断增大。对此，俄罗斯不仅要做好随时应对“地区战争”的准备，还要考虑好应对“大规模战争”的准备。同时，不稳定因素的增加使得核战争的危险也在增加，开始仅适用常规武器的地区战争存在着转为适用核武器的危险性。② 这些使得俄罗斯面临的外部威胁不断增加，包括：国际安全保障机制的削弱（尤其是联合国和欧安会）、军事政治联盟的加强（北约东扩）、外国军事力量和地区冲突向俄罗斯边境的延伸等。

---

① 1999年版《俄罗斯联邦国家安全构想》。

② 薛兴国：《俄罗斯国家安全理论与实践》，时事出版社2010年版，第149—150页。

在非传统安全方面，俄罗斯认为国内矛盾的堆积为宗教极端势力、民族分裂势力和恐怖主义提供了可乘之机。要时刻警惕新的安全威胁——跨境威胁出现。跨境威胁兼具内、外部威胁的特征，是外部敌对势力潜入国家内部，利用当地的民族、宗教、社会矛盾开展恐怖活动，对国家政权进行破坏，进而达到自身政治意图的行为。此外，随着 21 世纪以后俄罗斯经济发展不断加强，经济因素在国家安全体系中的地位不断上升。俄罗斯认为经济中的消极发展趋势会引发其他领域的危机，如经济的衰退可能导致权钱交易、官商勾结，进而激化社会矛盾，扩大两极分化，引发街头政治，破坏政治稳定，弱化政府职能，最终导致中央政府权威的丧失，地方分离主义势力的抬头甚至崛起，严重威胁国家的统一与完整。

为了应对上述的严峻安全形势，俄罗斯认为单一的安全保障手段已难以有效应对新的安全威胁，多种手段灵活运用才能确保国家的长治久安。俄罗斯继续将军事力量作为国家安全的重要保障，突出战略核武器的作用，同时辅之以务实的外交活动，极力稳定周边安全形势，加强国内的经济、政治建设，从根本上增强应对各种安全威胁的能力。在政治方面，俄罗斯建立了中央主导的垂直管理权力架构，完善了联邦制，加强了政党建设，使得总统在国家杜马中获得了稳定、强大的政治力量，并借此稳定了俄罗斯的政治制度。在经济方面，俄罗斯重新调整和定位了国家的经济职能，建立了完整的国家经济社会调控体系，加大了国家对经济发展的宏观调控能力，促进了市场制度的发育和完善，坚决打击国内企图干预政治的寡头力量，将国家的经济命脉重新收归政府手中。在军事方面，俄罗斯将军事力量视为保障国家安全的重要基础与支柱。俄罗斯采取“现实遏制”与“现实威慑”相结合的战略，与美国保持较低水平的战略核平衡，同时加强常规军事力量建设，发挥其在应对局部战争、地区冲突及恐怖主义等威胁时的遏制作用，形成以战略核武器和常规武装力量共同构成的双重军事遏制力量。在外交方面，俄罗斯充分利用其独特的亚欧地缘优势，发展与独联体国家的睦邻战略伙伴关系，维护传统势力范围。缓和美俄关系，避免与美国发生直接冲突，努力推进与欧洲国家的安全合作，注重发展与亚太国家关系，尽最大可能改善俄罗斯的安全环境。

（三）梅德韦杰夫时期，寻求安全合作，灵活处理与美西方关系

经过独立后十多年的曲折发展，梅德韦杰夫时期俄罗斯面临新的机遇和挑战。俄罗斯此时的经济发展较快，综合国力大大增强，维护国家安全的手段更为多元有力，国内安定繁荣。与此同时，俄罗斯的高速发展引发了西方国家对俄罗斯复兴的警觉，其对俄罗斯的

战略压迫态势愈发紧张，周边国家也对越来越强大的俄罗斯抱有深深的戒心。与此同时，2008年的金融危机对俄罗斯经济安全构成极大威胁，官僚机构和大型企业中的腐败顽疾难除，对政府权威与社会稳定造成危害。在此背景之下，梅德韦杰夫作为新任总统于2009年5月批准了《2020年前俄罗斯联邦国家安全战略》（以下简称2009年版《俄联邦国家安全战略》）。

对于俄罗斯面临的主要威胁，2009年版《俄联邦国家安全战略》指出，北约主导的全球及欧洲—大西洋地区安全架构存在的缺陷、国际法律制度及机制的不完善等因素对国际安全保障构成威胁。大国矛盾及某些国家反复以单边武力手段解决国际矛盾的可能性，对俄罗斯国家利益的保障造成不利影响。对于如何化解安全威胁，亲西方梅德韦杰夫政府试图通过向西方价值观靠拢，加强合作，缓和矛盾。因此2009年版《俄联邦国家安全战略》强调，俄罗斯为同美国构筑平等的和全面的战略伙伴关系努力。作为优先方向的仍是争取在裁军领域、加强信任措施、解决不扩散大规模杀伤性武器以及增强反恐合作方面达成新协议。①

2008年的俄格战争使俄美关系陷入冷战以来最严重的危机，并构成2009年美国新总统奥巴马上任后"重启"美俄关系的大背景。小布什政府通过推动北约东扩、在东扩部署反导系统、策动"颜色革命"等，竭力压缩俄的战略空间和势力范围，引起俄罗斯强烈反弹。俄的反制措施虽有成效，也付出巨大代价。因此美提出"重启"对俄关系，也是新任俄罗斯总统梅德韦杰夫所希望的。2009年版《俄联邦国家安全战略》强调，俄罗斯要实现现代化需要重视与西方国家的"共同价值观"与国际合作，要与发达国家共同应对威胁，要在"八国集团"内发挥作用，要跟欧盟结成伙伴关系等。②

虽然2009年版国家安全战略中，俄罗斯所确认的多种传统和非传统威胁，依然大多数与北约和美国有关，但梅德韦杰夫政府对俄罗斯与西方的关系，仍抱有回暖的期待。较为明显的举措就是梅德韦杰夫主导发起的俄罗斯第三波"去斯大林化"③ 浪潮，力求从基本价值观上与西方达成精神层面的共鸣和共识，以化解地缘政治上的紧张和冲突情绪。

---

① 张晶：《〈2020年前俄罗斯国家安全战略〉及其内外政策走向》，《俄罗斯中亚东欧市场》2010年第1期。

② 盛世良：《俄罗斯国家安全战略亮点丰富》，http：//www. banyuetan. org/chcontent/sz/hqkd/201625/181910. html。

③ 1956年，赫鲁晓夫在苏共二十大的秘密报告，开启了苏联历史上"非斯大林化"的第一次浪潮，这个过程历时大约10年。第二波"去斯大林化"浪潮，始自1987年戈尔巴乔夫在庆祝十月革命70周年活动所作的纪念报告。

2010年11月，俄国家杜马决议称：“卡廷惨案①是依照斯大林和其他苏联领导人的直接命令执行的。”俄罗斯要想与西方缓和关系，在对苏联极权制度及苏联对内对外政策的解读方面，就要向西方的观点靠拢。俄罗斯就要承认苏联极权主义犯下的“罪行”。2011年2月，俄罗斯“关于永久纪念极权主义政权受害者与民族和解”的国家项目，在时任总统梅德韦杰夫的支持下通过。该项目被媒体和政界称为俄罗斯“去斯大林化”的重大举措。项目计划建立全国性纪念馆和被镇压受害者纪念碑，出版纪念图书资料，建立援助受害者的社会机制等，旨在迎合西方意愿，实现俄罗斯政治社会生活的西式现代化。只是，美国不会因为俄罗斯领导人秉持西方的价值观、遵从西方的立场而改变遏制、挤压俄罗斯的既定战略，这在苏联戈尔巴乔夫时期、俄罗斯叶利钦时期早已被证明了的——西方指导自己行动的永远是自身的霸权利益。

2014年乌克兰危机爆发后，俄罗斯此前向西方所做的妥协和示好化为乌有。俄罗斯在国际社会的孤立前所未有，西方对俄的经济制裁毫不手软。梅德韦杰夫任期内一切与西方回暖的期待不仅成了泡影，而且俄罗斯与西方的关系降至苏联解体以来的最低点。

（四）普京后续任期，放弃对西方的所有幻想，以实力谋求和平

2013年11月21日，乌克兰突然宣布暂停与欧盟签署联系国协定，导致亲欧盟的民众不满，10万人走上基辅街头抗议并引发大规模骚乱，总统亚努科维奇出逃。2014年3月16日，苏联时期从俄罗斯划归乌克兰的克里米亚地区举行公投，并宣布脱离乌克兰加入俄罗斯。普京没有留给美国及北约观望和预测的时间，3月18日即与克里米亚议会议长康斯坦丁诺夫、克里米亚总理阿克肖诺夫和塞瓦斯托波尔市议会主席恰雷共同签署了有关克里米亚共和国和塞瓦斯托波尔市加入俄罗斯联邦的条约。此举彻底引爆了俄罗斯与美西方的矛盾。在美国的支持授意下，乌克兰临时政府派出安全部队，在东乌克兰清剿“亲俄”武装，乌克兰陷入内战。美国及七国集团严厉谴责俄罗斯，西方迅即对俄罗斯进行全面制裁。乌克兰危机从国内的“亲欧派”与“亲俄派”的冲突，演变为西方国家与俄罗斯的对峙，形成了自“冷战”结束以来，西方世界与俄罗斯最严重的一次危机。2015年版《俄联邦国家安全战略》即发布于乌克兰危机爆发、俄与美国和北约严重对峙的严峻形势下，成为俄罗斯国内外环境发生重大变化的明确信号。在对待与美国及北约的关系上，俄

---

① 1940年左右，约2.2万名波兰军人和知识界精英在苏联斯摩棱斯克州以西的卡廷森林被集体杀害。1943年4月13日，攻入苏联的纳粹德国宣布在卡廷森林发现大批波兰军人尸体，并称杀害事件是苏联所为，苏联予以否认，并反驳说此事是纳粹所为。1990年4月，苏联承认为这起事件负责。

罗斯经过20多年的纠结，放下了对以美国为首的北约的所有幻想，彻底明确了敌对关系。

2015年版《俄联邦国家安全战略》首次明确而又犀利地将美国和北约列为国家外部安全的最大威胁。2015年版《俄联邦国家安全战略》指出，当前俄罗斯处在复杂的国家安全威胁之中。美国及其盟国为了保持在国际事务中的决定权，对俄罗斯的政治、经济、军事和信息传播等方面施加压力，干涉俄联邦的政治独立。北大西洋公约组织“被赋予违反国际法的功能”，其军事设施向俄罗斯边境推进，对俄国家安全造成威胁；美国在欧洲、亚太和中东地区建设反导系统的做法极大降低了国际和地区的稳定性。西方打击欧洲一体化进程、加剧欧亚地区局势紧张的做法对俄罗斯国家利益的实现产生了不利影响。美国和欧盟对乌克兰反宪法政变的支持造成了乌社会分裂的局面，导致了地区内的武装冲突。欧美的行为加剧了乌克兰社会中的极右民族主义思想，有意在乌克兰人民心中将俄罗斯塑造成一个敌对的形象。目前，乌克兰的社会经济危机已经成为欧洲和俄罗斯不稳定的源头之一。在俄罗斯的邻国，美国军用生物实验室的网络正在扩大，在俄罗斯相邻区域军事化进程和军备竞赛在发展中。“伊斯兰国”的出现，是某些“以双重标准进行反恐的国家”行动的产物等等。上述所列威胁，令俄罗斯如芒在背，如鲠在喉，冷战之感跃然纸上。该战略还首次强调，要发展与中印两国的关系，将俄中全面战略协作伙伴关系视为保持全球和地区稳定的关键因素。

美国及北约迫使俄罗斯直面严峻形势，催生新版战略。俄罗斯外长拉夫罗夫说，美国的导弹防御系统是全球性的，既建在美国本土、欧洲，也建在东北亚，从而对俄罗斯形成奇怪的包围之势。美国的反导系统是对俄罗斯安全的唯一威胁。俄罗斯曾对奥巴马总统寄予厚望，但在他在任期间发生了一系列军事冲突，而且都毫无逻辑可言，与相应地区的安全利益相违背。[①] 自乌克兰危机爆发以来，北约两任领导人多次提出遏制俄罗斯。2014年9月，即将离任的北约秘书长拉斯穆森称，北约成员国将强化在其东部边界的军事部署。将在欧盟东部地区以轮换的形式继续保持在海上、空中和陆上的存在。北约成员国还将划拨资金组建快速反应部队，尽可能部署在靠近俄罗斯边境的地方。时任英国首相卡梅伦也明确说，位于俄罗斯旁边的新基地是对莫斯科施压政策的延续，其目的是迫使克里姆林宫停止对乌克兰东部分离主义者的支持。北约秘书长斯托尔滕贝格于2016年3月称，俄罗斯行事越来越大胆，用各种手段恐吓周边国家，并试图分裂北约。北约则扩大在土耳其和地中海东部的军事存在。北约对俄罗斯的剑拔弩张、咄咄对立之势，实属典型的冷战语

① 阿列克谢·季莫费伊切夫·拉夫罗夫：《“伊斯兰国”是俄罗斯的首要敌人》，http：//tsrus. cn/guoji/2015/04/23/41337. html。

言。对此，俄方曾多次警告说，北约强化其东部侧翼的任何企图都将引起俄罗斯的不安，俄方不会对此无动于衷。俄驻北约代表格鲁什科说，乌克兰危机不仅被用来加强乌克兰与北约的关系，还被用来在俄罗斯边境“增强北约的肌肉”。[1] 北约的总军事预算此前已达约3万亿美元，“即全球军费开支的51%”。俄方只有采取措施，“包括使用军事技术手段”。[2] 俄罗斯政治家还强烈批评道，一些西方国家不是对乌克兰国内复杂的社会政治进程进行认真分析，而是毫无根据地将所发生的一切的责任归咎于俄罗斯。北约在整个乌克兰危机进程中起的是破坏性作用。[3] 北约对俄罗斯如此的防范与保持高压，俄罗斯无法后退，无路可循，除了视北约为主要敌人，已经别无选择。

三、冷战后俄罗斯国家安全思想发展的经验启示

冷战后，俄罗斯的国家安全思想根据新的战略环境变化进行了多次调整，特别是在对抗美西方战略遏制和战略围堵的过程中，经历了曲折反复，形成了重要的经验启示。

（一）美西方国家推行霸权主义是新兴国家面临的最大安全挑战

冷战后，俄罗斯与美国等西方国家经历了短暂的蜜月期后，再次陷入激烈的矛盾对抗当中。俄与美西方的严重对立无关社会制度，甚至也和意识形态问题关系不大。本质都是美国秉持霸权主义的全球战略、单极世界目标，容不得任何国家对其形成挑战。而俄罗斯努力维护其传统战略空间，追求世界强国的地位，必然会被美国人视为重要挑战。无论俄罗斯在民主制度、人权领域等价值观上与西方多么接近，只要俄罗斯拥有与美国和西方相抗衡的实力，就要被无情打压和削弱。俄罗斯国家安全战略思想在与美西方的关系问题上，几经徘徊反复，最终不得不直面现实，将美国及北约视为俄罗斯最大的威胁。这同在西方世界不绝于耳的“中国威胁论”在本质上是一样的。

（二）“普世价值”是冷战后美西方国家推行强权政治的重要工具

美国等西方国家所宣扬的“普世价值”没有任何逻辑联系，如果一定要联系，那就

① 尼古拉·苏尔科夫：《北约走向公开遏制俄罗斯：是姿态还是真正威胁》，http：//tsrus. cn/guoji/2014/09/10/36863. html。

② 时事分析：《北约增加在欧军事部署意味着什么》，http：//tsrus. cn/guoji/2016/04/11/583031。

③ 伊戈尔·罗津·拉夫罗夫：《俄欧关系尚未走过“不归点”》，http：//tsrus. cn/guoji/2014/09/23/37129. html。

是，西方的民主、自由、人权等“普世价值”是其百用不弃、屡试不爽，用以干涉别国事务、豪夺他国资源、称霸世界的最有效武器，是为其强盗逻辑、丛林法则披上的光鲜外衣。2015 年 10 月 22 日普京在“瓦尔代”国际辩论俱乐部会议上曾发出质问：难道我们反对民主向我国边境推进吗？您所说的民主是指什么？北约向我国边境推进？这是什么，民主吗？北约是一个军事集团。我们担心的不是民主向我国边境的推进，我们担心的是北约的军事基础设施向我国边境的推进。①

（三）面对霸权主义威胁必须毫不妥协地坚决斗争

俄罗斯国家安全战略的变迁表明，与霸权主义的斗争，只有毫不妥协，以牙还牙，坚决打击。2016 年 5 月 9 日俄罗斯卫国战争胜利 71 周年阅兵日，普京现场发表的讲话，也阐述了同样的道理：“历史的教训告诉我们，这个世界不是靠自身就能够维持和平，需要随时警惕，但不容忍双重标准，因眼光短浅而姑息那些图谋不轨的人也是不可容忍的。”②这是用俄罗斯血的教训再一次说明，息事宁人、忍辱负重、让步示好、压抑退让只能获得暂时的和平，埋下的是更大的和平与安全隐患。任何反动派都不会自愿退出历史舞台，霸权主义也是一样。正因为如此，21 世纪以来，俄罗斯在国力有限恢复的基础之上，从乌克兰到叙利亚向美西方国家发起了强有力的反击。

第二节　冷战后俄罗斯军事战略思想的发展

1992 年独立建军以来，俄罗斯军事战略以捍卫国家利益为总目标，秉承了大陆性和防御型的总体战略指导，经历了从单纯的消极防御向积极遏制战略的转变，逐步实现了由消极被动向积极主动的渐进式战略转型，并且通过持续的改革努力，完成了大战型军事力量的改造、联合作战指挥体制的构建和武器装备的现代化发展。

一、冷战后俄罗斯军事战略思想的发展脉络

冷战结束以来，随着国际战略形势、国家安全形势及国家战略利益需求的不断变化，

① 普京：《他们试图再次误导我们和整个世界》，http：//tsrus. cn/guoji/2015/10/23/533321。

② 普京：《因短视而姑息那些图谋不轨的人不可容忍》，http：//sputniknews. cn/russia/20160509/1019176566. html。

俄罗斯军事战略几经调整，但在总体上仍保持防御性质。

（一）叶利钦时期的“攻防结合”与“现实遏制”战略

1991 年 12 月 26 日俄罗斯正式独立，叶利钦从即日起至 1999 年年底任俄联邦总统。在他就任总统的初期，俄军事战略出现了俄（苏）战略史上从未有过的急剧变化。起初俄罗斯在西方的外交欺骗下奉行向西方“一边倒”的外交政策，谋求融入西方社会并获得美国西方发达国家的经济技术援助。为了维持和西方的良好关系，俄罗斯承袭了苏联解体前夕的“纯防御”军事战略，奉行“不首先使用核武器”“不首先采取军事行动”“不使作战行动超过边界”的“三不”政策。与此相适应，在军队建设上以保障本土安全为主要目标，强调“合理足够”原则，立足核威慑来遏制战争威胁，调整军事部署，缩减常规军事力量。这体现了在亲西方思维主导下的消极防御战略。

20 世纪 90 年代中期，随着北约宣布东扩计划，俄罗斯传统的地缘安全范围被渗透。俄罗斯终于清醒地认识到，以美国为首的西方世界从未放弃和停止对俄的战略遏制与军事打压。在这种情况下，俄罗斯提出“用武力对抗北约是俄面临的一项紧迫任务”。1996 年 6 月俄总统叶利钦的“国家安全咨文”和 1997 年 12 月的《俄联邦国家安全构想》正式提出和确立了“现实遏制”战略，宣布“俄并不追求在武器和武装力量的数量上与其他大国均等，而是奉行使用自己的武装力量坚决反对侵略为基础的战略遏制原则”，重新把北约确定为俄的主要外部威胁和潜在敌人，以现有能力应对现实威胁。俄必须以核遏制为主要手段，防止核战争、大规模常规战争和地区战争，同时确保现有常规军事力量足以应对内部武装冲突。

（二）普京前两任期的“以核遏制为依托的战略机动性”战略

叶利钦执政末期，俄罗斯和西方的关系快速恶化。1999 年，北约东扩正式启动，首轮接纳了波兰、匈牙利和捷克三国加入。同样是在 1999 年，以美国为首的北约绕过联合国发动了科索沃战争。在这样的战略背景下，普京于 2000 年当选俄联邦总统。自 2000 至 2003 年，俄罗斯先后出台了《俄联邦军事学说》《2010 年前俄联邦国家军事建设政策基础》《俄联邦武装力量发展的迫切任务》等关于国防安全和军队建设的一系列纲领性文件，集中体现了这一时期的军事战略思想，即“以核遏制为依托的战略机动”战略。

这一时期军事战略的核心思想是以美国和北约为主要战略威胁，在确保可靠的、最低限度的核遏制能力的前提下，以战略机动力量为主要防御手段，达成遏制大规模战争与地区战争、同时打赢两场局部武装冲突的战略目标。所谓“以核遏制为依托”，就是在俄联邦国家安全面临危急局势时，可以使用核武器回击大规模常规入侵，并保留实施先发制人核突击的权利。所谓“机动性”，就是通过建设精干、高效、具有高度机动性的常备部队和实施快速战略机动，确保打赢周边地区发生的武装冲突和局部战争，必要时不惜采取“先发制人”的行动。

在该军事战略指导下，俄罗斯军队建设更加注重核常并举、协调发展，渐进深化军事改革，有序实施现代化转型。在核力量建设上，强调新研新建与升级改造相结合，发展列装具有强大突防能力新型战略弹道导弹，加速建造新一代战略核潜艇。对现役战略轰炸机进行升级改造，加紧研发新型隐形轰炸机和巡航导弹。在常规力量建设方面，以应对武装冲突和局部战争为目标，重点加强常备部队建设。

（三）梅德韦杰夫时期的“战略遏制”战略

2008 年 5 月 7 日，梅普组合正式形成。经过俄格战争和俄军“新面貌”改革，俄对军事战略进行了大幅调整，形成了“现实遏制下的灵活反应”战略，其主要思想反映在 2009—2010 年先后颁布的《2020 年前俄罗斯国家安全战略》、2010 版《俄联邦军事学说》和《俄国防法修正案》等文件中。这一战略思想集叶利钦时期和普京第一任期军事战略成果之大成，着眼应对战略环境的新变化，对“现实遏制”“以核遏制为依托的战略机动性”战略进行了充实完善。

该战略以预防全球和地区战争与冲突为目标，强调俄军事力量建设的长期最重要优先方向是加强和完善国家核遏制力量。在确保完善战略进攻力量的同时，加速构建空天防御等战略防御力量，并着力加强陆、海、空常规力量现代化建设，使之保持高水平战斗力和高等级战备水平，为战略遏制创造最重要条件。在现代战争的特点上，俄认为，现代战争具有目的多重性、军队使用方式多样性、作战行动多维性、信息对抗普遍性的突出特点。在武装力量任务上，强调既要遂行传统军事安全任务，也要遂行反恐、打击海盗、护航等非传统军事安全任务。在军事力量使用上，突出灵活用兵原则：在俄国家生存受到核力量、大规模杀伤性武器的威胁时，果断使用核力量；在俄公民个人、社会和国家利益受损时，境外用兵。在俄盟国遭到侵略时，联合抗敌。在确保国家安全上，强调进一步巩固俄白联盟、集体安全条约组织等联盟关系，突显集体防卫的思想，意在维护其传统势力范围，巩固其地区影响力。2009 年，俄军启动“新面貌”的改革，通过调整编制体制、缩减作战指挥层级、建设旅级常备部队等，努力建设一支机动、灵活、高效的新型现代化军队。

（四）普京后续任期发展完善“战略遏制”战略

2012年，普京重返总统宝座，俄继续奉行“战略遏制”战略。普京在其竞选纲领“强大是俄罗斯国家安全的保障”中，再次强调了“核遏制”的重要性，称核大国之间爆发全球性战争的可能性不大，只要“战略核力量时刻保持戒备，谁也不敢对我们发动大规模侵略”。但普京同时指出，新原理武器的使用效果可与核武器相提并论，远程精确武器成为未来战场制胜关键，空天一体战、网络战等，均将成为影响战争进程的重要作战样式。俄罗斯不能仅仅使用外交和经济手段来消除矛盾、化解冲突，还必须在遏制战略框架内发展军事力量，使之足够防御。同时，加强集体安全条约组织的能力，维护地区和平与稳定。海军、空军、空天防御兵的作用将大幅提升，特别是美在欧洲部署反导系统的情况下，加快空天一体防御体系建设是俄必然选择。

2014年，俄罗斯颁布了最新版的《俄联邦军事学说》，首次在“战略遏制”框架内提出了“非核遏制”概念，明确要灵活使用非核遏制手段应对入侵之敌。① 这一提法反映了俄罗斯军事实力的提升，尤其是常规军事力量的长足发展，已经可以成为维护俄国家安全的重要手段。俄罗斯此时提出“非核遏制”概念，主要是因为核遏制力在防止外部武装冲突中并非永远有效，尤其是在防止国内冲突中可能完全不起任何作用，而必须使用非核武器。因此要运用“非核遏制”，做好进行打常规战争和复杂战争的准备。只有这样，才可以提高俄罗斯抵御外来威胁的能力，才可以有助于维护俄罗斯国内局势的稳定。

二、俄罗斯当前军事战略思想发展的主要内容

2012年，普京再次当选俄罗斯总统。新一届普京政府在乌克兰危机和叙利亚战争爆发以后，根据对新环境的判断，相继推出的新的《俄联邦军事学说》和《俄联邦国家安全战略》，阐明了新的历史时期俄罗斯的军事战略思想。

（一）将美国和北约作为主要威胁，突出“战略遏制”

20世纪90年代中期，针对北约对俄战略空间的挤压，俄罗斯开始把美国及其领导的北约确定为主要外部威胁和敌人，并提出“用武力对抗北约是俄面临的一项紧迫任务”，这是冷战结束后俄罗斯第一次明确提出战略威胁。“9·11”事件之后，俄美关系一度缓

---

① 王松亭、王亮：《2014年〈俄罗斯联邦军事学说〉评析》，《俄罗斯东欧中亚研究》2015年第3期。

和，即使是在美国不顾俄罗斯反对发动伊拉克战争时，双方都保持了克制。但是随着国际局势的发展，来自美国和北约的军事威胁更加突出。北约经过几轮东扩已经扩展到28个国家，直抵俄罗斯家门口的乌克兰和格鲁吉亚。后苏联空间内的一系列“颜色革命”表明西方国家尤其是美国对俄罗斯的险恶用心从未停止。因此，经过一系列合作与分歧之后，俄罗斯认识到在复杂多变的国际军事形势下，军事力量在保障国家安全和维护国家利益方面的作用非但没有下降，反而有所上升。尤其在全球经济动荡的背景下，以美国为首的北约不断挑战和践踏国际法基本准则，越来越倾向于使用武力来实现其战略目标，俄罗斯必须做好以军事手段应对各种威胁和挑战的准备。因此，俄必须建立一支强大而灵活的、处于经常性战斗准备状态的新型现代化军队。乌克兰危机之后，俄罗斯进一步明确了美国和北约是它的主要威胁，在西部边境加强防御，与美国在北约、东欧部署的重兵对峙。在战争构想上强调要防止全球性和地区性的大规模战争，重点准备局部战争和局部武装冲突。俄罗斯防止全球性战争、大规模战争主要靠核力量，以核力量遏制美国和北约对其进行较大规模的战争行动。

（二）调整完善军事战略布局，改革领导指挥体制

现代战争的基本形态已经从世界大战向局部战争和武装冲突转变，而且战争的信息化程度越来越高，战争进程越来越快。建立高效的联合作战指挥体制，已经成为各国军队建设当中的普遍做法。俄罗斯在军队的领导和指挥体制方面也是艰难探索了近20年，直到2012年完成的“新面貌”改革才取得实质性进展。

在军队高层领导和指挥体制方面，鉴于长期的历史传统，俄罗斯旧版的《国防法》规定总参谋部是武装力量的基本指挥机关，总统和国防部部长通过国防部和总参谋部对军队实施指挥。这就赋予总参谋长很大的权力，致使国防部部长和总参谋长由于权限不清，经常发生军权之争。2004年，普京政府对俄联邦《国防法》进行修订，规定国防部部长通过国防部指挥武装力量，剥离总参谋部的大部分行政功能归于国防部，总参谋部被定位为国防部的军事指挥机关，形成了“总统—国防部—总参谋部—军兵种”领导管理体制，总统和国防部部长负责战略决策，总参谋部是在总统和国防部长的领导之下指挥武装力量。2010年将军区改为战区后，领导管理体制转变为“总统—国防部—总参谋部—军区联合司令”，建立起职责更加清晰的军政分离管理体制。

在战役层级方面，俄军在1997年就规定了军区联合作战指挥的职能，但由于军种不肯交出指挥权，改革一直停留在增减军区数量上，没能建立具有实质意义的战区联合作战

指挥体制。2010 年 12 月 1 日，根据总统梅德韦杰夫签署的命令，俄军将原有的 6 个军区按主要战略方向调整合并为西部军区、南部军区、中央军区和东部军区 4 个军区，并与此相适应设立了四大联合战略司令部，总部分别设在圣彼得堡、顿河畔罗斯托夫、叶卡捷琳堡和哈巴罗夫斯克。原先的四级指挥体系精简为联合战略司令部、作战指挥部和旅的三级指挥体系，各大战略司令部不再像原来的军区那样只能调动陆军，而是可以统筹本战区的陆、海、空军一体化联合作战。

在坚持精简军队规模的同时，俄军根据战争形态的演变及军事技术的发展不断调整军种结构。2011 年，俄军在航天兵基础上新组建了空天防御兵。2015 年 8 月 1 日，俄军将空军与空天防御兵合并，组建空天军，使俄罗斯武装力量的构成变为陆军、海军、空天军、战略火箭军与空降兵 5 个兵种。在编制结构方面，陆军部队主体架构由“军—师—团”建制改为“军—旅—营”建制，按功能组建了 113 个诸兵种合成旅，并计划在 2020 年前将诸兵种合成旅增至 125 个，进一步向小型化、灵活化发展。虽然后续根据实际需求恢复了一些师团建制，但并不是对改革成果的否定，而是进一步补充和完善。

（三）以“混合战争”理论为基础创新现代战争思想

进入 21 世纪以来，随着以信息技术为代表的高新技术的发展，现代战争正在快速地发展变化。美国军事专家弗兰克·霍夫曼在 2007 年《21 世纪冲突：混合战争的兴起》一书中提出：“未来战争的样态正在发生变化，从传统的大规模正规战向小规模的非正规战转变，战争和其他领域的界限更加模糊”，从而正式提出了“混合战争”理论。与此同时，以俄罗斯总参谋长格拉西莫夫为代表的俄军高层也敏锐察觉到了现代战争的新变化。俄罗斯吸收接纳了“混合战争”理论，结合 21 世纪以来俄罗斯的军事实践，对该理论进行了创新发展，并将其作为俄罗斯军事战略调整的重要理论基础。

俄罗斯在 21 世纪以来的军事实践中意识到，现行的军事战略是一种以核威慑为核心的现实遏制战略，在面对西方国家以“颜色革命”不断挤压俄罗斯战略生存空间的时候，便显得缺乏灵活应对的能力。在这种情况下，俄罗斯必须创新发展具有自身特色的“混合战争”思想。俄罗斯认为现代战争正在向网络、太空等新型领域延伸，越来越倾向于综合运用基于军事实力的政治、经济、信息等其他非军事手段。混合战争以低成本、隐蔽性和不可预见性，将成为俄罗斯遂行战争行动的重要新样式。在这一思想的指导下，更加注重应急反应能力和非对称作战能力的锻造。通过扩大特种部队规模，加大特种作战、信息作战等非常规军事力量比重等途径，军事力量能够更好应对“混合威胁”，适应“全域行动”。近几年来，在应对各种危机的军事实践中，俄罗斯将大规模的武装力量化整为零，用精干小型化的特种部队代替传统的大规模战略编队，提高了部队的机动能力与快速反应能力；同时，俄运用信息战与舆论战等非军事手段，辅助正面攻势，确保军事行动奏效。

俄罗斯将乌克兰、叙利亚作为“混合战争”理论的试验场，在实践中对该理论进行检验，以促进俄罗斯军事战略的发展。在 2014 年的俄乌冲突中，俄罗斯综合运用军事、外交、舆论宣传、信息技术等多种传统与非传统手段，为确保俄在克里米亚的战略利益，在乌克兰政权更迭的同时，强势武力控制克里米亚，向全世界展示了俄式“混合战争”。在冲突过程中，俄罗斯军队综合运用电子战、网络战、舆论战和特种作战等手段，表现出高超的联合作战能力和极高的行动效率。2015 年 9 月，俄罗斯出其不意地出兵叙利亚打击“伊斯兰国”极端恐怖组织，将常规与非常规战争方式结合起来，取得了极佳的战略效果。俄在乌克兰、叙利亚危机中的军事行动让以美国为首的北约对俄罗斯各种非对称的“混合战争”手段一时难以做出正确判断，显得措手不及。虽然北约在常规军事力量方面对俄罗斯占据明显优势，但因无法有效应对俄罗斯的“混合战争”而陷入被动。

（四）呈现攻势防御的军事手段运用理念

随着俄自身军事实力的不断增强，以及俄对未来战争特点的理性前瞻，俄军事战略呈现出越来越多的“积极”色彩，如在发生外部入侵时，可将军事行动扩展至敌方领土；保持战略核力量的战斗准备状态，确保其能在任何情况下给入侵者造成应有的损失；在俄及其盟国遭受核武器和其他大规模杀伤性武器攻击以及常规武器攻击危及国家生存时，俄将使用核武器予以回击等，体现的是先敌制胜、夺取战略主动权、预防和遏制军事冲突的作战思想。但同时也要看到，这并不代表俄军事战略已由防御性变为进攻性，其中更多地显示了一种攻势防御的战略思想，即以进攻性手段，达到积极防御的目的。特别是俄现有军事实力、面临的安全威胁、国家发展的大战略等诸多因素决定了俄在今后一段时期内，仍将奉行积极防御的军事战略。

在战略实践当中，为了应对乌克兰危机爆发以后来自西方国家的巨大军事安全压力，在军事体制改革和武器装备现代化的基础上，俄罗斯进一步强化了军事力量的运用，以战争和非战争行动向世界展示其军事实力，恢复和增强地区与国际影响力，并通过积极发展对外军事交流与合作保持和巩固其军事大国地位。

（五）“核常并举”推动武器装备现代化

无论俄罗斯军事战略如何调整变化，俄始终将战略核力量作为维护国家安全、保持全球战略稳定、防止战争的关键手段。即使是早期的“单纯防御”战略也强调，在准备打高技术常规战争的同时，不放松核战争准备。2010 年《俄联邦军事学说》强调，核武器仍将是预防核军事冲突和常规军事冲突（大规模战争、地区战争）的重要因素。普京在 2012 年的竞选纲领中也指出：“无论在什么情况下，俄都不会放弃战略核遏制潜力，而且还要加以巩固。”因此，尽管使用常规武器和核武器向俄发动大规模战争的可能性已经大大降低，但“核遏制”在防止侵略、防止冲突升级的一系列军事手段中仍然扮演举足轻重的角色。

从 20 世纪 90 年代开始，俄罗斯就十分重视对俄军的武器装备现代化改造，曾制定了多个武器装备发展规划。但由于经济下滑，无力支撑大量的技术和资金投入，军事计划部门的体制结构不断调整也使得政策的连续性难以保证，因此很多装备建设发展计划都成了一纸空文，结果和预期目标相差甚远。2008 年 8 月俄格战争时，俄军武器系统符合现代化标准的不到 20%，近 95%的装甲武器达到了最大使用年限，甚至有约 15%的武器未战先失效，以至于出现俄罗斯军最高战地指挥官借用记者卫星电话指挥作战的场景。俄军武器装备水平落后的窘况让俄罗斯领导人痛下决心，加大了武器装备现代化方面的经费投入。尤其是在“新面貌”改革阶段的 2010 年 12 月，俄罗斯总统梅德韦杰夫批准了《2011—2020 年国家武器装备发展规划》，政府要在这 10 年总计划拨 20 万亿卢布用于军队的武器装备研制和更新，使俄军的新武器装备到 2015 年达到 30%，到 2020 年达到 70%。

尽管 2010 年以来俄罗斯经济有所回落，但交给部队的新武器装备并没有受到太大影响。2018 年年初，普京在国情咨文中指出，叙利亚的军事行动展示了俄罗斯武装力量的增长。近年来，为巩固陆海军建设开展了大量工作。现代化武器装备增加了 2.7 倍，已有 300 多种新型军事技术装备参加服役。战略核武器拥有 80 枚洲际弹道导弹、102 枚潜艇弹道导弹；应用新型“亚尔斯”导弹系统重新装备 12 个火箭军导弹团。远程精准武器运载火箭数量增加超过 12 倍，精准巡航导弹数量增加 30 倍以上。常规部队、航空航天部队和海军舰队的力量增强显著。

（六）加强军事联盟，拓展对外军事交流与合作

俄罗斯新军事战略强调与集安组织成员国、独联体成员国等传统盟国继续巩固军事关系。俄罗斯帮助白俄更新武器装备，在白俄建立空军基地。同时，为谋求更大的地缘战略利益，俄进一步加强集体安全条约组织军事力量建设，推进以俄空降兵为主体的集体安全条约组织快速反应部队建设，提出集体安全条约组织统一防空体系建设构想。此外，俄还

无偿向哈萨克斯坦提供5套S-300PS防空系统。俄罗斯还提出将发展与阿布哈兹和南奥塞梯关系，明确以联盟防御和安全为目的进行联合行动，并将其重要性置于集安组织合作之上。体现了俄捍卫本国势力范围的坚定立场，绝不允许北约继格鲁吉亚、乌克兰后再染指俄传统势力范围。

在巩固和发展军事联盟的同时，俄罗斯近来注重拓展和加强多边安全合作，优先发展与中国的关系。基于美西方国家对俄实施全方位制裁和排挤，以及俄在近年来逐渐实施的“战略东移”政策，俄开始逐渐加强同新兴国家开展军事合作，并更加注重在亚太地区开展军事外交，目的是突破美西方战略封锁，不断强化地区影响力和军事存在，其最终目的是维护国家利益和安全。俄新版《俄罗斯国家安全战略》重视加强与多边组织的合作。该战略指出，俄正在金砖国家组织、上合组织、亚太经合组织及20国集团等框架内拓展其与各国合作的空间。在俄中关系方面，该战略强调俄正在与中国发展全面战略协作伙伴关系，并将其视为维护地区与世界和平稳定的关键因素。报告首次提出，俄支持在亚太地区建立可靠的“区域稳定不结盟机制”，同时俄将与印度发展特惠战略伙伴关系。

三、冷战后俄罗斯军事战略思想发展的主要特点

作为苏联主要继承国的俄罗斯，其军事战略思想的发展既具有传承自苏联的大国特色，又有基于俄罗斯独特内外环境而形成的现实主义元素。

（一）始终将核力量作为军事战略的重要支柱

从1993年俄罗斯公布第一部军事学说的基本原则起，俄罗斯又相继出台了2000年版、2010年版和2014年版军事学说，其间尽管俄罗斯的军事政策和军事战略发生了深刻变化，但从1993年的“积极防御”战略开始，“核遏制”战略在俄军事战略中的地位从未降低过。1993年版军事学说基本原则提出的“积极防御”战略放弃了不首先使用核武器的承诺。俄领导人也多次表示，俄罗斯联邦不对《不扩散核武器条约》的任何无核缔约国使用核武器，但入侵或进攻俄罗斯联邦或俄罗斯联邦盟国的情况下除外，与核国家有联盟义务的除外。这赋予了俄罗斯在使用核武器遏制战争方面完全的主动权。2000年版《俄联邦军事学说》中对核战略进行了较为详细的阐述：“俄罗斯视本国武装力量装备的核武器为遏制侵略、保障俄罗斯联邦及其盟友军事安全、维护国际稳定与和平的因素。俄罗斯联邦保留对其及其盟友使用核武器及其他种类大规模杀伤性武器而使用核武器进行报复的权利，以及对使用常规武器对俄进行大规模侵略并使俄罗斯联邦国家安全处于危急局

势时使用核武器进行报复的权利。俄罗斯联邦不对不拥有核武器的《不扩散核武器条约》缔约国使用核武器，但不拥有核武器的国家与有核国家共同实施或帮助有核国家实施或与有核国家有同盟义务的无核国家实施或帮助实施的对俄罗斯联邦、俄罗斯联邦武装力量或其他军队、俄罗斯联邦的盟国或俄罗斯对其有安全义务的国家进行袭击的情况除外。”① 2010年版《俄联邦军事学说》指出：“核武器仍将是防止核军事冲突和使用常规毁伤武器的军事冲突（大规模战争和地区战争）爆发的重要因素。在爆发使用常规毁伤武器的军事冲突（大规模战争和地区战争）的情况下，即在爆发可能威胁国家生存的军事冲突的情况下，拥有核武器可能导致这种军事冲突升级为核军事冲突。”② 2010年版《俄联邦军事学说》关于核政策的叙述相对简略，但并不代表核武器作用和地位的降低。在2010年版《俄联邦军事学说》中俄罗斯的核政策不再对外公布，转而成为国家秘密。俄罗斯总统梅德韦杰夫签署2010年版军事学说的同时签署了一份名为《2020年前核遏制领域国家政策基本原则》的文件。该份文件的具体内容外界并不清楚，但对于遏制理论而言，使用核武器的不确定性有助于提高核遏制的效果。在2000年版军事学说中规定俄除对使用大规模毁伤武器进行报复外，只对对俄进行大规模常规侵略战争并使俄国家安全处于危急状态时使用核武器进行报复，但在2010年版军事学说中则增加了在针对俄发动的地区战争中也可以使用核武器的条款。这一点与2009年版《俄联邦国家安全战略》是一致的，2009年版《俄联邦国家安全战略》中明确把“预防全球与地区战争和冲突”作为战略目标。俄在关于“地区战争”的定义中也明确指出了在地区战争中使用“常规毁伤兵器及核毁伤兵器”。这些情况说明，俄不仅高度重视战略核武器的遏制作用，而且更加重视战术核武器对地区战争的遏制作用。

（二）整体防御性将长期保持，局部进攻性将有所加强

冷战后俄罗斯的军事战略从“纯防御”战略、“积极防御”战略一直演进到目前的“战略遏制”战略，其间的防御色彩日益淡化。2008年俄格战争后，俄罗斯军事战略的进攻性一度有所加强，不仅派军舰与战略轰炸机到美国的后院拉美地区举行军事演习向美示威，还与美国因导弹防御系统问题在军事领域进行了针锋相对的斗争。总体上看，俄罗斯的军事战略在整体上仍将长期保持防御性质，但局部进攻性有所加强将是大趋势。

首先，整体实力对比决定了俄在与以美国为首的北约国家的较量中将长期处于守势。

---

① 参见2000年版《俄联邦军事学说》。

② 张玉华：《2010年版〈俄罗斯联邦军事学说〉评析》，《国防》2010年第7期。

尽管俄罗斯在普京和梅德韦杰夫的努力下实现了国力强势复兴，但与美国为首的北约相比，俄罗斯的经济实力仅为对手的十几分之一。当然，俄罗斯背后也有一个独联体和集体安全条约组织，但独联体实际上是一个独而不联或独强联弱的松散组织，并不能作为俄罗斯赖以与西方国家抗衡的依靠。集体安全条约组织虽然符合军事同盟的特征，但该组织其他成员国的经济实力与军事实力都过于虚弱。俄罗斯经济实力落后于对手的长期性决定了俄罗斯在与西方国家的较量中将长期处于守势。

其次，军事力量对比关系决定了俄军在与北约的较量中将长期处于守势。根据俄罗斯驻北约常驻代表罗戈金提供的数据，2009 年俄罗斯的军事预算约为 400 亿美元，2021 年俄罗斯的军费为 480 亿美元，增长非常缓慢。而美国一家的军事预算数额就是俄罗斯的十几倍，更不要说北约目前共有 28 个成员国，其总体军事预算规模可想而知。军事预算表面上是财政问题，但实际上是军事政治问题，是观察一个国家军事战略性质的重要指标。在军队的武器装备方面，俄罗斯落后得更多。尽管俄罗斯的军事工业能够研发世界一流的武器装备，但俄罗斯并没有足够的资金为军队大规模列装，每年采购的主战装备数量都非常有限。

最后，俄重点建设核遏制力量的政策实践显示了俄罗斯军事战略深层的防御性特征。俄《2011—2020 年国家武器装备发展纲要》中明确规定，在 2020 年前战略核武器仍是俄武器装备建设的最优先方向。陆基井式与机动式“白杨-M”洲际弹道导弹和多弹头的“亚尔斯”洲际弹道导弹加紧列装、海基“布拉瓦”洲际弹道导弹加紧试验、“北风之神”级战略核潜艇加紧建设等。这些都是进攻性的战略核武器，但必须要看到俄进攻性战略核武器背后的防御性，正像必须要看到美国建立导弹防御系统背后的进攻性一样。根据核遏制理论与俄罗斯的“核遏制”战略，俄罗斯的战略武器只有具备克服、突破美国导弹防御系统并对其造成难以承受的损失的能力，才能确保实现遏制大规模战争的战略目标。换句话表述，俄罗斯军事战略框架下的“核遏制”战略实际上是用进攻性的手段实现防御性的目标。

防御性的军事战略符合俄罗斯国家利益，在可预见的未来，俄罗斯军事战略的整体防御性不会改变。但必须看到的是，尽管俄奉行的是整体上带有防御性质的军事战略，但俄在战略方针上已经不再局限于防御性。更确切地描述，目前俄奉行的军事战略具有攻防兼备的特征，这种战略的特征是不预先设定手段上的进攻或防御，而是以保卫国家利益为根本，根据需要达成的目标确定具体的攻防选择。

（三）进一步巩固固定军事联盟，同时更加重视临时联盟的运用

冷战后的俄罗斯一直非常重视独联体的建设与发展，并在独联体框架内分别组建了“俄白联盟国家”和“集体安全条约组织”两个标准意义上的军事联盟。俄罗斯在2010年版《俄联邦军事学说》中高调宣布了自己对俄白联盟国家和集体安全条约组织的军事保护义务，这一前所未有的举措显示了俄罗斯今后将更加重视军事联盟的建设。根据俄罗斯的设想，最终集安组织应该与北约划分安全责任区，从而为本国构建一个得到西方国家明确认可的战略空间或势力范围。

全球化进程已经使国家间的利益与矛盾交织在一起，国家之间已经很难明确地定位为非友即敌。固定联盟内在的弊病决定了其在全球化国际关系体系中作用的局限性。冷战后，特别是进入21世纪后，为了应对国际政治中出现的新威胁与新挑战，具体议题上的临时联盟日益成为各国的理性选择。临时联盟主要是在具体议题上利益一致的国家结成的临时聚合体，属于非固定联盟。尽管在机制层面上临时联盟的团结程度与成员对联盟的忠诚程度远比不上固定联盟，但能够结成临时联盟说明了这些国家在具体议题上的国家利益上是一致的。深层国家利益的一致对国家行为所产生的动力是强大的，因此，在一些情况下，临时联盟在某一具体议题上所能发挥的影响力甚至比固定联盟还要大。以美俄两国为例，尽管两国在军事战略上互为对手，但在打击塔利班、打击亚丁湾海盗、防止核武器扩散到恐怖分子手中等具体议题上拥有广泛的一致利益，因而成了这些议题上的“临时盟友”。另外，在打击国际恐怖主义与宗教极端主义上俄罗斯与北约也可以进行盟友式的合作。

第三节　冷战后俄罗斯军队建设思想的发展

冷战结束后，如何适应新的形势和要求转变国防与军队建设思路，俄罗斯军事理论界展开了长时间争论，提出了许多创新性的思想和观点。其核心理念是着眼21世纪战争形态的演变、俄罗斯地缘环境的变化以及国家经济的实际承受能力，从顺应世界军事发展和更好地履行俄军使命任务的角度，抓住机遇加速实施武装力量转型，将俄军由一支规模庞大、体制笨重、缺乏灵活性的苏式军队建设成一支规模精干、装备精良、机动灵活、能有效应对局部战争和武装冲突的新型军队。

一、注重战略规划的科学设计和牵引指导

战略规划是根据国家防务需要和业已确定的战略决策对武装斗争全局所做的预先安排，它是对军队进行战略管理的重要手段，也是制定战略过程的最后一个重要环节。战略规划的成果形式通常表现为一系列的具体战略计划，通常包括总体纲要和有关战争与战争准备、武装力量建设与发展及其使用和全面保障、国防科技与武器装备发展等计划纲要和措施。战略规划对于全面指导武装斗争、协调统一各方行动、夺取和保持战略主动地位具有重要意义。因此，它既要在总体上准确、完整地反映战略决策的基本企图和基本内容，对武装斗争全局起宏观定向作用，又要在战略决策的基础上区分任务、明确职责、充实措施、完善手段。

冷战后，俄罗斯军事力量建设吸取西方发达国家的成功经验，开始关注战略规划的顶层设计和牵引指导作用。俄罗斯先后发布多个版本的《俄联邦国家安全战略》与《俄罗斯联邦军事学说》，统筹指导俄罗斯国防建设、军事能力发展和作战准备实施。例如，在2014版《俄罗斯联邦军事学说》中，俄首次将“利用信息和通信技术进行破坏主权、国家领土完整等反国际法活动，干涉俄联邦邻国的政治制度及实施威胁俄利益的政策”等非传统安全列入俄面临的主要外部威胁；首次提出“非核战略遏制”的概念，并将其实施列为俄军的主要任务之一；明确将“保障俄联邦在北极地区的国家利益”列为俄军的主要任务；把阿布哈兹和南奥塞梯列为仅次于白俄罗斯的军事政治优先合作对象，要求“在联合保障国防和安全方面协同行动”；等等。① 这些战略规划为俄罗斯军事力量建设发展起到了重要引领作用。

在核心能力建设方面，注重通过长远规划有序推动工作开展。如在前沿军事技术发展领域，俄军制定了《2025年前基础性与关键性军事技术清单》和《2025年前保障国防安全而进行的基础性、前瞻性、探索性研究的优先方向清单》，有重点地部署开展基础性与关键性军事技术研究，以及前瞻性、探索性研究，为研制未来武器装备奠定重要的科技储备。在装备建设领域，俄国防部在2014年发布《2016—2025年国家武器装备计划》，制定未来10年俄装备发展路线图。2018年2月，俄国防部又发布最新的《2018—2027年国家武器装备计划》，拟在未来10年投资20万亿卢布，重点发展高超声速武器、“萨尔马特”洲际弹道导弹系统、智能机器人、定向能武器以及其他新一代作战装备。

---

① 王晓军：《对2014年版〈俄罗斯联邦军事学说〉的几点看法》，《现代军事》2015年第3期。

二、通过持续不断的军事改革塑造军队“新面貌”

冷战后，面对复杂多变的国内外形势，俄罗斯为了提升军队作战能力，部署开展了系列大规模、有深远影响的改革，为建设一支强有力的现代化军队、有效制约和抗衡主要竞争对手提供了重要支撑。总体来看，俄军改革注重强化军事理论与长远规划的牵引指导，着力理顺作战指挥体制、调整优化编制结构、强化国防科技统筹、开展军事科技创新。

（一）按军政、军令分立原则，调整高层领导指挥体制

俄罗斯国防领导和指挥体制的改革，最重要的目标是实现军队建设管理和作战指挥职能的分离，即军政和军令的分离，从而实现军队的专业化建设与管理，同时适应联合作战的高效作战指挥，打赢未来战争。在这一总体思路的指引下，俄罗斯军队已基本实现军政与军令的分离。作战指挥链条由“总统、国防部长—总参谋部—联合作战司令部/独立兵种司令部—部队”四级指挥机构组成。其中，总统和国防部长负责战略决策，职能领域作战指挥的重心在总参谋部，地区性作战指挥的重心在地区联合作战司令部。建设管理链条由“总统、国防部长—军兵种司令部—军区—部队”四级机构组成，重心在国防部机关和军兵种司令部。

在实现军政与军令相分离的过程中，调整和理顺高层领导指挥体制是首要环节。1992年，俄罗斯《国防法》规定国防部要实行文职化，但这项改革却无实质性推进，就连文职化改革期间的几任国防部长清一色都是军人身份。在这个时期，领导指挥体制改革最大的成效是将国防领导权向总统集中，把武装力量的全部指挥权都集中到总统手中，国防部直接隶属总统。此后，如何摆放国防部和总参谋部的位置关系就成为关键。俄罗斯军队总参谋部在早期延续了苏联时代的传统，权力很大，几乎掌控着整个军队。俄《国防法》起初规定“总参谋部是武装力量的基本指挥机关，总统和国防部长通过国防部和总参谋部对军队实施指挥”。这一规定使总参谋长享有较大的权力，比如可以越过国防部长向总统汇报，造成国防部长和总参谋长在对军队的领导管理权上关系不清。在叶利钦执政后期，俄军在改革方案方面发生激烈的“将帅之争”。当时，国防部长谢尔盖耶夫与军队总参谋长克瓦宁大将就俄军改革的具体措施分歧极大，难以调和。2004 年，普京政府修订《国防法》，重新调整国防部长和总参谋长的关系，把原来《国防法》规定的“国防部长通过国防部和总参谋部队武装力量实施指挥”，改为“国防部长通过国防部对武装力量实施指挥”的

原则，明确国防部长对总参谋部的活动实施领导。这就意味着，俄罗斯军队领导体制中，将领导权集中到国防部长手里，总参谋部被定位为国防部的军事指挥机关，国防部长和总参谋长某种“平起平坐”的现象不再存在，领导指挥关系得以理顺。此后，俄军高层的矛盾大幅减少。从2004年开始，俄军剥离了总参谋部的大部分行政功能，将之交给国防部其他职能部门负责，实现了国防部与总参谋部之间军政与军令系统的适度分离。自此，俄罗斯军队的改革才走上了快车道。

（二）适应联合作战需求合并重组军区，剥离军种作战指挥权

二战后历次战争证明，战争的基本类型已经从世界大战向局部战争和武装冲突转变，加之信息和网络技术的高度发展，客观上要求军队大幅提高指挥效率。各国纷纷开始建立联合作战指挥体制，同时不断下移联合作战指挥重心。俄罗斯在联合作战体制方面探索了近20年，直到2008年的“新面貌”改革才取得突破性进展。

俄罗斯的军区制由来已久，军区制的改革是一个绕不开的话题。苏联时期，苏军曾设立过多达30多个军区，苏联解体后，俄罗斯将其缩减为8个，后又重组为莫斯科、列宁格勒、北高加索、伏尔加河沿岸—乌拉尔、西伯利亚和远东6个军区。俄军原有军事指挥体制继承自苏军，集作战指挥和行政管理权于一体，职能和机构重叠，难以适应联合作战快速高效的要求。俄罗斯为了改革军区联合作战指挥体制进行了持续的努力和尝试。在战役层级，俄军在1997年就规定了军区联合作战指挥的职能，但由于军种不肯交出指挥权，建立的战略—战役司令部变成了一个有名无实的空架子。相关的改革一直停留在增减军区数量上，没能建立具有实质意义的军区联合作战指挥体制。2008年的俄格战争，再次暴露出俄军联合作战指挥能力的短板，如无法有效地组织起黑海舰队和陆军以及空军部队的战场协同、联合指挥效率低下等问题。俄军因此下定决心对军区体制进行彻底的改造，使之成为战略方向上的战略—战役联合指挥机构。

俄军启动“新面貌”改革后，基于此前的改革经验教训，认识到军区体制既不能抛弃，也不能原样不动，应该依托军区改造军区。为此，2010年12月1日，俄军宣布将原来的6大军区合并为4大军区，即西部军区、东部军区、南部军区、中部军区。此次改革对军区职能和战略—战役指挥关系进行了几项大刀阔斧的改革：首先，俄军在军区司令部基础上组建联合战略司令部；其次，军种司令部退出作战指挥链，总参谋部和军种原来涉及的军区层级指挥权交由军区负责；最后，修改军区条例，统一指挥权，从法律上规定联合战略司令部（即军区机关）对军区辖区范围内陆海空常规力量和其他强力部门部队实施

统一指挥。至此，经过十多年的探索，俄罗斯的战区联合作战指挥体制终于初步成型。

这次的军区改革，虽然字面上仍然叫“军区”，但此“军区”概念的内涵已不同以往。改革后的每个军区就是一个战区，也代表着一个战略方向，实现了军区、战区与战略方向的统一。军区转变为联合战略司令部，军区司令统一指挥战区内除了战略核力量以外的所有常规力量。空、海军司令的作战指挥权上交到总参谋部，由于陆军原本就没有作战指挥权，故而陆海空三个军种司令部全部退出作战指挥链，专门负责各类军事行政业务。

（三）压缩规模，优化结构，建设能够应对多样化威胁的常备军

俄罗斯军事改革从军队力量规模来看，基本方向是压缩规模、优化结构，提高机动性和快速反应能力，从应对传统大规模战争的动员型军队向应对局部战争的快速反应型军队转变。

苏联解体之初，俄罗斯一度认为自己已经融入了西方社会，冷战时期来自西方的威胁消失，加上国内经济状况不断恶化，维持规模庞大的军队力不从心，裁军就成为俄罗斯军队的必然选择。俄罗斯从苏联继承了 280 万兵力规模的庞大军队，并很快开始了大刀阔斧的裁军之路：1992 年裁军 22 万人、1993 年裁军 29.99 万人、1994 年裁军 38.55 万人、1995 年裁军 21.74 万人、1996 年裁军 20 万人，1997 年到 1999 年，俄军再次大幅裁减 30 万人，使军队总员额缩至 120 万人。① 不过，北约东扩、科索沃战争等一系列事件让俄罗斯认识到，西方并非俄罗斯真正的朋友，战争威胁也从未消失。

2000 年普京就任总统后，俄罗斯经济形势好转，俄罗斯裁军的方式从初期的减量为主逐步转变为在削减数量的同时提高质量，兵力规模控制在 100 万左右。重点加强了海军、空军、战略火箭兵等技术军兵种的建设。2015 年 8 月 1 日，俄军宣布将空军与空天防御兵合并，组建新的军种——空天军。这体现出俄罗斯对未来军事斗争重心正向太空转移的战略判断，合并军种有利于统一空天领域的军事技术政策，统筹规划空天力量，提升作战能力。

在裁军的同时，根据战争形态的演变及军事技术的发展，俄罗斯对其军事力量结构也在不断调整。重点在重塑和优化部队结构，减少部队数量和层次，缩小部队规模编成，实现部队的常备化、模块化，提升快速反应、机动作战能力和联合作战水平。俄罗斯取消陆军的师—团建制，实行军—旅制，至“新面貌”改革完成时，陆军共编 11 个集团军，按

① 正文、秦思：《俄罗斯军事改革启示录》，解放军出版社 2008 年版，第 83 页。

功能组建了113个常备旅，这些旅具有显著的模块化特点。俄军为保持已有的动员能力，还在全国建立了很多的物资保障基地，在这些地方储备有模块化旅所需的武器装备，平时这些武器装备只需要维护。战时，联合作战指挥机构利用投送力量将相应的兵员快速投送到作战地域，在当地储备的武器装备则立刻投入作战使用，从而大幅提升部队的快速反应能力。俄航空兵部队在“新面貌”改革中取消了师—团建制，全部改为基地—大队的模式。防空部队也全部撤销师—团建制，改编为13个空天防御旅。2011年，俄军在航天兵基础上新组建空天防御兵，这一全新兵种整合了军用卫星、战略预警雷达、反导系统等力量，有效提升了俄军战略预警、太空监视、防空反导的能力。此后，俄军又利用空天军合并的机会，再度恢复了空军的师—团编制。显然，俄军的部队结构改革目前仍然在根据国情和未来战争需要进行不断的探索和调整。

（四）恢复苏军的政治教育传统，提高部队凝聚力和战斗力

众所周知，苏联时期苏军政治工作有一套完善的政治工作体制，苏军总政治部负责全军的政治工作，各军区、各军兵种的各级部队都有政治委员、教导员和政治机关，负责各级部队的思想政治教育工作。苏联解体后，俄军撤销了总政治部的建制，使军事政治教育系统的总体地位下降，而且数度更换名称，最后调整为俄联邦武装力量人员工作总局。俄罗斯还效仿西方国家在军队中实行了非政治化和非政党化，取消军队中的政治工作机关，史无前例地削减了军队中做思想工作的“教导员体系”。特别是2009年以来，俄军大量裁减部队军官，其中政工军官从1.2万人减至1800人，教导员人数被压缩了5/6以上，国防部原教育工作总局被降格为干部总局下的职能局，只编配60名军官，负责俄罗斯全军的教育工作。

冷战后的俄罗斯军队除了编制少量的教育军官负责部队教育工作，还新增设了一些文职专家、神职人员和军事警察，来协助部队军官做官兵的思想教育工作，但这样的设置暴露出不少问题，比如文职人员不懂军事事务和军人心理；神职人员地位重要但其影响有限；军事警察仅履行惩处和监督职能等。结果是军队中从事政治教育工作的人员被严重裁减，而新补充的神职人员、文职专家和军事警察对官兵的教育作用又不够明显，这严重削弱了军队的思想教育工作，导致俄军官兵的政治思想状况日益恶化，违法乱纪现象严重，酗酒、吸毒、挪用公款和盗窃军事设备等事件屡屡发生。另一方面，由于许多军官不懂得思想教育工作，教育方法简单粗暴，俄军中的虐兵现象时有发生。此外，新体制下部队官兵思想混乱，士兵自杀问题严重。有俄罗斯社会团体代表批评“军队改革忽视军人道德精

神状况，瓦解了有效对士兵教育的教导员体制”，认为文职官员、神职人员、军士和军事警察无法取代原有的政治工作体制。

随着思想政治工作弱化导致军队内部问题丛生，俄军越来越认识到传统思想政治教育的重要性。2018 年 7 月 30 日，俄罗斯总统普京签署总统令，批准成立国防部军事政治管理总局。组建这一新机构的目的，就是要进一步加强俄罗斯军队的思想政治教育工作，提高军人的向心力、凝聚力和战斗力。作为武装力量结构调整的重要一环，此次组建的俄罗斯军事政治管理总局将重塑俄军政治工作组织形态和力量体系，丰富和完善俄军“混合战争”理念下的作战样式，并从体制机制层面推动俄军实力整体跃升。俄总统普京表示，国防部军事政治管理总局的组建，将成为俄联邦武装力量发展史上一个标志性事件，成为俄罗斯深化国防改革的新的时代产物。

军事政治管理总局的组建意味着政治工作职能地位在俄军中将日益重要。从首任局长卡尔塔波夫的履新便可看出俄军高层对组建军事政治管理总局的重视。卡尔塔波夫长期在西部军区履职，在与北约对抗过程中积累了丰富经验，曾参与指挥应对乌克兰东部危机行动，出任俄驻叙利亚战斗集群总司令，对“混合战争”理念有认知有实践。与原联邦武装力量人员工作总局局长的中将军衔相比，其上将身份反映出军事政治管理总局在国防部中的地位与作用。

军事政治管理总局较原联邦武装力量人员工作总局职权范围进一步扩大，在合并多个职能机构后，组织“针对军人的心理辅导、信息宣传和爱国教育”，“为实现军人宗教信仰自由创造条件”也是其重要工作内容。今后，随着俄军海外军事行动不断增多，加强爱国主义教育和意识形态领域工作，凝聚军心士气，也将成为军事政治管理总局的重要职责。

三、顺应世界军队建设发展潮流，打造职业化军队

军队职业化建设与改革是一项复杂的系统工程，涉及军队建设的方方面面。就俄军改革重点而言，主要着眼于军队补充制度改革，军事职业教育制度改革和军人社会、精神心理保障改革等方面。

（一）以合同制改革优化武装力量人员素质结构

推行军官合同制改革，留住军队骨干。20 世纪 90 年代初，俄军队规模大幅缩减，军人威望严重下降，相当一部分军官开始不安心于服役，这种现象严重威胁到军官队伍的稳

定，对军事改革乃至军队日常活动造成了不利影响。为扭转这种局面，俄军决定引入合同制，利用契约精神激活军官服役的动力。1993年出台的《兵役义务与服役法》和《俄联邦武装力量军人签订服役合同书与退役办法暂行条例》规定，俄军现役军官、准尉、预备役公民、军校学员有权在自愿的基础上按法定程序与国防部签订服役合同，进而成为合同制现役军官，而不愿意继续服役的军官则可退役。从1993年8月至1994年底，俄军所有军官分批与俄国防部签订了服役合同，而以后所有加入现役或继续服役的军官也必须先签订服役合同。合同制使国家和军官之间建立了稳定的权利义务关系，在这种关系保障下，国家保住了军队骨干，军官获得了可靠的职位和收入。

实施合同兵役制改革，提升合同兵的数量和质量。合同兵役制改革是俄军职业化改革的核心，俄历届领导人都将兵役制度改革作为任内军队建设与改革的重要内容之一。在20余年的改革过程中，俄军在合同兵役制改革的道路上不断探索，取得了实质性的进展，但也经历了不少挫折，其过程经历了三个阶段。第一阶段为1992—2000年，俄军确立了义务兵役制与合同兵役制相结合的混合兵役制，在大规模裁军的背景下增加了合同兵的数量。1993年2月，俄时任总统叶利钦签署了《兵役义务与服役法》，正式确立了义务兵役制与合同兵役制相结合的混合兵役制。然而，由于政治、经济等方面原因，合同兵役制改革的方案多次调整，使改革进程受到严重影响。不过，在这一阶段确立了混合兵役制，大幅缩减了军队员额，并积累了一定的经验，为之后的改革奠定了基础。第二阶段为2001—2010年，俄军启动了分阶段向合同兵役制过渡的联邦专项纲要，合同兵数量显著增加，但随即陷入停滞。普京执政后，迅即着手推动军队职业化改革，他放弃了之前盲目提高合同兵数量的做法，开始采用成建制地组建合同兵部队的职业化改革思路。第三阶段为2011年至今，俄军通过总结合同兵役制改革失败的教训，认识到军队职业化改革单纯追求合同兵数量的做法是错误的，必须注重培养合同兵的军事职业素养。为此，俄自2011年起采取了若干措施完善合同兵役制，重启职业化改革，并朝预定目标稳步推进。

尝试预备役合同制改革，建立精干的后备力量。随着军官合同制改革和合同兵役制改革的推进，俄军开始考虑建立与合同制军人服役制度相适应的合同制预备役制度，训练和储备能够补充常备部队的职业化后备力量。“新面貌”改革后，俄军裁掉了所有简编部队和架子部队，常备部队主要岗位均由合同制军人担任，此时进行预备役合同制改革的条件已基本成熟。2012年12月30日，俄颁布《关于建立预备役部队问题对若干法律文件的修订》联邦法律，自此俄新的预备役制度正式确立。其具体改革举措：一是整个预备役分为预备役部队人员和后备兵员两部分。预备役部队人员是签订了预备役部队服役合同的预备役公民，这些合同制预备役人员是职业化的预备役军官或士兵，平时保持较高的军事训练水平，战时、大型演习和发生紧急情况时则首批编入作战部队。后备兵员是指服预备役但未编入预备役部队的公民，他们仍承担部分预备役军人的义务，但不再被强制参加军事集训，是紧急情况下补充作战部队的第二梯队。二是建立领导组织体系。2014 年，俄军在每个军区都成立了预备役司令部，统一管辖辖区内的兵役局和装备储存与维修基地。该司令部战时负责动员和组建新编部队和兵团，以及把预备役人员分配到常备部队或装备储存与维修基地，平时负责组织训练。三是加强预备役集训与战备。俄要求预备役部队的训练和战备水平应与现役部队保持一致，以解决过去预备役与现役部队战斗力差距过大的问题。预备役部队人员在服役期内总训练时长需达到 24 个月（过去是 12 个月），训练内容包括战役训练、战斗训练、动员训练等。另外，预备役部队还要参加现役兵团和部队的部分训练活动。

（二）军事职业教育制度改革

俄把军事职业教育作为国家普通教育基础上的国家职业教育的组成部分，高等军事职业教育高于高等普通教育，由军事院校体系实施。该体系的主体是国防部下属高等军事院校。因此，俄高等军事院校网构成了俄职业军官培训体系。在该体系中，高等军事院校对军官（学员）进行有针对性的培训、进修和复训，并同时确认其是否达到国家规定的教育水平。在军事职业教育制度改革方面，俄军主要采取了以下几项举措：

第一，将军事高等教育与国家普通高等教育并轨。俄军将军事高等教育纳入国家高等教育体系，使其能够得到整个社会的承认。俄国防部于 1994 年 4 月颁布了新的《高等军事院校条例》，规定俄军院校实行国家统一的教育标准，采用与地方高等院校相同的三级教育体制。1998 年，俄军又重新制定了军事专业的国家高等教育标准，解决了普通科学文化教育与军事专业教育相矛盾的问题，调整后的大部分指挥专业由 5 年制恢复为 4 年制，节约了人力、物力资源。2012 年，俄开始启用第三代国家教育标准，俄军于 2013 年 9 月更新军事教学大纲，新大纲将教学重点转向塑造学员的领导能力、提高实际操作能力、掌握先进武器装备和现代军事对抗手段等。

第二，完善军官的补充职业教育制度。俄军从 2011—2012 训练年度开始采用新的军官补充教育制度。这种体制的实质是，军官在整个服役期间要进行连续不断的培训，即军官在每次晋升任命之前，必须到相应院校进行一定时间的进修。如果一名排级军官能够从 27 岁到 60 岁走完 33 年的全部军官生涯，就需入院校学习 7 次，学习时间总计为 33 个月。

俄军认为，新的补充职业教育体制是俄军事教育最重要的原则，它强调对军官进行持续不断的培训，以期为“新面貌”改革后的俄军培养符合时代要求的新型军官。

第三，实行通才培养，提高军事人才适应能力。俄军对培养军官的初级高等军事院校培养体系进行了调整，一方面将高等指挥与工程技术院校合并，把部分工程技术学校改为指挥学院，另一方面大幅增加指挥学院的专业技术课程，开设军事与技术结合、军政结合、文理工科交叉的课程，培养科学文化基础扎实的军事通用人才。

目前，俄军初级院校普遍实行“两段式”教育，前三四年实行国家统一教育，完成标准大学教育，再用1年时间进行军事专业教育。培养的军人是既懂技术又会指挥的复合型人才，在部队任职时能够更好地适应工作，有更广阔的职业发展空间。

（三）完善军人社会、精神和心理等各方面保障

推进军队职业化改革的重要社会基础是军人职业受到社会广泛认可，军人的社会威望与职业荣誉感较强。为实现军队职业化改革目标，俄军对军人社会保障体系进行了大刀阔斧的改革，以物质保障、住房保障和精神心理保障等为重点，积极改善军人待遇，以确保职业化改革能够顺利实施。

军人的物质保障包括薪金与各种福利，具体来讲就是军人及其家属所享受的货币与实物保障，以及国家特许的一些优待权利。自俄军组建以来，俄军人薪金一直处于较低水平，军人薪金长期未得到有效增长。据统计，1992—2004年军人所得薪金的购买力下降了50%以上。部分福利待遇也以联邦法律的形式被取消。面对军人权利日益受到损害、生活质量连年下降的状况，军人的不满情绪与日俱增，对国家的信任度也严重下降。在这种情况下，俄军不得不对军人的物质保障制度进行改革。一是大幅增加军人薪金。自2012年1月1日起，军人平均加薪1.5~2倍，其增幅是俄建国以来最大的一次，军人薪金自此有了实质性增长，这也是2012年以后俄军合同兵数量实现稳定增长的一个重要原因。二是平衡薪金结构，提高基本工资。在新的薪金结构中，由军衔工资和职务工资组成的基本工资占薪金总额的一半，而各类津贴由原来的100余种减少到9种月津贴和4大类额外补贴，数额也明显变少，薪金整体结构趋于合理。三是提高货币补偿实物福利的额度。俄政府和国防部经调查发现军人并没有实际享受到法律规定的所有福利待遇，因此，决定取消军人及其家属的部分优待，并以货币的方式加以补偿。

俄军建立之后，继承了苏军住房保障的基本制度，即现役军人分配或租住公寓房，退役军人由国家免费提供住房。然而，在国家实施大规模裁军的情况下，军人住房保障制度

遭遇了严峻考验。一方面，为安置从国外撤回的军人，需要政府增建大量公寓住房，另一方面，大批退役军人也需要国家提供免费的永久住房。整个 20 世纪 90 年代，在国家经济濒临崩溃，军队日常活动都无法保障的情况下，军人住房问题成为困扰军队建设与改革的一大难题。为解决这一问题，俄国防部主要采取了下列三项措施：一是分批分类实行住房保障。由于住房保障缺口过大，不可能在短时间内一次性解决问题，俄国防部决定对合同制军人分批分类实行住房保障。按照计划，俄采取支付购房或建房补助金、直接交付住房等形式，为不同批次入伍的军人提供公寓住房或永久住房。二是建立军人住房保障公积金与抵押贷款制度，合同制军人住房保障开始由现房供给形式向货币积累形式转变。国家为参加该制度的每名军人设立个人账户，在军人服役期间，国家将逐季度向个人账户内存入一定数目的购房款，三年后军人可根据个人意愿将这笔钱作为在国内任意地区购买私人住房的启动资金，而不必等到服役期满。利用公积金购房已成为合同制军人获得住房保障的重要形式。三是调整住房保障领导管理体系。长期以来，俄军住房保障工作由国防部营房管理总局负责领导，往下是各军区营房管理局、军兵种营房管理局、中央军事指挥机关营房管理局，再加上这些单位下辖的直属部队和分支机构，整个住房保障系统大约有 9500 名军人和文职人员。2009 年以后，为了配合"新面貌"改革和精简中央机构，俄对原有的住房保障领导管理机构进行了整合。2010—2012 年，俄逐步确立了新的三级住房保障领导管理体制：国防部住房保障署—军区住房保障地方局—各联邦主体住房保障分支机构。经过调整，军人的住房保障由国防部住房保障署实施领导。

四、适应安全威胁的变化，加强新型作战力量建设

随着技术的发展和安全环境的变化，俄罗斯军队的使命职能也在相应拓展。为了提高完成新使命新任务的能力，俄军在建设发展过程中极其重视发展新型作战力量。

（一）关注新兴战略领域，拓展北极军事存在

随着俄罗斯国力的逐渐增强，其战略目光逐步开始投降极地等新型战略领域。自 2018 年开始，俄罗斯先后在北方舰队编制内组建了第一、第二防空师，2020 年底开始在楚科奇自治区组建岸防师，目前已有 1 个团部署到位。俄罗斯新组建的北极部队主要负责北极地区防务，把控北方海航道，防止外国船只非法航行。2020 年 6 月 12 日，俄首艘"北风之神"-A 级改进型核潜艇"弗拉基米尔大公"号正式列装北方舰队，到 2020 年底共接收 4

艘舰艇和180多件“北极武器”。① 经过极地环境等多气候条件靶场测试后，俄国防部于2020年12月决定为部署在科拉半岛的北方舰队海军航空兵装备“匕首”高超音速导弹发射系统，加强北极地区非核战略遏制力量。同时，俄罗斯还有计划地在北极的新地群岛、法兰士约瑟夫地群岛、北地群岛和新西伯利亚群岛翻新和扩建了400多处军事基础设施。② 2020年俄国防部如期完成“亚历山大”地岛军事基地设备安装、“纳古尔斯科耶”空军基地跑道延长、军用机场燃油供给站建造、“季克西”军事城二期工程建设等任务。近年来，俄罗斯通过扩编北极部队、更新武器装备、完善基础设施等举措大力拓展北极军事部署，大幅提升了北极地区军事行动能力和有效应对地区威胁及挑战的能力。

2020年3月5日，俄正式批准《2035年前俄罗斯联邦北极国家政策基础》，在对北极地区安全状况进行评估基础上，明确了俄罗斯的北极政策目标、主要任务、实施机制及评价指标，其中军事安全领域的主要任务包括捍卫国家主权和领土完整，提升北极部队作战能力，构建北极地区立体监控体系，建造现代化军事基础设施。2021年1月1日，俄罗斯北方舰队正式作为独立军事行政单位开始运行，成为继中央军区、西部军区、南部军区、东部军区后的第五军区，辖区包括科米共和国、阿尔汉斯克州、摩尔曼斯克州及原西部军区辖区涅涅茨自治区在内的北极圈地区、沿北冰洋海岸和北方海航道。北方舰队是俄海军最强舰队，拥有最强大的水下战略核力量及全球唯一的核动力破冰船专用基地，此次编制调整后也成为俄唯一以海军为主组建的军区级单位，具备跨军兵种和战略地区指挥调动部队权限。此举标志着俄罗斯北极军事力量建设进入新的阶段。

（二）关注国家内部安全，调整改革内卫部队

俄罗斯国民警卫队又称俄罗斯国民近卫军，是俄罗斯联邦负责保卫国内主要目标、维护国内公共秩序及保障法律顺利执行的部队。1991年10月20日，根据时任俄罗斯总统叶利钦的总统令，俄联邦内务部接管俄境内的内卫军，随后于1992年建立俄联邦内务部内卫部队，其主要任务是保障国家安全和维护社会秩序。由于国内外安全形势的变化，2010年俄联邦政府提出对内卫部队进行改革，要求增强反恐作战能力、优化部队结构、提升训练水平和装备水平。2016年4月，俄罗斯开始在内卫部队的基础上调整组建俄罗斯国民近卫军。2016年9月3日，俄罗斯总统普京颁布总统令批准成立国民近卫军，由此俄罗斯国

① 吴刚：《俄罗斯加强北极地区的军事部署》，新华网，2020年2月29日，http：//www. xinhuanet. com/mil/2020-02/29/c_ 1210494569. htm。

② 兰顺正：《俄罗斯强化北极地区力量部署》，《解放军报》2020年12月3日，第11版。

民近卫军这一全新的部队编制正式成为俄罗斯联邦军事力量的一部分。[①] 2016 年 10 月 13 日，普京又颁布了总统令对国民近卫军的主要任务进行了界定，除原内卫部队的职能以外，国民近卫军还明确了在境外进行反恐怖主义作战行动的权限，这显著拓展了俄罗斯国民近卫军的任务范畴。目前的俄罗斯国民警卫队总员额 34 万，人员主体来源于原内卫部队现役人员。囊括了内务部特战分队、特别快速反应部队、快速反应特战中心等内务部特战单位，综合作战能力非常强悍。俄罗斯国民警卫队继承了原内卫部队的实战化训练风格，并注重引入特种作战化训练元素。在装备方面，俄罗斯国民警卫队军拥有比常规部队更好的各类轻武器、战术装具和个人防护装备。由于俄罗斯国土范围广大且俄罗斯国民警卫队也需要执行部分境外作战任务，因此还有 29 架大中型运输机和 70 架中型、重型直升机以及 1000 多辆坦克、装甲运兵车和步兵战车等重型装备。俄罗斯国民警卫队直接隶属于最高统帅即俄罗斯总统的辖制。一级指挥机构为 7 个军区，东部军区、西伯利亚军区、乌拉尔军区、西北军区、伏尔加军区、北高加索军区、中部军区。此外，俄罗斯国民警卫队还有自己独立作战任务师、特种部队、航空部队。俄罗斯国民近卫军组建后不久就在战场上屡立奇功，仅在建立后半年时间内就创下了总计歼灭 125 名暴恐人员、摧毁约 300 个暴恐组织设施的记录，其后又远赴叙利亚执行打击非法武装的作战任务。目前，俄罗斯国民近卫军已经成为俄罗斯军事力量中不可或缺的组成部分。

（三）适应战争形态发展，建设完善信息战力量

2017 年 2 月 22 日，俄罗斯国防部长谢尔盖·绍伊古在俄罗斯国家杜马发表讲话称，俄罗斯已成立专门从事信息战的部队。这支信息战部队编入俄联邦武装力量总参谋部，主要为俄军的信息系统提供保护，同时也可对整体的国家信息安全起到保护作用。俄罗斯信息战部队的基本任务是集中实施网络战、管理俄罗斯军事计算机网络，使俄罗斯的军事控制系统和通信系统远离网络袭击，可靠地保护在信息系统中传递的信息。

此外，根据冷战后对几场战争实践经验的总结，俄军非常重视电子战能力的建设。俄军电子战系统种类多样，涵盖战略和战场多个层级，并广泛运用于各军兵种。

战略层面，俄军先后向外界展示“摩尔曼斯克”“撒马尔罕”“维捷布斯克”等电子战系统。其中，“摩尔曼斯克”主要用于战略预警、短波自动化电子干扰和电子信号侦察搜索，能同时对半径 6000 千米范围内的 20 个目标实施电子压制，主要装备海军岸基部

---

① 代谨思：《俄罗斯组建“国民近卫军”究竟有何战略考量》，中国军网，http：//www. 81. cn/gjzx/2016-07/23/content_ 7170172. htm。

队。“撒马尔罕”是俄现役新型战略战役级电子战系统，运用于集团军以上部队，具备全频段电子干扰和电磁频谱检测能力，战时可有效压制对手指挥通信系统。“维捷布斯克”可装备战斗机、运输机和直升机，能自动探测数百千米半径范围内敌导弹发射情况，并通过射频干扰进行自我防护。

战场层面，俄军各部队列装有“克拉苏哈”“希比内”“莫斯科-1”“磁场-21”等10余种电子战系统。俄军可根据战场环境和作战对手武器平台实际情况，灵活选择使用。“克拉苏哈”多用于基地和重要设施的点防御，可自动截获和分析威胁信号，自动开展优先排序，以最佳干扰参数对来袭目标进行强电子干扰。“希比内”则多搭载于苏-34、苏-35、安-72等型机，既能主动出击帮助俄军占据战场主动，又能大幅提升飞机战斗效率和生存率。

五、改革国防工业体系，大力提升武器装备水平

武器装备水平是军事力量强弱的重要标志。苏联解体使俄罗斯国防工业受到了严重的影响和冲击，武器装备发展的速度、质量和性能等方面都出现了严重的下滑，对俄罗斯军队的作战能力造成了严重的负面影响。因此，随着国力的恢复发展，俄罗斯持续推进国防工业体系改革，努力提升武器装备现代化水平。

（一）改革国防工业体系，夯实武器装备发展的基础

冷战结束以后，俄罗斯继承了苏联时期的大量国防工业设施，具备了相当的国防工业实力。在冷战后初期“休克疗法”的经济大背景下，俄罗斯国防工业也进行了激进的、缺乏充分论证的私有化改革，很大程度上削弱了自身整体技术实力，导致了俄罗斯在世界武器和军工技术市场份额的流失。进入21世纪以来，俄罗斯对国防工业进行了大刀阔斧的调整和改革，确立了新的国防工业发展模式，取得了一定的成效，进一步夯实了武器装备发展的基础。

加强政府主导和管理是俄发展国防工业的关键。2003年，普京政府成立国防订货委员会，隶属于国防部，主要用于加强联邦政府与生产企业之间的沟通。2006年，普京签署命令成立国防工业委员会，作为政府常设机构，直接向总统负责，能够更为有效地控制俄罗斯国防工业集团及其发展项目，严格监控政府决议的执行情况。“新面貌”改革时期颁布的《国防订货法》推动了俄军进行大规模换装，极大带动了军工企业的生产经营。俄罗斯政府还加大对于国防工业的财政与金融支持，通过取减免税收、财政补助、低息长期贷

款、鼓励开发军民两用技术等方式，拓宽国防工业的资本来源。

通过打造大型军工集团，提高俄罗斯国防工业的竞争力。21 世纪初，俄罗斯颁布实施《2002—2006 俄罗斯国防工业改革与发展规划》，将诸多分散的军工企业合并为 36 家超大型国防科研综合体。这些综合体由国家控股，在此基础上吸纳民间资本，并且通过海外上市，为其未来发展获得资金。2006 年俄罗斯联合飞机制造公司整合了苏霍伊、伊尔库特、米格、图波列夫、伊柳申、雅科夫列夫等飞机设计局和航空企业，形成大型航空工业集团。2009 年，俄罗斯成立联合造船公司，包括 33 个船舶设计及建造厂。俄罗斯还在积极探索组建发动机制造集团和弹道导弹生产集团。组建大型国防企业集团增强国际竞争力的方法，成为改善国防科技现状最有效的措施。

（二）以武器装备发展计划为牵引，全面提高武器装备现代化水平

为了扭转冷战后军队武器装备老旧、新式武器装备发展进度缓慢的问题，俄军在 20 世纪末开始，注重通过指定武器装备发展计划，全面系统提高武器装备水平。俄罗斯《国家武器装备计划》（也称《武器装备发展纲要》）是详细规划各军、兵种及其他部队武器装备建设的国家顶层文件，自 1996 年起，每 5 年更新一次。俄罗斯目前已出台了《1996 年—2005 年国家武器装备计划》《2001 年—2010 年国家武器装备计划》《2006 年—2015 年国家武器装备计划》《2011 年—2020 年国家武器装备计划》《2016—2025 年国家武器装备计划》和《2018—2027 年国家武器装备计划》。从实际实施情况来看，虽有些装备发展项目出现拖期，但仍新列装或新研发了亚尔斯洲际弹道导弹、阿玛塔主战坦克、苏-35S 战斗机、北风级战略核潜艇等一批主战装备，2016 年底装备平均现代化率达到了 58.3%，比 2010 年的不足 20%提升显著。2017 年 5 月，国防部长绍伊古表示，2012 年至今的 5 年间，俄罗斯军队共接收了 3000 部现代化武器装备，包括 50 多艘舰艇、1300 架飞机和 4700 辆坦克和装甲车，比 2007 年—2011 年间接收的 2 艘舰艇、151 架飞机和 217 辆坦克相比，数量显著增加。俄罗斯第 5 版计划已于 2017 年 7 月初完成编制，2018 年 1 月 1 日起正式实施，其特点是在保障核力量和空天防御力量发展的同时，有选择地发展海、陆、空、天武器装备，同时保障对前沿技术研发的投入。

随着武器装备现代化率趋于目标，俄军装备采购规模将从峰值回落，因此新版武备计划的预算略低于以往版。总体来看，在经济因西方制裁并未彻底恢复的情况下，俄军仍十分重视军力发展，为未来 10 年装备建设争取了最大额的经费，并采用合理的资金分配原则，保证核和空天防御力量建设、常规部队装备现代化率提高的同时，偏重于国防前沿技

术储备及新兴装备的发展，将为军力长久攀升提供强劲动力。

（三）在整体提升的基础之上，重点打造形成非对称能力的武器装备

冷战结束以后，作为苏联主要继承国的俄罗斯军事、经济实力严重衰落。面对以美国为首的北约日益严峻的军事压力，实力有限的俄罗斯吸取了冷战时期的经验教训，放弃了追求战略均势，不追求和对手同等的军事能力，而是充分发挥自身局部优长，集中资源发展“非对称”军事能力，重点是瞄准敌软肋和“死穴”，发展低成本、高效益的技术手段和“撒手锏”武器。

冷战结束以后，俄罗斯始终非常重视核武器的发展，不断推动各种新式核武器。2010年版的《俄联邦军事学说》就明确指出，以美国为首的北约被列为头号外来危险（潜在威胁），并强调在任何类型的战争中，只要“国家生存受到威胁”，俄就有权使用核武器进行回击。俄还将核打击方式从传统的核还击改为“核还击—迎击方式（接到预警即发射）”，①目的是赶在敌毁灭性打击降临之前把自己的核武器发射出去。将核打击的重心，由苏联时期的首先解除敌核武装，转向重点对敌中心城市、工业和民用设施等“软目标”实施报复打击。

除了发展核武器之外，俄罗斯还大力发展各种非核的非对称手段。重点发展各种高超音速武器。俄罗斯正不断加快研发高超音速武器的步伐，相关研发成果已列装俄军。比如，俄空天军装备了“匕首”高超音速导弹，俄战略导弹部队装备了“先锋”高超音速导弹。此外，俄海军正准备接装“锆石”高超音速导弹。军事观察员王亚男分析，俄罗斯积极研发、部署高超音速武器，将给美国反导系统造成巨大压力。美国有钱可以发展“战区导弹防御系统”（TMD）和“国家导弹防御系统”（NMD），让别人打不到他。俄罗斯就发展研发成本较低但极难拦截的高超音速导弹，让你的防御体系形同虚设。俄罗斯目前正在为苏-57隐身战斗机研发“幼虫”-MD新型高超音速导弹。据称，这款高超音速导弹将主要用于打击敌方海上目标。可以看出，俄罗斯正在为它的航空兵部队，像战斗机、轰炸机，包括海军舰艇和弹道导弹部队配备高超音速作战系统，这意味着俄罗斯未来很多的军兵种，可能都将具备高超音速打击能力。

---

① 参见2010年版《俄联邦军事学说》。

第四节　冷战后俄罗斯军队作战思想的发展

冷战结束后，俄军在作战理论上放弃了尾随式追赶的发展模式，更多地将目光投向世界范围内爆发的局部战争与武装冲突。特别是美国和北约国家使用信息化高技术武器打赢的几场局部战争，通过观察和研究其作战方式的变化及新特点，来预测 21 世纪作战行动的发展趋势。通过观察和寻找信息化军队的弱点，有重点地研究在战场上以劣胜优的方法，并据此推动其军事战略和作战思想的发展，争取提前预置措施，为打赢战争做好准备。

一、冷战后俄罗斯军队作战思想发展的主要内容

根据军事技术的发展和俄罗斯所面临威胁的变化，冷战后俄罗斯作战思想的发展主要集中在以下几个方面。

（一）提出空天一体作战思想

冷战结束以后，俄美签订了进一步削减核武器的条约，双方将核力量降到较低的水平。但同时美国开始加速发展导弹防御系统和其他天机系统，尤其是进入 21 世纪以后，美国将高超音速武器的发展提上了议事日程。俄军高度关注美国加紧部署全球导弹防御系统以及积极发展空天飞机和高超音速飞行器等新型空天袭击兵器的举动，认为这将导致俄面临更加严峻的空天安全威胁，同时空天界限也将更加模糊，未来战争中对制空权的争夺将发展成为对制空天权的争夺。与此同时，俄军还高度关注信息领域多重威胁日益严峻的态势，认为近期在中东北非发生的武装冲突表明，信息空间已经成为新的重要战场，信息攻击可有效降低对方战斗潜力，在战争初期即可对战争胜负起到决定性作用。因此，俄军总参谋长格拉西莫夫早在 2013 年 2 月就明确指出，当前战争空间正在由传统的陆地、海洋、空中三维空间向空天、信息、陆地、海洋四维空间发展，武装斗争的军事行动中心也已逐步由传统的陆地和海洋战区转向空天和信息领域。2014 年版《俄联邦军事学说》对此进一步明确表述为：现代军事冲突典型特点之一是“同时在全球信息空间、空中—太空

空间、陆地和海洋对敌方国土全纵深施加影响”。①

在上述思想的指导之下，俄军以航天兵为基础，吸纳空军空天防御司令部组建了空天防御兵，但这只是初步实现了首都地区防空、反导和太空作战部队的一体化，在全国范围内，空天防御领域仍面临空天力量分散、任务重叠、作战使用任务不明等问题，严重影响空天力量整体效能的发挥。近年来，由于美国已经开发出能在临近太空或者往返太空采取行动、对俄境内目标实施密集协调突击的高超声速空天飞机等全球快速打击系统，使空天之间的界限更加模糊。这要求俄军必须尽快在全境建立一体化空天防御体系，实现全军空天军事行动的高度协调，以防御和反击潜在之敌的各种空天进攻行动。该体系应综合集成空天战场的各作战要素，包括拥有地、海、空、天一体的统一侦察监视网，航空、航天、防空、反导一体的统一作战力量，以及侦察、指挥、打击一体的指挥自动化系统，能够在全国范围内实现对低、中、高空及太空目标的多层拦截和立体打击。为此，根据俄总统普京命令，2015 年 8 月 1 日，俄军在原空军和空天防御兵的基础上正式组建空天军，新成立的空天军包括空军、防空反导兵、太空兵三个兵种，以及通信、无线电电子斗争等若干专业兵种；其编成包括空天军总司令部、远程航空兵司令部、军事运输航空兵司令部、4 个军区空防集团军、1 个防空反导集团军、1 个空天集团军，以及 1 个国防部国家航天试验发射场，多个空天军所属兵种兵团、部队和独立分队。国防部长绍伊古强调：“使用新结构应统一领导、统一意图和计划，统一战斗指挥网络。”

（二）发展信息作战思想

俄军信息对抗包括电子战、宣传战、心理战、网络战等。以前，俄军信息对抗主要用于为作战部队提供信息—心理保障，是一种重要的作战保障手段。其行动主要是使用广播、报纸等传媒手段以及电子战装备，干扰和压制敌指挥系统、宣传系统、武器制导系统，制造虚假情报迷惑敌方，扰乱敌方军民心理，同时保持己方部队良好精神心理状态，保护己方指挥系统和信息基础设施安全。

但是随着信息化武器装备的广泛使用，俄军认识到，信息已成为战场要素之一，信息对抗已成为贯穿战争各个层面的核心作战行动，夺取制信息权对于实施快速决策和精确打击，从而获取战争主动权起到关键性作用。同时，由于近年来美国等西方国家频繁利用网络空间行动实现政治和军事目的，包括利用信息网络及其他信息宣传渠道实施心理战，在

① 王晓军：《对 2014 年版〈俄罗斯联邦军事学说〉的几点看法》，《现代军事》2015 年第 3 期。

多国策动“颜色革命”，以及利用信息网络攻击他国重要基础设施，破坏他国政治和军事指挥系统、降低其经济潜力等，这使俄军意识到，全球网络空间战场已经形成，网络战已成为信息对抗的主要样式之一。因此，俄军更加重视实施信息对抗以夺取制信息权，其中网络战将占据更加重要的地位。

为此，俄军已采取措施大力加强相关体制建设和能力建设。包括在国家层面加强了对主流媒体的控制力以及对互联网的监管力度，在军队层面开始组建总参所属的网络战司令部，成立网络安全部队，同时加强了网络战战法研究和演练，以解决原有的宣传战、心理战以及网络战力量分散且相对薄弱等现实问题，不断提高实施信息对抗以夺取制信息权的能力。在应对乌克兰危机的过程中，俄军就把信息对抗作为重要的非对称作战手段加以应用，在信息领域与美国等西方国家展开了激烈的实战较量。在乌克兰政局动荡之后，俄即全面开启了对乌及西方民众的舆论战和网络战，大力宣传俄方行动的正确性，制造乌领导人的不良形象，以最大限度争取国际国内舆论支持。这些信息对抗行动为俄重新控制克里米亚、在与美西方长期博弈中争取主动均发挥了重要作用。

（三）创新“混合战争”思想

2011 年以后在中东和北非发生的“阿拉伯之春”引起俄罗斯高度关注，认为其对相关国家造成了严重的社会、经济和政治后果，其危害程度堪比传统的战争。而此后发生的叙利亚危机和乌克兰危机及其引发的武装冲突，更是使俄认清了美国等西方国家在俄周边国家积极挑动“颜色革命”、扶植奉行反俄政策新政权，以破坏俄周边地缘安全环境、挤压俄战略空间的险恶用心。俄还清楚地认识到，美国等西方国家正在通过支持和操控俄国内政治反对派及其他社会力量，对俄国内民众，尤其是年轻公民施加信息心理影响，在俄国内成立和训练非法武装组织等手段，企图在俄国内挑起“颜色革命”，以达到颠覆俄国家政权的目的。因此，俄对“颜色革命”保持高度警惕。俄军政高层领导多次强调，“颜色革命”已经成为比军事入侵还严重的威胁，21 世纪典型的战争很可能是“颜色革命”及其引发的各种规模武装冲突。

俄军分析认为，这类战争往往具有战争与和平界线模糊、敌我界限不明确、非正规武装参与作战等特点，将导致战争规则发生重大改变：一是特种作战、信息对抗等非对称的隐蔽作战行动将得到更加广泛使用；二是政治、经济、信息、人文等非军事措施在达成政治和战略目的过程中的作用上升，军事手段与非军事手段的结合也更为紧密。2014 年版《俄联邦军事学说》也明确指出：现代军事冲突的特点之一是“综合运用军事力量以及政治、经济、信息等非军事措施，同时广泛利用民众的抗议情绪和特种作战力量”。[①] 基于上述基本认知，俄罗斯接纳由美国率先提出的“混合战争”理论，并对该理论进行了创新发展，加入了俄罗斯独有的特色。最重要的是俄罗斯将乌克兰、叙利亚作为“混合战争”理论的试验场，在实践中对该理论进行检验，以促进俄罗斯军事战略的发展。

在俄罗斯军事科学院2015年度工作总结大会上，俄罗斯联邦武装力量总参谋长瓦列里·格拉西莫夫大将作了《混合战争需要高科技武器和科学论证》的报告，首次在俄军内部系统阐述了“混合战争”的理论。由此，俄罗斯的一些军事学者将带有俄罗斯特点的“混合战争”理论称为“格拉西莫夫主义”。“混合战争”理论在俄罗斯军队内部产生了巨大的反响，认为它是军事理论和实践的最新成果，并将其理念列入俄军事战略之中，从政治、战略和战术层面进行深入研究，并结合俄军实际，将之作为俄在乌克兰和叙利亚开展军事行动的理论指导，打造了特色鲜明的俄式“混合战争”。[②]

（四）强调机动作战思想

俄军自“新面貌”改革以来，一直坚持“精干高效、机动”的建军目标，为此不断完善军队的结构、编成及数量，完善通信、侦察和指挥体系，全面提升部队训练水平，加快武器装备现代化更新。这些措施均为实现部队行动的快速灵活打下坚实基础。随着国家安全形势日益严峻以及潜在敌国作战能力不断向“更快更强”发展，俄军对部队快速行动能力提出更高要求，其中重点是快速实现平战转换、战略展开和远程机动的能力。为此，俄军要求所有作战部队必须保持齐装满员的常备状态，一旦需要即能快速实现平战转换，迅速拉动投入作战。为了检验和强化部队的紧急拉动能力，俄军自2013年起恢复实施“不打招呼、不设预案”的战备突击检查。目前，俄军常备部队转入战时状态、做好战斗准备的时间为24小时，而模块化的常备合成旅准备期限仅为1小时。此外，俄军在日常训练中对兵力兵器的拉动也有严格的时间规定，例如：规定战略核潜艇在15~20分钟、多用途核潜艇在30分钟内必须完成紧急离港准备，确保部队在必要时迅速投入战斗行动。为了对各种局势及时做出反应，俄军还组建了快速反应部队。俄空降兵司令沙马诺夫2015年3月称，俄空降兵所有部队中均组建了快速反应力量，其使命是在24小时内应对任何可能的威胁。他还表示，未来特种作战部队、陆军航空兵和海军陆战队的部队也有可能加

① 王晓军：《对2014年版〈俄罗斯联邦军事学说〉的几点看法》，《现代军事》2015年第3期。

② 刘纪未、张畅：《“混合战争”理论视阈下俄罗斯军事战略调整探析》，《江南社会学院学报》2019年第2期。

入快速反应部队编成。在 2015 年 3 月举行的俄军中央指挥机关首长司令部演习中，第 7 空降突击师、第 810 海军陆战旅，以及南部军区特种任务旅就组成了快速反应部队集群，并被投送至北高加索地区实施反恐行动。

二、冷战后俄罗斯军队作战思想发展的主要特点

冷战后俄罗斯军队作战思想的发展在军事技术创新发展的基础之上，适应了俄罗斯特殊战略环境的要求，体现出以下主要特点：

（一）重视精确制导武器、无人作战平台等新型武器的运用

俄军历来高度重视武器装备在战争中的作用。冷战后美军利用信息化高技术武器轻松打赢几场局部战争及其近年来在武器装备领域不断推陈出新、领先发展的事实，更使俄军强烈意识到，由于现代高技术武器装备在打击距离、命中精度、毁伤威力、机动性能等方面均具有更高效能，其对于夺取战场火力优势、尽快达成战斗和战役目的起到更加关键的作用。俄军总参谋长格拉西莫夫 2013 年曾表示，“战争的进程和结局愈加依赖于高技术的运用”；“高精度武器使用规模越来越大，新物理原理武器和机器人侦察打击系统越来越积极地应用于军事”。2014 年版《俄联邦军事学说》则进一步明确指出，现代军事冲突特点之一是“密集使用高精度武器、超高音速武器、无线电电子对抗武器和性能堪比核武器的新物理原理武器、信息指挥系统、无人驾驶飞行器和自动航海器、可操纵机器人武器装备”。①

由于高精度武器对目标的选择性强、命中率高，已成为信息化条件下实施目标摧毁的主要火力打击手段，因此俄军高度重视高精度武器的建设和使用。俄国防部长绍伊古明确要求，在 2011—2020 年国家武器纲要框架内应保障优先发展远程高精度武器。而随着此类武器逐渐列装部队，俄军在军事训练中也更加重视研究和演练相关战法。在演练使用高精度武器实施精确打击方面，俄军重点关注其多元化信息保障、复杂条件下的目标瞄准，及其与自动化指挥、侦察、毁伤、无线电电子对抗、通信等兵器的信息协同及联合行动等问题。在“高加索—2012”演习中，俄军曾重点演练了高精度武器的使用，由俄总参谋长亲自审批远程精确打击整体实施计划，明确总部、战区及战区外各参演部队的作战任务，分配打击目标和火力兵器。此后，俄军在部队训练中逐年加大对高精度武器使用的演练力

① 王晓军：《对 2014 年版〈俄罗斯联邦军事学说〉的几点看法》，《现代军事》2015 年第 3 期。

度。在此后的历次大规模战区战略性演习中，均将高精度武器的使用作为联合作战演练的重点。在2015年度俄军战斗训练计划中，明确将有关高精度武器演练的科目列为战斗训练重点，并规定相关训练由舰队司令等高级指挥人员直接负责。

由于远程高精度武器、新物理原理武器有着可与核武器相媲美的超强打击效能和战略进攻效果，俄军将其作为实施“毁伤敌极其重要目标战略性战役”的重要手段。俄军认为，使用远程高精度武器和新物理原理武器实施先敌战略性突击行动，可摧毁敌方的国家和军事指挥体系、信息系统和基础设施等重要目标，破坏敌方的社会政治稳定，使敌在开战前即丧失有利条件，从而为取得战争胜利甚至提前制止侵略创造条件。

现代无人化武器装备包括无人机、无人潜航器、海上自动航行器、可操纵机器人化武器装备等。俄军认为，无人化武器不但可用于遂行侦察、通信保障、跟踪监视、打击引导、毁伤评估、空中运输等保障性任务，还可用于遂行精确打击、火力支援等作战性任务。俄军计划将无人机的作战使用由“以侦察、通信保障为主”，逐步向“功能多样、察打一体、攻防兼备”转变，未来还将用其执行“远程战略打击、中低空目标拦截、隐身突防”等高难度作战任务。而无人潜航器和机器人化武器装备将主要用于遂行侦察、打击等作战任务。

为了加快发展无人化武器装备、提高无人化作战能力，俄军组建了国防部机器人技术科研试验总中心、总参无人机建设与发展局等职能机构，正在积极筹建国家无人机航空兵试验基地，一方面加紧无人机、军用机器人相关材料、技术和配套产品的研发生产，另一方面加强对相关操作人员的培训。俄国防部长绍伊古在2013年7月曾要求调整所有军用机器人研制计划，研制速度要提高1倍，此外要求俄国防工业体不要拖延机器人技术装备和无人机生产方面的国家订货期限。俄国防部2014年5月还透露，在2020年之前将动用约92亿美元研制新无人机和进行军事人员无人机操作培训。在近年来数次大型演习训练中，俄军均加强了对无人化武器的实战化应用演练。

（二）突出发展特种作战样式和作战能力

俄军根据“9·11”后的国际反恐斗争经验得出结论，认为特种作战力量因其战备程度高、反应迅速、行动灵活、突袭能力强等特点，已经成为现代战场上重要的非对称作战力量。而近年来，随着“颜色革命”及其引发的各种武装冲突成为新的战争类型，俄军对特种作战的地位和作用有了更深的认识。俄军认为，作为一种隐蔽的强制措施，特种作战在应对颜色革命及其引发的武装冲突方面具有独特的优势，因此必将得到更加广泛使用，在取得战争胜利方面也将扮演更重要的角色。

俄罗斯的特种作战力量原来分别隶属于国防部、内务部、安全总局、联邦警卫局、紧急情况部、司法部、海关等部门。其中国防部所属的特种作战力量又分别隶属于总参情报总局、海军和空降兵。2013 年 3 月，俄军开始组建统一的特种作战部队，并成立了隶属于总参的特种作战力量司令部，制定了一整套规范特种作战力量发展方向的指导性文件，加强对所有特种作战力量的统一训练和集中指挥，以凝聚力量、形成拳头。新组建的特种作战部队从机构设置到配套装备都焕然一新，成为俄军用于预防战争和打赢战争的非对称作战利器。乌克兰危机爆发后，俄军特种部队在乌东部及克里米亚等相关地区实施了一系列特种行动。他们以隐藏身份的方式潜入上述地区，与当地民众和自卫组织密切合作，对政府大楼、火车站等要地和交通枢纽实施占领和控制，对乌军部队驻地实施封控，对乌军实施心理战宣传和策反工作等。这些特种行动为俄军迅速实现对克里米亚的实际控制并最终促成克里米亚“回归”发挥了关键性作用，也为保证乌东部民间武装组织能够与乌政府军长期对抗发挥了重要作用。

（三）军地协同行动成为重要的作战行动样式

军地协同行动是指军事部门与非军事部门在解决国际国内冲突时密切协调配合，联合采取行动。俄军认识到，近年来世界各国对使用军事力量解决国家间冲突的观念发生根本性改变，普遍更加倾向于运用政治、外交、经济等非军事手段解决国家间冲突，并且军事手段与非军事手段的结合也更为紧密。尤其在应对“颜色革命”及其引发的武装冲突时，更需要综合运用军事手段和政治、经济、信息等非军事手段，充分发挥各部门合力。因此，俄军认为，军地协同行动已经成为一种重要的作战行动样式，必须大力加强武装力量、强力部门以及国家机关和地方政府之间在国防领域的协作。为此，俄国防部采取了一系列措施，力求建立起以国防部为主导、多部门联动的“大国防”体系。俄军总参谋部自 2012 年起开始组织制定用于规划和落实国防领域军事和非军事措施的国家防御计划，首份国家防御计划——《2016 年前俄联邦防御计划》已经于 2013 年 1 月由普京总统批准。该计划涉及担负国防领域任务的 52 个联邦执行权力机关和 3 个国有大型军工企业，涵盖军事、经济、政治、外交、信息等多个方面的国防领域措施，有助于指导协调各部门在国防领域的行动。俄国防部还于 2014 年 12 月 1 日建成国家防御指挥中心，以整合国防领域所有现有指挥和监控系统，包括武装力量总参中央指挥所、紧急情况部国家紧急情况指挥中心、内务部指挥监控中心，以及原子能署、气象环境监测局、水资源署等国家部门的指挥管理系统等。该中心在国防领域各级各部门之间架设起上下贯通、横向联合的统一信息空间和指挥体系，有助于实现军地各级各部门的信息共享、统一指挥和协同行动。在应对乌克兰危机，尤其是促使克里米亚“回归”的斗争中，俄军方与政府其他部门密切合作，综合运用军事威慑、特种行动、信息对抗，以及外交斗争、天然气战等军事及非军事措施，打出一套精彩的组合拳，有力回击了美西方挤压俄战略空间的企图，取得良好效果。

第四章 冷战后日本军事思想的发展

冷战时期，特定的社会历史环境影响了日本军事思想的发展。一方面，日本处在美苏对抗的前沿地带，地缘战略位置极为重要，始终面临着来自苏联的较大军事压力。另一方面，日本作为战败国被美国纳入其联盟体系当中。经过权衡利弊之后，日本军事力量的建设发展选择了在日美同盟框架下进行渐进发展的依附式发展之路，集中资源发展经济、恢复国力，其军事思想因而体现出明显的防御性、依附性、有限性和实用性。冷战结束后，随着国际战略环境和日本国内政治及社会生态的重大变化，日本在冷战后期经济发展高峰时所形成的争做政治大国的战略目标，在冷战后的社会历史条件下变得更加具体而明晰。与此同时，美国在冷战后的战略调整以及日美同盟关系的调整变化，为日本的军事力量发展和走向国际安全舞台构建了理想平台。在此背景下，冷战后的日本军事思想表现出了一些新发展和新特点，其中包括国家安全战略思想的拓展、军事战略思想的调整、国防和军队建设思想的转变和作战思想的发展等，表现出了区别于冷战时期的明显特征。

第一节 冷战后日本国家安全思想的发展

冷战结束以后，国际安全形势总体趋于缓和，国家安全关注的视野大大拓宽，传统安全和非传统安全问题相互交织，非传统安全的地位不断上升。基于新的战略背景，同时受日本独特战略文化的影响，冷战后日本的国家安全思想在适应安全环境变化的同时，也表现出明显的日本风格。一方面大肆鼓吹人类安全、综合安全等新安全理念；另一方面却不断寻求突破和平宪法，重整强化军备，新保守主义安全观大行其道。

一、日本国家安全思想的战略文化基础

日本是一个海岛国家，原属于东亚文明中的一个分支，其独特的地缘环境和社会政治

经济发展的进程形成了其固有的文化特征，如善于学习别国的长处、适应性强、武士道精神、天皇崇拜情结、集团主义等传统的民族特性。同时，在西方文明向亚洲扩张的过程中，日本受到了巨大的冲击和影响，形成了一定程度的“脱亚入欧”战略取向。这些基于地理环境和历史发展所形成的独特战略文化，不仅决定着日本对国家利益的分析和判断，也影响着日本对战略资源的运用和战略手段的选择。

（一）岛国根性与危机意识

日本自古以来长期偏居亚洲一隅，在相当长的历史时期内处于封闭、落后的状态，因而形成了处于大陆强国边陲的边缘心态。历史上，日本长期有落后于人、有被孤立之危的强烈危机感，因而总能以积极主动的心态去学习效仿先进文明。如公元645年日本进行大化改新，积极学习中国封建社会的先进经验，加强中央集权体制。而日本政治精英阶层在公元663年白江口海战惨败于唐朝后的种种表现更是折射出强烈的危机意识。虽然唐朝并无进攻日本的计划，但其一举一动都让日本贵族集团惊恐，生怕大军压境。天智天皇更是自公元664年开始下令斥巨资造防线和防城。此后历代天皇均反省此次惨败，并形成了以强者为师的思想观念，大力学习吸收古代中国的先进文化，这成为奈良平安时代日本经济繁荣、文化昌盛的重要刺激因素。在此后的历史进程中，日本这种强烈的危机意识稳固地延续下来。13世纪上半叶，蒙古崛起并四处扩张，日本虽隔大海却早已密切关注其动向并加强军事防御。工业革命以后，欧洲列强开始染指亚洲，德川幕府建立不久便于1612年和次年两次颁布禁教令，明确指出欧洲国家传播基督教与殖民侵略的关系并发动全国性镇压行动。1840年鸦片战争中国的惨败震惊日本朝野，幕府老中水野忠邦认为此“虽属外国之事，亦我国之鉴”，“唇亡齿寒，我国虽全盛，亦非晏然自佚之时”。[①] 由此可见，日本作为一个岛国的发展历史形成了其强烈的危机意识，并且一直延续至今。

（二）历史悠久的等级意识

随着日本封建制度确立和发展，社会等级意识不断发展。德川幕府建立后，“士农工商”既是职业划分又作为身份等级区别，身份世袭相传不可僭越。强烈的等级意识作为文化观念基础也影响了日本处理对外关系的思维方式。南北朝时期，日本倭王多次向中国南朝遣使请求授予他“使持节都督倭、百济、新罗、任那、秦韩、慕韩六国诸军事、安东大

① ［日］井上清著，姜晚成译：《日本军国主义（第一册）》，商务印书馆1985年版，第24页。

将军、倭国王”封号,[①] 充分体现出日本向强国称臣的同时又企图假借强国权威欺凌百济、新罗等小国而称霸朝鲜半岛的媚强欺弱等级意识；公元663年白江口海战惨败于唐朝军队之后，日本开始采取睦邻政策，但对待强弱国家态度迥异，对新罗和渤海国以宗主国自居，对唐朝则贯彻友好政策。[②] 1597年日本侵朝被中朝联军打败后迫切希望复交于明，德川幕府转交明朝的信函中自称“蕞尔国”，并要求“赐予勘合符”，即希望作为朝贡国加入华夷秩序中去，但同时又写着自身“教化所及之处，朝鲜入贡，琉球称臣”等幻想性语句。[③] 19世纪上半叶日本著名思想家佐久间象山提出了自己的国际政治理论，认为国际既成一局就必然要构成秩序，如同国内的“礼”一样存在尊卑上下关系，而确定秩序的因素则唯有军事力量，其国际政治思想对后世产生了重大影响。

（三）尚武思想与武力扩张传统

“尚武”是日本的传统思想文化。日本第一部兵学著作《斗战经》认为，神话中的开天辟地乃是“气”的作用所致，“气”是开天辟地的动力，是百家万物生成的根源。“气”即“武”，“武”在天地之初就已存在，认为“武”创造了日本国土。《斗战经》极力宣扬“武”的重要性，主张武为第一，文为第二，先武后文，提倡以尚武为“治国平天下之法”，体现了日本“重武尚武”的传统思想文化，可以说，《斗战经》奠定了以“尚武”思想为核心的战略思维的基石。[④] 武士道的创始人山鹿素行说：“大八洲的生成，出自天琼矛，形状和琼相似”，用天琼矛开创天地，“就是尊重武德，表扬雄义的原故”。[⑤] 由此可见，武士道所颂扬的尚武精神纯粹生长于日本的传统思想土壤，正如戴季陶在《日本论》中所说：“日本的尚武思想军国主义并不是由于中国思想、印度思想，纯是由日本宗法社会的神权迷信来的。”[⑥] 至日本中世纪的丰臣秀吉时代，日本战略思维逐步成型，其特点就是以武力扩张拓展日本的势力。丰臣秀吉的扩张思想经佐藤信渊、吉田松阴的继承和发扬，到明治维新发展成为五步征服亚洲和世界的“大陆政策”，而狂妄叫嚣“惟欲征服中国，必先征服满蒙，如欲征服世界，必先征服中国”的“田中奏折”（1927年），也

---

① 张宏杰：《简读日本史》，岳麓书社2021年出版，第57页。

② 赵建民、刘予苇：《日本通史》，复旦大学出版社1989年版，第15页。

③ ［日］信夫清三郎著，周启乾译：《日本政治史（第一卷）》，上海译文出版社1982年版，第10页。

④ 江新凤：《日本的〈孙子兵法〉研究》，《滨州学院学报》2014年第5期。

⑤ 转引自戴季陶：《日本论》，海南出版社2002年版，第45页。

⑥ 转引自戴季陶：《日本论》，海南出版社2002年版，第47页。

正是佐藤方略的翻版。武力扩张的战略思维贯穿着日本整个近代，直到这种战略在二战中彻底失败。冷战时期，这一思想传统虽然受到了国际大环境的压制，但是并没有被彻底清除。在冷战后新的战略环境中，伴随着美国对日政策的不断调整，武力扩张思维呈现出了死灰复燃、愈演愈烈的发展趋势。

（四）功利主义和实用主义观念

日本的文化传统赋予日本人强烈的功利意识和实用主义思维方式，在战略上形成联盟战略思维，即与强者为伍，借用他人力量，与战略对手抗衡。自日本开国以来，就在不断地寻找能赖以依靠的强者，以征服或遏制自己的敌手。依强抗强、恃强欺弱，这是日本联盟战略思维的特点。在日本近代史上，曾经有日英同盟、日英美法四国条约、日德意同盟和日美同盟。其中持续时间最长的是日美同盟，至今已有 50 多年；其次是日英同盟，在历史上前后持续了 20 年。此外，日英美法四国条约、日德意同盟是第一次世界大战和第二次世界大战时合纵联横的体现，持续时间相对较短。

实用主义思维方式在历史上曾给日本带来了许多发展机遇，正如英国学者比尔・埃莫特所指出的那样，“日本是一个总让世界为之惊诧的国家。在过去的数十年间，这个偏居地球一隅的岛国竟一再让他人为之瞠目结舌。日本的社会与经济的发展虽然面临难以避免的危机，而且也曾遇到过重大的转折，然而这时的日本却能够随机应变，继续朝着既定的目标前进，其速度之快令人震惊。”① 但使用主义的战略取向往往带有功利性色彩。由于在长期历史上形成的对外部事物的独到而细微的观察力，日本人对环境的变化发展有着异常敏感的性格特质。这种性格与急功近利的实用主义思维方式相结合，使得日本人在对外关系中很少从双边、多边的整体利益来考虑问题，而是更多地根据自身的需求，以“于我有利”“为我所用”为原则。当对自己有用时就利用或借助对方；当对自己没用时，就有可能视若陌路人，甚至反目为仇。当日本自己力量不足时，总会想方设法借助强者的力量来对付敌人；当自己力量壮大，羽翼丰满后，就会趾高气扬，可能与昔日的盟友翻脸，而为了自己的利益，甚至不惜与多年的宿敌联手。在日本历史上不乏这种例子。在日俄战争中，日本与西方列强英国结盟以对付俄国，日本借助英国的力量，一举打败了老牌帝国俄国。1905 年战胜俄国后，日本的侵略目光开始转向清王朝，此时英美成了日本向中国扩张势力的拦路虎。为了达到侵略中国的目的，日本于 1907 年同昔日的手下败将俄国签订密

① 转引自师杰：《与彼为邻——中国告诉你》，昆仑出版社 2000 版，第 142 页。

约，与俄联手对抗英美。二战末期，美国投下了两颗原子弹，而当广岛和长崎上空还在下着蘑菇云形成的“黑雨”时，日本就又投进了美国的怀抱，结成日美同盟。当日本经济实力壮大，发展成为世界第二经济大国后，日本又变得底气十足，敢在美国面前说“不”，要求与美国平起平坐。日本发展与东南亚和中国的关系既是出于经济目的的需要，也是出于抗衡苏联的需要。日本历史上的种种战略现象表明，对于日本来说，为了自身利益的需要，昨日的盟友可能变为今天的对手，昔日的对手也可能成为今天的盟友。如此奉行见风使舵、唯利是图的实用主义信条的国家，实属罕见，这也正是日本难以取信于世界的原因所在。

（五）不断发展的大国意识

大国意识是一国凭借国力追求大国目标及拥有大国的优越感和自觉意识。日本民族文化中独特的神道信仰是其产生大国意识的主要文化渊源。神道教作为有两千多年历史的日本传统宗教，其产生发展史也成为日本民族精神的产生发展史。古神道认为组成日本国家三要素的国土、国民和元首无一不起源于同一神族的亲缘，因此日本是神国主义统御的国家，此说被后世诸神道流派继承并加以发扬，如 17 世纪席卷各阶层、支配日本近世全国思想界的垂加神道①即狂热宣扬以日本为世界中心的神国主义思想，声称与中国天子相比，天皇更高一级，是天本身。这种狂妄自大的思想意识发展到极致就是认为日本负有统治世界的责任，幕府复古神道学者平田笃胤和他的门徒即提出了鲜明彻底的神国观，鼓吹神道是世界诸宗教的渊源，日本是世界的中心，天皇是世界的总领袖。在对外关系上，日本一直以大国自居，傲慢对待朝鲜和琉球，将它们称为朝贡国或番邦，并在 17 世纪初从中国领导的华夷秩序中游离出来后，开始考虑构建以自身为中心的秩序，折射出它强烈的大国意识。它在战略实践上表现为日本政治精英阶层高度重视国家安全问题，对外部威胁保持强烈敏感性，并根据自身国力在国际体系中的等级变化而迅速调整国家安全战略，但始终不变的战略目的是成为体系中的霸权国。

二、冷战后日本国家安全思想发展的主要内容

冷战中后期，日本保守主流安全观调整发展为综合安全观，使日本成为较早关注非传统安全的国家，它强调获取安全的手段在军事之外还包括经济手段、文化手段等。借由综

---

① 垂加神道是日本近世神道史的一大流派，创始人是山崎暗斋，其教义深受我国宋朝哲学家朱熹思想的影响。

合安全观的指导，日本在经济外交方面进行了比较大的努力，也取得了较为显著的成果。但是20世纪80年代以后，日本经济增长停滞，综合安全观的发展受阻，新保守主义安全观开始兴起。冷战以后，新保守主义安全观进一步发展，并对冷战后日本的国家安全思想产生重要影响。如：主张日本要成为普通国家，力图与美国建立对等的合作关系。在政治、军事上成为美国的“责任分担者”，公开提出修改宪法并大力发展军事力量。虽然在冷战后的日本政坛呈现出轮流执政和联合组阁的情况，但各党派在实现政治大国目标、发展军事力量等方面的政见日益趋同。

（一）“构建能动的建设性安全保障”思想

冷战结束之际，日本政治精英阶层已经开始意识到国力对比的新变化并据此调整国家安全战略。相对国力的上升让日本开始不愿再接受对美从属地位，转而谋求日本的自主性和日美平等。冷战后初期，日美经济矛盾的激化和日本对自主安全政策的追求把日美同盟带入了充满不确定性的所谓“漂流期”。为此，日本不仅在日美经济冲突中态度趋于强硬，在安全上也不再视日美同盟为唯一选择，而是希望以大国姿态谋求自主安全政策。1994年的防卫问题恳谈会向村山富市首相提交了著名的国防政策建议书——《日本的安全保障与防卫力量的应有状态》，提出“多边安全保障结构”概念，主张“将冷战性质的防卫战略转向多边安全战略”,① 它大体勾勒出了冷战后初期的日本国家安全战略，提出以加强自身军事力量建设为基础、以多边安全合作为主体的“能动的建设性安全保障”思想。

就基本观念来看，这一思想并未超出冷战时期“综合安全保障战略”思想的基本框架，依旧强调“使用外交、经济、防务等一切政策手段”，并继续沿袭以往的所谓“三级努力”，即全球与地区多边安全合作、日美安全关系和自身军事力量建设，但实质上，其理论体系已经发生了较大幅度的变化。首先，安全合作的层次更为清晰，形成了日美安全合作、以亚太地区为中心的区域安全合作和以联合国为中心的集体安全合作三个层次。其中，日美同盟体制是其核心，依次向外延伸，形成以双边带多边、层次递进的三个层级。其次，自主军事安全手段的地位得到大幅提升。这一新的战略思想体现了对“合作安全”理论的重视，同时也蕴含着对自主安全的尝试。与此同时，这一战略思想未能就如何在不回避日美同盟体制的核心地位的前提下，自主地推进多边安全合作做出明确回答，暴露出了理论与政策运用的脱节。为增强国际影响力以更好地谋求日美平等，日本着手改善日俄

① 赵全胜：《日本外交政策辩论和大国博弈中的中日关系》，《日本学刊》2016年第1期。

关系并加强日中关系。1993 年日俄签署《东京宣言》和《经济宣言》，就两国关系完全正常化和均衡扩大两国各种关系达成原则共识。1991 年 11 月，宫泽喜一组阁后提出“日中关系与日美关系是日本外交的两大车轮”，将日中关系提高到“与日美关系同样重要”位置。[①] 1992 年日本天皇访华，将日中关系推向一个高潮。1993 年后日本政局动荡，但总体承继了对华友好政策，1995 年村山富市访华并成为首位参观中国人民抗日战争纪念馆的日本首相。

（二）“构建统合安全保障”思想

从 20 世纪 90 年代中期开始，日本进行了一轮安全战略调整，其主要背景是日本因经济长期低迷，从而与经济进入又一强势发展期的美国差距不断拉大，与此同时中国的快速发展也让中日国力逐步接近。

日本政治精英认识到中日国力对比的新变化，并因此再次调整国家安全战略。日本由此开始逐步确立中国为首要的潜在战略对手，并重新确认对美追随战略，通过军事、外交等手段不断加强对华战略防范与牵制。1996 年台海危机后不久，日美便联合发表《日美安全保障联合宣言——面向 21 世纪的同盟》文件，并于 1997 年公布新版《日美防卫合作指针》，从而在制度层面重新确认日美同盟，这标志日本回归追随强者战略，重新确认的日美同盟与冷战时期的最大不同就是明确规定要联合干涉亚太地区安全事务。与此同时，1996 年日本《防卫白皮书》将俄罗斯的威胁降为“不透明、不确定因素”，同时首次公开将中国作为防范对象，认为“鉴于中国在推进核武器和海空军现代化，其海洋活动范围正在扩大，另外在台湾周边举行军事演习造成了台海局势紧张，故必须密切关注其动向”。[②] 此后的《防卫白皮书》渲染中国军力的篇幅逐年增加，且从 2003 年开始将关注对象国排序由以往的朝俄中改为朝中俄，而由于俄只被视为不确定因素，朝为小国，故日本防范的重心是中国。这由 2004 年版《防卫计划大纲》明确体现出来，它作为指导日本军力建设的纲领性政府文件首次公开描述“中国威胁”。

日本通过 2003 年出台的《武力攻击事态法》将军事指导方针由“专守防卫”调整为“主动先制”，后又修改《自卫队法》将自卫队海外行动从“附带任务”提升为“基本任

---

① 马千里：《“晋级比赛型”战略思维模式与冷战后日本国家安全战略调整——兼论日本国家安全战略的新动向》，《世界经济与政治论坛》2019 年第 2 期。

② 1996 年版日本《防卫白皮书》，http：//www. clearing. mod. go. jp/hakusho_ data/1997/def14. htm。

务”以更加有效干预地区安全事务，而且逐步将军力部署重点由日本北部调整至西部尤其是西南方向，这显然是为防范和牵制中国。此外，日本通过逐步加大对台湾问题和南海问题的介入力度及强化与印度的政治和安全关系来增强对华战略防范与牵制。

2004年10月，时任日本首相小泉纯一郎的私人咨询机构提交了题为《安全保障与防卫力量恳谈会报告》的咨询报告，这一报告提出了新的“统合安全保障战略”的根本思想，即以多能弹性的防卫力量为核心，通过“自主努力”“同盟关系”和“国际合作”多种手段相互结合，实现“保卫日本安全”和“改善国际安全环境”的两大目标，并由此形成了目标与手段相互交叉后的所谓“六大活动空间”。这一战略思想的要点有三个方面：首先，在战略目标的追求上更加注重国际视野，“改善国际安全环境”集中体现了日本安全战略的视野已由以往的所谓“一国主义”拓展到地区乃至全球安全领域；其次，在安全手段的运用上突出强调了军事力量的核心地位，军事安全手段已然渗透至所谓“六大活动空间”的所有领域；最后，自主安全的思想得到充分体现，并与“同盟关系”和“国际合作”之间形成互补关系。

（三）“构建多层次合作安全保障”思想

以2009年中国经济总量基本与日本持平为标志，中国持续有活力的发展势头让日本强烈感受到被中国赶超的压力，促使日本更明确地提出以中国为主要战略对手。2009年8月，日本首相的私人咨询机构提交了题为《安全保障与防卫力量恳谈会报告》的咨询报告，提出了“多层次合作安全保障战略”的新安全思想。“多层次合作安全保障战略”的核心思想是通过日本的自主行动、与同盟国的合作、地区内合作和与国际社会的合作等手段，实现保卫日本安全、防止出现威胁、维持与构建国际体系的三大目标。这一思想是对“统合安全保障战略”思想的充实与完善，在继续坚持安全手段的综合性和军事安全的核心地位的同时，摒弃了以往安全手段“三级努力”的定式，并对安全目标进行了重新定位。其新变化体现在以下几个方面：

首先，首次提出日本应在国际安全体系中发挥秩序设计者的作用。“防止威胁的出现”是一个既可内收亦可外延的概念，内收则可理解为防患于未然，将对日本的可能的安全威胁控制在发生前；而外延则是通过威慑达成改善安全环境、维持国际安全秩序的目的。日本政治精英阶层敏感意识到亚太地区大国间国力对比的新变化并据此迅速调整国家安全战略。美国国力虽相对下降，但依然是亚太地区最强国。因此日本将继续追随美国，同时由于越来越难以维持与中国的同一国力等级地位，所以它既在一定程度上视中国为战略对手，同时又灵活处理中日关系以让自身处于有利国际地位。

其次，更加重视地区安全合作。“多层次合作安全”是一个从双边同盟到区域合作再到全球合作的三层模式，其中位于中间层次的地区合作体现了在后金融危机时代日本对国际战略格局的基本认识。日本政府自 2010 年 6 月菅直人组阁后，反复强调要深化日美同盟，认为其乃日本安全保障之基石，为此积极配合美国“重返亚洲”和“亚太再平衡”战略。日美于 2015 年重新修订《日美防卫合作指针》以深化日美军事一体化，新指针在海洋战略、岛屿防卫等内容规定上明显是为遏制中国“量身定做”。日本于 2016 年提出“印太战略”，积极构筑“美日澳印四国同盟”以加强对华遏制。

再次，大力倡导突破日本安全政策“禁区”的思想。“09 报告”对日本以往的军事安全政策进行了重新审视，认为“国防基本方针”“专守防卫”“集体自卫权”“武器出口三原则”和自卫队遂行国际和平合作活动时的“武器使用限制”等已经不适应当今世界安全环境的变化，并指出“不做军事大国”“不拥有核武器”等旨在限制日本军事发展的否定式政策固然有其历史与现实意义，但与此同时，以肯定式政策确定“日本应该做什么”更有必要。

最后，表露了从国际秩序的遵从者向塑造者转变的大国野心。这一战略重视地区合作的思想既是对以往思想的纠偏，亦体现了日本自主安全思想的本质，而对日本战后以来军事安全政策的反思则暗示着日本军事发展的未来走向将发生根本性转变。2010 年日本《防卫计划大纲》对“中国威胁”的论述大幅增多且措辞明显严重，认为中国作为国力持续增长的大国，已成为亚太地区和国际社会的担忧问题，明确规定将日本防卫重心向西南方向转移并强化本国周边海空领域的警戒监视能力，加强针对中国的具体对抗措施。日本一些学者认为，该大纲表明日本已视中国为其防卫假想敌。从行为上看，2010 年 9 月中日钓鱼岛撞船事件后日本故意打破两国“搁置争议”战略默契，不顾中方严正交涉而接连通过“命名”和“国有化”钓鱼岛等升级争端的举动主动挑起中日战略对抗，这成为其视中国为战略对手的最鲜明标志。为谋求对华战略优势，它从 2010 年开始深化对美追随，进一步调整军事战略，指导理论由“基础防卫力量”转变为“动态防卫力量”，进一步突出实战性，规定自卫队尤其要“确保日本周边海空领域安全”和“应对岛屿攻击”，军力建设上优先发展海空军力。

（四）“积极和平主义”思想

2013 年 12 月 17 日，再次上台执政的安倍晋三内阁在国家安全保障会议和内阁会议上通过战后首份《国家安全保障战略》,① 正式将“积极和平主义”定为“国家安全保障的基本理念”。“积极和平主义”成为安倍晋三内阁在日本推行各项安全保障与外交政策过程中使用的“招牌”，带有首相安倍晋三浓厚的个人色彩。这一安全战略主要以“积极和平主义”为包装，削弱日本宪法第九条的限制，本质就是要摆脱“战后体制”。

第一，极力摆脱战后日本国家安全保障战略的“自我约束”与“对美依附”，更加积极地参与构建国际关系体系，提升日本的“主体地位”，进一步推动日本向“正常国家”转变。在2013年2月访美期间，安倍晋三在演讲中高调宣称，“日本现在不是、将来也绝不会做二流国家”。在最重要的日美关系方面，安倍晋三政府继承了日美同盟在日本外交与安保领域的传统定位，即将日美同盟作为日本外交与安保政策的重要基础。在强化日美同盟、确保日本安全的同时，充分利用美国重返亚太的战略机遇，摆脱单向对美军事安全依赖，构筑平等、双向的日美军事同盟关系。

第二，更加注重“多元手段”的运用，在沿用经济援助这一传统手段的同时，更加注重军事力量、意识形态等各种手段在战略实践过程中的运用，完善日本的“多元手段”。尤其是要加强在世界范围内宣传日本价值观，强化与伙伴国家间在外交与安全领域合作。

第三，力图在巩固日本对东南亚地区势力影响的同时，更加注重拓宽日本外交与安全保障的地缘视野。加大对全球问题以及其他地区事务的介入力度，进而确立日本的“全球视野”。在“积极和平主义”幌子下，为地区及国际社会的安全与稳定作出“积极贡献”，在国际事务中的战略姿态由“被动应对型”转向“积极塑造型”，采用包括军事手段在内的多元化手段谋求地区事务的话语权和主导地位。

三、冷战后日本国家安全思想发展的主要特点

冷战后日本的国家安全思想随着战略环境的变化和执政当局的更替而体现出一定的摇摆反复和矛盾。既强调自主性又不放弃对美追随；既视中国为潜在战略对手又重视发展对华关系。这种反复变化的背后实际上体现了日本的根本性目标追求和阶段性策略手段。

（一）在政治上追求大国地位

在当代日本政坛“总体保守化”的形势下，日本以“摆脱战后体制”、成为“正常国

① 2013年12月4日，日本重新修订1986年制定的《国家安全保障会议设置法》，在借鉴美国国家安全委员会的机构和职能设置的基础上建立日本“国家安全保障会议”。该法案第一条就明确在内阁设置国家安全保障会议，作为审议有关日本安全保障重要事项的机关。为更好地指导新成立的国家安全保障会议，2013年12月17日策定完成日本第一个国家安全保障战略。

家”、承担“国际责任”等方式追求国家利益，力求实现与日本经济实力相对应的政治大国地位。自民党在2012年“总选举”竞选纲领《政策公约》中表示，要把日本建设成为国民都拥有自信心、都有机会挑战梦想、企业最有活力及为国际社会所信赖的国度。但在安全保障领域，该纲领提出要制定《国家安全基本法》，使日本自卫队“行使集体自卫权成为可能”，并修改宪法将自卫队提升为“国防军”等方针，从根本上看，“正常国家论”的对外政策理念是要使日本能够修宪派兵，其实质是要抛弃和平宪法第九条，走政治及军事大国路线。

日本“正常国家论”所述的政治乃至军事大国化目标，力求将修改“和平宪法”作为重中之重。这样的“政治诉求”，目的是为了恢复因二战侵略他国“丧失”的部分国家对外职能，成为所谓的“正常国家”。因而，否认殖民及军国主义侵略罪行、修宪、“争常”并谋求废除联合国宪章中的“敌国条款”，实现政治军事大国化构想，就成为日本保守主义的政治主题。老牌保守党自民党建党精神之一就是倡导“制定自主宪法”，这可以说是自民党存在发展的重要价值，已经成为自民党的宿命。自民党的“新宪法草案”表明，将修改宪法第九条规定的日本永远放弃战争手段以及不拥有交战权，致力于实现自民党建党以来“自主制定宪法”目标。

日本追求政治大国地位的另一重要表现就是争取“入常”。日本在20世纪80年代人均国内生产总值比肩美国之后就开始谋求“入常”，特别是作为安理会常任理事国的英法等国，其经济实力尚不及日本，所以在日本看来，其经济实力配得上安理会常任理事国的位置。自2005年以来，日本开始试图采取抱团取暖的态势联合德国、印度、巴西四国“打包”加入安理会常任理事国。

（二）经济上高度关注经济安保

日本政府历来高度重视经济安全保障。冷战时期的美元危机和石油危机对日本造成的经济冲击让日本记忆犹新。冷战结束以来，日本政府呼应美国的经济安全保障思维，提出综合安全保障概念，其主要方针是依托经济手段，维持与强化国际体系的功能、确保重要物资的稳定供给、重视科技的作用等。近年来美国为保护本国利益率先诉诸经济手段的思维模式给日本以极大启发。于是日本在强化经济安全防护能力的同时，也主动实施了一些包括经济制裁在内的措施，意图通过战略性地利用经济手段来实现自身的政治目的，如重启对伊朗经济制裁、维持对朝鲜贸易禁运、以存在安全风险为由将中国企业列入技术出口管制对象和禁运名单等。尤其是安倍内阁提出建设“高质量基础设施伙伴关系”构想，对中国的“一带一路”倡议摆出明显的竞争姿态。东盟国家在基础设施建设上有着旺盛的现实需求，日本积极通过ODA机制向其提供资金和技术，借此促进双边经贸往来，带动日企在当地的投资出口事业。另外，作为推进日本版印太战略的组成部分，日本还计划以区域全面经济伙伴关系（RCEP）、全面与进步跨太平洋伙伴关系协定（CPTPP）等经贸协定与海洋安全合作为抓手，大力强化同东盟国家的战略伙伴关系，以对抗地区影响力日益升高的中国。

（三）安全上始终以日美同盟为核心

日本向来就有与霸者结盟、与强者为伍的传统和理念。日本的联盟战略思想可以追溯到日本中世纪战国时期，其代表人物武田信玄、织田信长和德川家康等之所以能够在诸侯林立的情况下得以称霸一方，多是通过合纵联横的手段来达成彼消此长的目标，这可以认为是日本联盟战略思想的雏形。日本的联盟战略在此后的历史中不断地被用于实践，最终成为日本安全战略思想的重要性特征之一。

二战战败以后，无论初衷如何，日本通过与美国结盟，为其国家安全提供可靠的保障，从而得以集中力量和资源发展经济。不过，在日美同盟这个同盟关系当中，日本和美国的低位是不平等的，日本长期是处于从属和保障的地位，而随着日本经济的发展和国力的增强，日本一直极力想要提升在同盟当中的自主的程度，甚至是要和美国对等、平起平坐。在整个冷战时期，尽管日本也曾经有过自主性防卫尝试，试图与美确立一种平等的同盟关系，但受限于当时的国际战略环境和严峻军事安全形势，日本的这一努力始终未能达成目标。冷战之后，日本仍然在努力实现这种自主和对等。

尤其是美国提出“亚太再平衡”战略后，给日本带来了千载难逢的“良机”。每当遇到美国的衰退周期，日本的地位就会突出一些，日本的自主性又能前进一步。美国推出所谓“亚太再平衡”战略的大背景是美国和中国力量的此消彼长，特别是其所体现出的以军事重返为重点、以制衡中国为主要目标的战略性指向，对推动日本解禁集体自卫权、实现“军事正常化”具有非同寻常的意义。

第二节　冷战后日本军事战略思想的发展

受“和平宪法”的制约，日本在战后一直回避使用“军事战略”这一术语，而代之以“防卫政策”。日本政府在1970年首版《防卫白皮书》中正式提出了“专守防卫”这一防卫政策，规定了一定时期内日本军事力量建设发展与运用的目标、方针、原则等方面的内容，在实质上构成了日本的军事战略。冷战时期，日本虽然对“专守防卫”战略进行过多次调整，但其核心内容并未发生根本性改变，军事战略的被动防御特点明显。冷战结束后特别是进入21世纪以来，日本对军事战略进行了多次调整，以期内外环境的变化为发展军事力量不断松绑，为最终实现所谓的国家“正常化”提供战略支撑。

一、日本军事战略的发展脉络

二战后，日本在美国的支持下进行了军事力量的重建。建立初期的日本自卫队主要是美国军事力量在东亚地区的重要补充。随着日本国力的不断发展和国家政治经济地位的不断提高，日本自卫队的职能定位也相应地不断拓展。20世纪70年代，日本自卫队形成了以“专守防卫”为主题的军事战略。此后，在国际大环境和日美小环境的共同作用下，日本的军事战略不断调整发展。

（一）冷战初期：依托美国支援建立和充实军事力量

日本于二战战败后，苏联和中国等国由于种种原因没有派兵进驻日本，使日本实际上处于在美军的单独占领之下。驻日美军以美陆军第6集团军和第8集团军为主力，解散了全部旧日本军队。1950年6月，朝鲜战争爆发，两极对抗的冷战格局引发局部热战危机，远东形势出现变化。日本一些政客认为日本需要寻求其他国家的保护，必须采取集体防卫战略思想以保证国家和政权的安全。同时，美国也需要进一步把日本改造成在远东地区对抗苏联的桥头堡。因此，美日两国出于各自的需要，于1951年9月8日签订了《日美安全保障条约》，美国开始武装日本。1953年7月，日本保安队改为陆上自卫队，海上警备队改为海上自卫队，新成立航空自卫队。这支武装力量虽名为“自卫队”，但实际上就是陆、海、空三军。1960年1月，日本与美国签订了新的《日美共同合作及安全保障条约》，从而与美国共同承担起日本的防务，实施了第二、第三个防卫力量发展计划，重点加强“骨干防卫力量”。为了适应美国的需要，日本以中、朝为主要作战对象，与美国联合炮制了三个作战计划，以应付突发事件。这一阶段日本并没有自主地提出本国的军事战略思想，而是将自己的军事存在和发展，以及确保国家安全等任务全部或大部分地交给了美军负责。其背后的逻辑是，优先发展经济和恢复国力，将国家经济和民生的安定作为发展军事的基础，在军事发展的规模与速度上采取“渐进”方针，随着国力的发展逐步增强军事力量。通过与美国建立集体防卫体制，借助美国的军事力量共同保卫日本的安全，而不是单靠日本自己的力量来保卫日本的安全。

20世纪50年代，在朝鲜战争“特需”的刺激下，日本经济得以迅速恢复和发展。到1955年日本经济恢复并超过战前水平，到1960年日本已进入了经济高速增长期。在资本主义世界，继美国、英国和联邦德国之后，日本的生产力大体与法国、意大利相匹敌。经济实力的发展和充实，提高了日本的自信心，也增强了日本的独立意识。在军事上，到1960年第一次防卫力量发展计划完成时，自卫队已初具规模。与此同时，朝鲜战争使得美国国力受损，面对苏联的威胁开始收缩常规兵力，重点发展核力量。为了促使日本扩充军备，减轻自己军费开支的压力，美国和日本开始商讨修订条约的问题。1960年，日美签订了《日美共同合作与安全保障条约》，开始形成日本与美国共同防卫日本的格局，在一定程度上加强了日本的战略自主性。

（二）冷战中期：确立“专守防卫”战略，强调“自主防卫”

20世纪60年代，日本经济发展开始进入高速增长期。至20世纪60年代末期，日本的经济总量已经跃居到继美国之后的资本主义世界第二位。在经济高速发展的基础之上，日本防卫厅连续完成了三个《防卫力量发展计划》，日本自卫队的军事能力也获得了较大的发展。日本陆上自卫队已经拥有13个师，在战时即便得不到美军的及时支援，也具有较强的防御作战能力。海上自卫队由海安巡逻部队发展成为相当规模的海军，具备遂行防守主要海峡、港湾和近海护航能力，但在战时仍有赖于美军的支援。航空自卫队在截击机部队、防空导弹部队、航空警戒管制部队方面已打下基础，但在对地支援及海上作战方面，很大程度上仍然依赖美军。

由于日本在20世纪60年代的军备发展较快，引起了国内外的警惕和批评。于是日本在20世纪60年代末到70年代初相继制订了一些限制军事力量无限发展的措施，如1967年日本制定了“武器出口三原则”“无核三原则”。1969年和1971年日本明确规定“禁止向海外派兵”。1976年日本做出了军费不超过国民生产总值1%的决定。这些法规制度在很大程度上影响着日本军事战略的制定。

与此同时，美国由于长期泥足深陷于越南战争，实力相对减弱。1969年，美国开始调整全球军事部署，推行“现实威慑战略”，试图脱身印支。而苏联则扩充了军事实力，积极向外扩张，在东亚地区对日本的压力明显增大。为确保日本的安全，1970年6月22日，日美两国宣布无限期自动延长《日美共同合作与安全保障条约》，并且美国出于自身战略需求鼓动日本加强自卫，分担西方世界的军事防御责任。

为了适应国内外形势的变化，日本于1976年颁布了第一版《防卫计划大纲》，明确提出了“专守防卫”军事战略。“专守防卫”战略表现了日本在战略上对美国的依赖和行动上的被动性。在“专守防卫”战略指导之下，自1977年以来，日本一直把苏联看成是“主要威胁”，重点加以防范。在军队建设方面，日本着眼于建立一支能够抵御中小规模局部入侵的“基础防卫力量”。1978年，日本政府通过了第一版《防卫计划大纲》，该《大纲》采纳了以对付小规模侵略事态为目标的“基础防卫力量构想”，并对“专守防卫”军事战略进行了首次充实完善，其内容反映在1978年制定的《日美防务合作指导方针》当中，给原则性的框架充填比较具体的内容，分别规定了两国在“为预防对日本的武装入侵”“在日本遭受武力进攻时”以及“在远东地区发生影响日本安全事态时”两国军队的具体合作事项，进一步明确日美在战时的任务分工，制定出各种情况下的日美的协同计划。该“指导方针”的制定，意味着20世纪60年代内容比较空洞的日美军事合作，到70年代得到了充实，并形成了具体运作方案。

（三）冷战后期：调整“专守防卫”战略，实现海外派兵的体制性突破

20世纪80年代以来，随着日本国力的不断增强和“苏攻美守”战略态势的确立。日本对“专守防卫”军事战略进行了较大调整。这次调整主要体现在以下三个方面：一是更新作战指导方针。1983年版的《防卫白皮书》首次正式提出“海上击破”战略方针。根据该方针陆、海、空三军相应调整了各自的战略：陆上自卫队改变了以往的“内陆持久反击”战略，将其调整为“歼敌于水际滩头”，力避在本土进行战斗；航空自卫队把以政治经济中枢地域为中心的“本土防空”战略，调整为“以海岸线作为本土防空作战的最后防线”的“广域防空”“海上防空”战略，强调“早期预警、快速反应、海上拦截、海空决战”。① 二是改革防卫体制。为贯彻调整后的军事战略，日本防卫当局采取了诸多措施，如改革现行防卫体制和三军编制，这主要体现在更加重视常规军备的遏制与威慑效果、重视战略机动能力和远洋作战能力的建设与发展、重视积极的攻势防御作战。三是实现向海外派兵的目标。日本借助海湾战争多国部队提出战略需求的重要时机，派出海上自卫队的扫雷部队前往波斯湾进行扫雷作业，首次突破了不得向海外派兵的禁令。

---

① 1983年版日本《防卫白皮书》，http：//www. clearing. mod. go. jp/hakusho_ data/1983/w1983_ 02. html。

（四）冷战后初期：逐步突破“专守防卫”战略，为争当政治大国提供军力支撑

20世纪90年代初期，日本提出了新的国家战略目标，要在21世纪中叶前建成一个“新的日本，成为世界一流强国”。为此，其军事战略也相应做了调整，主要特点是：一是继续争当政治大国。同时，军事战略日益突出主动性，消极被动的防御已逐步发展成前方阻止型、军事遏止型的攻势防御态势，并强调主动构筑稳定的安全保障新环境。为此，日本当局不顾国内外强烈反对，于1993年通过了《联合国维持和平行动合作法》和《关于派遣国际紧急救援队修正案》。两法案的通过，为日本在联合国的旗帜下将自卫队派往国外，直接运用军事力量在全球各地发挥政治影响扫清了道路障碍。二是以俄罗斯为潜在威胁，加强对中国和朝鲜的防范。随着苏联的解体，俄罗斯虽然已不像过去那样对日本构成直接威胁。但是，由于俄远东部队实力很强，所以日本继续把其视作潜在威胁。日本1996年的《防卫白皮书》中明确地把中国视为“警戒对象国”，加强对中国的防范。① 与此同时，1994年版《防务白皮书》把对朝鲜半岛军事形势的分析放在最突出的位置，表明日本当局对该地区形势的严重关注。② 三是完善物资与劳务相互提供机制。1996年4月，日美两国签署了《日美相互提供物资与劳务协定》，日本国会于6月批准，并于10月正式开始实施。1999年9月和2004年6月，又分别对该协定进行了补充和修改。该协定的目的是为了顺利而有效地运用日美安全条约，对以联合国为中心的国际和平努力发挥积极作用。

（五）21世纪以来：逐步推动解禁“集体自卫权”，军事力量发展全面走向“正常化”

21世纪初日本对国际安全形势的总判断，认为冷战时期俄军规模虽然在逐步缩小，但质量正在稳步得到提高，仍是一支拥有包括核武器在内的现代化军事力量；而且俄罗斯动荡的政治、经济形势，使俄远东军队的动向扑朔迷离，须继续予以关注；认为朝鲜的国内政局前景难测，其核武器开发疑点及弹道导弹远程化问题等加剧了半岛的紧张局势，成为亚太地区严重的不稳定因素；认为中国在沿海组织军事演习，加之台湾海峡的紧张局势，

---

① 1996年版日本《防卫白皮书》，http://www.clearing.mod.go.jp/hakusho_data/1997/def14.htm。

② 1994年版日本《防卫白皮书》，http://www.clearing.mod.go.jp/hakusho_data/1994/w1994_01.html。

对中国海空及核力量建设和扩大海洋活动范围的动向进行关注。

根据对上述周边安全环境不稳定的判断，日本认为未来具有防卫对象多元化、防卫方式自由化、防卫范围扩大化和防卫部署均衡化的特点，必须采取攻势防卫的军事战略，在过去的“综合安全保障战略”的基础上，采取“多边安全保障”战略，适应国内安全环境的变化，加强军备建设，走质量建军的道路。

2001 年 7 月 6 日，日本内阁会议通过 2001 年版《防卫白皮书》，强调“21 世纪拥有一支精锐强大的自卫队”，并且指出：日本防御重点由“北”改“西”，提出多边保障理论，确立攻势防卫的军事战略，防卫体系由内向型转变为外向型。① 与此战略调整相对应，日本先后成立了紧急动态部、对付重要事态会议、最初行动指挥小组、陆上自卫队研究本部等重要防卫机构。

2003 年 5 月 15 日和 6 月 6 日，日本国会众参两院分别以绝对多数的赞成票通过了“有事法制”相关法，又进一步提出了“推断有事”的新概念，声称“有事”包括“预测可能遭受的武力攻击事态”，这无疑使“有事”的外延进一步扩大。很显然，与以往的“集体防御”“专守防卫”和“前方阻止”军事战略相对比，日本现行军事战略发生了很大的变化，它摒弃了以往的“危机反应”战略，开始注重强调对危机的先期预防与慑止，其手段运用上的“先发制人”及行动范围的无限扩张无不充分表明，日本新时期的军事战略方针将具有更加浓重的主动干预色彩。

2014 年 7 月 1 日，日本以所谓“内阁决议”的形式解禁集体自卫权，这是二战后日本安全防卫政策的重大转变，按照日本的逻辑，主要是为日本今后能够“自由在海外动用武力”打开方便之门。所谓的“解禁集体自卫权”，其实质是安倍内阁打着“和平主义”的幌子，以“行使集体自卫权”为名义，为使日本重新成为一个具有重大军事影响力的军事大国而做出的借口。

二、当前日本军事战略思想发展的主要内容

近年来，随着美国军事战略的调整及由此导致的亚太地区安全形势的变化，日本利用各种方式谋求军事大国的地位，其军事战略已由过去的“本岛防御”向“御敌于国门之外”“歼敌于空中海上”转变。在此基础上，日本不断加强军事力量建设，军事改革措施不断，新型装备不断入役，从而导致日本军事力量的进攻性显著增强。

---

① 2001 年日本《防卫白皮书》，http：//www. clearing. mod. go. jp/hakusho_ data/2001/honmon/index. htm。

（一）进一步突破“专守防卫”战略，战略指导全面由守转攻

冷战后，日本自卫队一直力图打破枷锁，实现军事力量的所谓“正常化”。2014 年，日本内阁通过修改宪法解释、解禁集体自卫权的决议案。修改宪法解释之后，日本动武的门槛大大降低，只要“与日本关系密切”的国家“需要”，日本自卫队就可以以履行集体自卫权的名义实现海外派遣。2015 年，日本政府又通过了新安保法案。新安保法案由《和平安全法制整备法案》和《国际和平支持法案》两个部分组成，其中《和平安全法制整备法案》涵盖了“武力攻击事态法”“周边事态法”“联合国维和活动协力法”等 10 部法案，这 10 部法案通过修正案加入了履行集体自卫权的相关内容。新立法是《国际和平支援法案》，其实质即“自卫队海外派遣永久法”。根据这一法律，日本可以随时根据需要向海外派兵并向其他国家军队提供支援。由此可见，通过修改宪法解释和通过新安保法等一系列举措，日本已经解除了套在自卫队身上的大部分枷锁。

通过行使集体自卫权，履行对盟友的军事义务，日本自卫队可以顺利地实现借船出海。需要解决的问题就是确保与多国的稳定同盟来作为自卫队走出国门的“船”。因此，2010 年以后的日本各年度的《防卫白皮书》反复提及日本要进一步强化同美国、印度、澳大利亚等国家间的军事合作。在日美同盟方面，日本将深化日美同盟作为长期坚持的基本政策。日美两国将在情报共享、太空和网络空间安全等领域继续加强合作。在日印合作方面，日本表达了要继续深化日印安保合作的意愿，并指出日本将在美国特朗普政府提出的“印太战略”中发挥更加积极的作用。在与澳大利亚的安保合作方面，日本政府则表明已将澳大利亚定位为“准同盟国”，强调“澳大利亚是日本在西太平洋地区最值得信赖的国家”。[①] 从日本各类政策文件当中的表述和一系列外交和军事举动不难看出，日本正在亚太和印度洋地区积极寻找所谓“关系密切的国家”，希望通过与更多的域外国家进行军事合作，进一步扩大军事同盟的势力范围，为实现出兵海外搭建各种平台。

（二）调整主要战略方向，以岛屿作战为主要战备方向

军事战略的重点在很大程度上决定着军事力量调整部署和建设发展的方向。根据日本最新的 2013 年版《防卫计划大纲》，日本自卫队将以强化日本西南地区的军力部署为优先任务。日本陆上自卫队正在着力打造两支主要的岛屿作战力量，即第 15 旅团和水陆机动

---

① 2018 年日本《防卫白皮书》，http://www. clearing. mod. go. jp/hakusho_data/2018/pdf/30010306. pdf。

团。日本陆上自卫队目前主要的作战力量编为9个师团、6个旅团，通常称为“9师6旅”。其中第15旅团主要驻守冲绳诸岛，重点负责所谓的离岛防卫。第15旅团现有兵力约2100人，主要作战力量仅有一个普通科连队（即步兵团），是“9师6旅”当中最小的一个旅团。而未来第15旅团计划员额增加2000人，增编2个普通科连队、一个155毫米榴弹炮中队、1个战车中队，还将充实原有的陆航、侦察中队、工兵中队等分队。该扩充计划完成时，第15旅团将拥有4100人，从而直接升格为“9师6旅”当中最大的旅团。

除了第15旅团之外，自卫队正在以西部方面队普通科连队为基础组建一支更大规模的两栖作战力量——水陆机动团。西部方面队普通科连队是由西部方面队直辖的一支部队，简称“西普连”。“西普连”组建于2002年，按照两栖作战部队的模式组建，主要负责岛屿作战。日本陆上自卫队最初计划把“西普连”驻地放在冲绳，后因当地民众反对转而部署到了长崎县的佐世保市。佐世保是驻日美军海军两栖作战力量的主要基地。自2006年开始，日本每年派“西普连”与美军海军陆战队进行共同训练，帮助“西普连”按照海军陆战队的模式快速建设发展。2018年3月，水陆机动团完成计划编制，下设3个普通科连队，第一连队即以目前的“西普连”为中心组建，全部组建完毕后规模将达到3000人。主要装备52辆美制AAV-7水陆两用车和17架美制MV-22“鱼鹰”垂直起降运输机，用于夺岛作战。日本的夺岛作战将通过部署在冲绳和周边岛屿的基地展开，由于钓鱼岛地势狭小，无法展开装甲部队，参与夺岛的日军将采用小股特种部队和精锐两栖作战部队进行，日本组建水陆机动团就是强化这种作战配置，通过空中和水面机动，为夺岛提供海陆空立体化登岛作战的基础。

为了增强西南地区相对比较单薄的空中力量，日本自卫队还对空中力量方面进行了大范围的调整。驻扎在九州地区福冈县筑城基地的航空自卫队第8航空团第304飞行队调往冲绳那霸基地，与原先部署此地的第83航空队第204飞行队合并组建第9航空团，大大增强了冲绳地区的制空力量。一旦西南方向发生紧急事态，驻那霸基地的第9航空团、驻福冈县筑城基地的第8航空团和驻宫城县新田原基地的第5航空团共约100多架战斗机可迅速投入作战。此外，航空自卫队正在青森县三泽空军基地接收和训练新型F-35A隐形战机。在完成训练后将有相当部分F-35A战机用于加强西南方向，替换日益老化的F-15J。此外，为了增强对西南海域的侦察监视能力，航空自卫队还在西南冲绳县那霸基地组建由4架E-2C预警机为骨干的“第2飞行警戒监视队”。

（三）改革军队体制结构，增强联合作战和机动作战能力

鉴于旧日本陆军曾有因过于集中和强大而失控的历史教训，为了限制陆上自卫队的集

中统一指挥，陆上自卫队被分为5个类似于军区的方面队，分别驻守各自防区。根据2013年日本最新的《防卫计划大纲》和《中期防卫力量整备计划》，防卫省于2017年着手设立统领陆上自卫队五个方面队等力量的统一司令部“陆上总队”。[①] 2018年3月27日，这一重要调整最终实际到位。新成立的“陆上总队”地位高于目前陆上自卫队的各方面队，相当于陆军总司令部。“陆上总队”与海上自卫队的自卫舰队、航空自卫队的航空总队定位相同，由日本防卫大臣直辖，接受防卫大臣和统合幕僚长的命令。设立陆上总队之后，可实现防卫省对日本全境的陆上自卫队实施统一指挥，同时也可以使陆上自卫队作为一个整体与海上自卫队、航空自卫队以及美军方面进行协调沟通，日本自卫队由此实现了对陆上防卫力量的一元化指挥和协调。自卫队的联合作战指挥体制也由此在顶层上实现了扁平化和集权化，形成了统合幕僚长面对陆上总队司令官、自卫舰队司令官和航空总队司令官的指挥格局。此次陆上总队的成立，被日本媒体称为1954年陆上自卫队成立以来最大的一次体制改革。

在上层领导指挥体制改革的基础上，为了进一步加强后援作战力量，防卫省计划从2014年起，用10年时间对陆自15个师、旅单位当中的7个进行整编，逐步将3个师团、4个旅团改编为机动作战单位，各自组建800人的“即应机动部队”，装备新型16式轮式坦克，可利用日本国产C-2运输机进行投送，大幅提升快速机动作战能力。首先是2018年前，计划完成对第6、第8师团和第11、第14旅团的改造；其后5年，也就是到2023年，将顺次完成对第2师团、第5和第12旅团的机动改造。到2023年以后，除了守卫东京和京都的东部方面队外，各方面队都将改组1支机动部队。如日本西南地域爆发战事，北海道、本州的机动部队将构成紧随一线岛屿作战力量的第二线作战部队，由空自C-2新型运输机快速投送至作战区域。2023年，可用于西南方向的快速增援部队将达到4个师团、7个旅团，共7万余人，再加上原先负责西南地区的第15旅团等作战兵力，用于西南岛屿作战的自卫队兵力总数将超过8万人，约占自卫队现役总人数的1/3。相对于日本所谓西南边境离岛的区域范围，上述兵力足够打一场持久的攻防拉锯战，并且战场空间还可适当延伸，发展为前出的渡海登陆作战。

此外，海上自卫队也正准备实施“水面舰艇跨任务区”运用方案，这将意味着海上自卫队可将重心移至日本列岛周边任一海上防区，邻近的横须贺基地、佐世保基地、舞鹤基地、吴基地的4个护卫队群都可向日本西南海域派出支援战舰。

---

① 日本2013年《防卫计划大纲》，https：//warp. da. ndl. go. jp/info：ndljp/pid/11591426/www. mod. go. jp/j/approach/agenda/guideline/2014/pdf/20131217. pdf。

（四）提升武器装备建设水平，增强各层次进攻和防御能力

坚持“专守防卫”，不对对方实施“先发制人”的打击是日本自卫队过去长期坚持的原则，但是随着冷战后日本军事战略主动性和进攻性的不断增强，日本的武器准备发展也不断追求战略化、远程化和进攻化。日本最新的战略文件强调了日本要引进和研发“先发制人”的武器装备，以提升防区外打击能力。随着F-35A隐身战机开始列装航空自卫队，日本计划引进挪威的JSM“联合打击导弹”，将其搭载在F-35A战斗机上作为远程攻击精确弹药来使用。JSM“联合打击导弹”射程可达500公里，如果装备该型导弹的F-35A战斗机从日本东北部青森县三泽空军基地起飞，其攻击范围将会覆盖整个日本海和朝鲜半岛。此外，为了弥补海上自卫队舰艇防空反潜强而反舰较弱的问题，日本正在研发新型反舰导弹，据称该型导弹具有高机动性和隐身性，具备反舰和对地攻击双重能力。由此可以看出，日本当前军事力量的发展越发积极主动，研发和购买的武器装备也更具针对性。

日本海上自卫队近年来相继入役两艘“出云”级直升机驱逐舰，这种直升机驱逐舰实际上是一种带有准航母性质的海上作战平台，排水量达2.6万吨，最大航速30节，不但巡航性能优越，且功能强大，既能作为海上作战的指挥中心，又可用于充当补给船和兼做向海外投送人员与装备的运输平台。“出云”号搭载的众多SH-60K反潜直升机使其成为日本海上自卫队海上反潜的核心作战平台。据悉，日本还有意在“出云”号上搭载MV-22“鱼鹰”甚至F-35B等垂直起降飞机，这将使该舰超越反潜制海职能，大大提升其整体进攻投送作战能力。

为了应对周边国家的导弹威慑能力，日本通过发展和引进先进的防空反导系统来提升战略防御能力。自20世纪末开始，日本就通过宙斯盾驱逐舰的发展而纳入美国的导弹防御体系。近期，日本又明确提出要向美国购买两套陆基“宙斯盾”系统，配合“标准-3”防空导弹进行中段防空反导拦截作战。2018年7月，时任日本防卫大臣小野寺五典就曾公开表示，购买的陆基“宙斯盾”系统将会部署在日本本州岛的山口县和秋田县。一旦该系统完成部署并投入使用，日本将同时拥有海基和陆基两个版本的“宙斯盾”，其防空反导能力将会进一步得到提升。

（五）拓展战略筹谋空间，发展新型领域军事能力

日本政府认为，当前太空和网络空间已经被定位为继陆海空之后的第四、第五大战场，其他国家不仅建有相关作战力量，而且已经设有具备司令部职能的专门组织。而日本

虽然在太空、网络和电子战方面都具备一定的能力，但是缺乏统一指挥和运用。日本防卫省在已经开始的对2013年版《防卫计划大纲》的修订工作中充分考虑了这一问题。根据日本政府的计划，2018年下半年新修订的《防卫计划大纲》将明确规定要在防卫省自卫队内新设统管太空、网络空间和电子战部队的指挥机构——“天网电”司令部。① 日本政府新设的这一具有司令部职能的专门组织，将具备统一指挥太空、网络空间和电子战部队的能力。目前，日本自卫队负责担负一线指挥职能的高级指挥机关主要是陆上总队、自卫舰队和航空总队三大指挥机构。按照计划，这次新设机构与陆上总队是同一级别，司令官也由将官担任。因此，完全可以将这一机构所要统辖的“天网电”力量视为与日本陆上自卫队、海上自卫队、航空自卫队平齐的新型作战力量。“天网电”司令部的建立将是日本自修宪以来在全面军事能力建设上的又一重大举措。此举将改变日本军事力量建设的格局和态势，并对地区安全环境产生重大而深远的影响。

三、冷战后日本军事战略发展对我国安全的影响

（一）围绕西南方向加紧扩军备战，争议地区有逐步走向军事化的风险

当前，日本明确将中国作为主要防范对手，很多军事演习以中国为主要假想敌，不断加强进攻性作战力量和西南方向军事部署。日本防卫省还制作关于中国“侵占”钓鱼岛的剧本，设想日本自卫队将以何种方式进行“夺回作战”，这些必然使两国协商意愿和协调能力下降，战略疑虑加深。在2012年以来的钓鱼岛危机中，日本国内“知华派”的理性声音往往被淹没在一片对华强硬的高喊声中，右翼势力可能以极端的行动绑架政府，激化两国矛盾，引发两国的民间对抗甚至明面对抗。长此下去，中日关系的良性发展将被破坏，两国之间的矛盾冲突将日益增多、日趋频繁，爆发危机乃至危机失控的可能性大大增强。而在强大的实力支撑和盟友支援下，一旦与我国矛盾激化，日本就可能主动挑起局部冲突甚至是战争。

（二）配合大国对我战略围堵，恶化我国整体安全环境

近年来，日本利用我国周边安全的复杂形势大肆渲染中国“军事威胁论”，并借此在我国周边部署导弹防御系统，加强日美军事合作水平。从根本上讲，日本深化日美同盟、

① 日本2018年《防卫计划大纲》，https://www.mod.go.jp/j/approach/agenda/guideline/2019/pdf/20181218.pdf。

推进亚太安全合作的根本目的就是为了遏制我国的迅速崛起。当前，从我国东北方向直至西部方向，日美同盟的作用范围沿着太平洋沿岸向北深入大陆腹地，正在形成一个影响我国周边安全的“包围圈”。随着日美同盟的深化，其活动范围和合作领域还将继续扩大，军事能力也将进一步增强，从而使我面临的军事遏制与战略围堵压力大大增强，安全形势日益严峻。无论我国哪一个战略方向出现问题，都可能引发其他战略方向的连锁反应，从而恶化我国整体安全环境，阻碍我国和平崛起进程，延缓我国民族复兴大业。

（三）破坏我国与周边国家的关系，增加我国争端解决难度

近年来，日本主动扩大或加深与亚太地区所谓有“共同价值观”国家与地区的合作。2010 年版大纲特别指出，日本应联合与其有“共同价值观”的韩国、澳大利亚、东盟有关成员国以及印度进行合作，在与中国存在争议的问题上，对中国采取“强硬姿态”。2013 年版大纲首次提出“推进能力建设支援”，试图通过“人才培养及技术支援等”帮助东南亚个别国家提高防卫能力。从目前来看，我国与周边国家的领土领海争端等问题都已经国际化，日本更是在急切寻找与我国存在争端的国家结为“盟友”以共同对我国施压。这样一来，我国在处理周边争端问题上面临的国际压力大大增强，而且与我国有争端的国家协商谈判解决争端的意愿也大大下降，不仅“搁置争议、共同开发”可能成为一句空话，矛盾激化的可能性更是明显加大。

第三节　冷战后日本自卫队建设思想的发展

冷战结束以后，日本不断渲染各种周边安全威胁，利用各种战略机遇不断给自卫队松绑。日本自卫队在重点发展快反作战和联合作战能力的基础上，进一步聚焦岛屿作战能力的建设，以此来带动自卫队的全面改革重组，逐步构建起一元化的联合作战指挥体制。同时，注重固强补弱，在防空反导、远洋作战、联合反潜以及网络和太空等领域取得重大进展。

一、以领导和指挥体制改革推动自卫队转型升级

随着日本自卫队逐步突破早期“专守防卫”战略框架的制约，越来越注重动态和联合的实战运用能力，以应对越来越多样化的安全威胁，从而对自卫队的领导和指挥体制提出

了新的改革需求。

（一）逐步弱化文官体制对军力发展的制约

日本的“文官治军”制度是战后日本为防止军人干政而设置的一条政策性规定。这一制度一般而言包括两层“控制体系”。一是指首相（总理大臣）、防卫大臣，以及防卫副大臣、大臣助理和政务次官等最高决策层是所谓文官，首相通过防卫大臣领导防卫省及其下属的军事力量，其对日本防卫事务有着绝对的掌控权；二是来自防卫省内部常设文职官员的控制，包括事务次官以下的政务官和事务官等“文官”，这些人被统称为“西服组”。他们手中握有日本防卫相关事务的绝对实权，军人身份的自卫队官员，即所谓的“制服组”，必须服从其领导与管理。在冷战后日本自卫队领导指挥体制调整改革的过程中，第二层次的“文官”控制体系有所松动。

在日本防务界，特别是“制服组”内部，对于“文官治军”制度的不满早已有之，只不过由于长期以来受国内外环境的制约，这一不满情绪始终未能找到机会得以释放。2008 年 7 月，在时任防卫大臣石破茂的强力推动下，《防卫省改革报告》出台。这一改革报告提出的组织机构改革方案，将矛头指向了“文官治军”制度。其核心内容包括两个方面：一是对防卫大臣的辅佐与防卫安全政策决策机制进行改革，废除自卫队军官作为参事官的制度，成立有现役高级自卫官参加的防卫会议，从而将军人纳入了决策权，使其具备了影响决策的能力。二是整合防卫省内局、联合参谋部和各自卫队参谋部，“文官”与现役“自卫官”进行混编。由于该方案对日本既有防务体制的冲击过大，2009 年 8 月，被民主党政府叫停。安倍政府成立后，日本防卫省开始旧案重提。2013 年 8 月 30 日，以防卫副大臣为首的“防卫省改革研讨委员会”提交了题为《防卫省改革的方向》的报告，明确改革的四大方向：打破“文官”和“自卫官”间的樊篱、整体优化防卫力量建设、加强联合运用并迅速准确决策、强化政策制定和信息发布。具体举措包括：“文官”与“自卫官”交叉配置，在防卫省机关编列以中校、少校级“自卫官”为主的岗位，在联合参谋部及各自卫队主要部队中编列新的“文官”岗位等。2015 年 6 月 10 日，日本国会通过了《防卫省设置法》修正案，废止此前由防卫省文职官员辅助防卫大臣规划和批准自卫队事务的制度，转而由军职人员组成的统合幕僚监部（相当于美国的“参谋长联席会议”）直接对防卫大臣负责。这标志着自卫队拿回了独立的“军令权”，军职人员可以独立规划自卫队的建设发展，直接决定自卫队的行动计划。

防卫省机关“文官”权力的弱化，意味着日本“文官治军”制度的基础发生动摇。

尽管高层“文官”的绝对威权在一定时期内尚不会发生改变，但就对其决策的影响力来看，“文官”的日渐式微和“自卫官”的逐步坐强将是一个不可逆转的大趋势。未来日本的防卫力量发展方向将可能会被来自“自卫官”的强硬立场所左右。随着防卫省作战训练规划管理职能的丧失，几乎由清一色“自卫官”编成的联合参谋部在未来日本防卫体系中的地位将会进一步提升，“文官”在日本防卫事务中的规制与约束作用也将会被逐步平衡和消化。未来，日本自卫队作为一支正规的“军事力量”，其发展限制将会越来越小，其能力建设将会越来越强，其军事干预国际安全事务的范围将会越来越广。

（二）成立陆上自卫队领导指挥机构

冷战后相当长的时期内，日本自卫队的领导指挥机构是统合幕僚监部。统合幕僚长作为自卫队的最高军事长官，其主要职责是充当防卫大臣的高级军事顾问，就自卫队的建设事宜向防卫大臣提供建议，以及向自卫队下达防卫大臣的命令并监督部队行动。这一制度设计，体现了“文官统领”的原则，更是防范军人干政和军国主义回潮的一种政治设计与制度安排。但是，任何制度都不是完美的。这种制度设计决定了，一旦有事，统合幕僚长首先要向防卫大臣呈报相关意见，待防卫大臣作出决策后，方能执行相关命令。平时问题不大，但在紧急情况下，这一机制便存在着缺陷，这个问题在陆上自卫队身上表现得更为突出。

在 2018 年 3 月陆上自卫队成立陆上总队之前，日本的陆上力量并没有统一的领导指挥机构，陆上自卫队由分区部署的五个方面队和一个中央快速反应集团组成。防卫大臣的命令下达到统合幕僚长后，需要统合幕僚长直接面对陆上自卫队下属的 6 个直属机构进行指挥与协调。如果遇到陆上自卫队直属机构要与海上自卫队、航空自卫队或者美军采取联合行动，统合幕僚长也要担负起相应的指挥与协调职责。这样就导致其平时效率低下，在遇到紧急情况时统合幕僚长又无暇专注于防卫力量的指挥运用。这一缺陷在 2011 年初的日本东北大地震引发海啸后表现得淋漓尽致。灾害发生时，负责指挥救灾的统合幕僚长将大部分时间用来向首相和防卫大臣报告灾情或与美军协调救灾行动，很多情况下对担负主要救灾任务的陆上自卫队完全失去控制。当时，一边是灾民急需得到自卫队的救援，另一边却是自卫队员不知所措地等待上级下达命令。陆上自卫队在救灾中行动迟缓和效率低下，被当时日本在野党、媒体和民众广为诟病，其根本原因在于陆上自卫队乃至整个自卫队的领导指挥体制存在问题。灾后，日本自卫队开始对这一体制进行反思，进而酝酿调整变革，提出破除防卫力量部署按地域条块分割的固有定式，确立了根据需要从全国调配作战力量的指导思想。

2013 年，日本防卫省在 2014—2018 年《中期防卫力量建设计划》中明确提出，“新编陆上总队，废止中央快反集团，将其所属部队并入陆上总队。”随着陆上总队的组建，日本自卫队实现了对陆上防卫力量的一元化指挥和协调。自卫队的联合作战指挥体制在顶层上也实现了扁平化和集权化，形成了统合幕僚长面对陆上总队司令官、联合舰队司令官和航空总队司令官的指挥格局。

（三）进一步筹建“统合司令部”

日本自卫队自成立起，一些自卫队高级官员和政客就开始谋求突破“文官统领”的原则。早在 1978 年，自卫队统合幕僚会议议长栗栖弘臣就在一次公开发言中声称，“《自卫队法》中关于自卫队只有在首相发出指令后才能行动的条款是有缺陷的，一旦祖国遭到突然袭击，一线部队指挥官有权采取超法规的特别措施予以应对”，公开质疑“文官统领”制度，要求赋予自卫队更大的指挥权和自主权。

自安倍第一任期以来，日本政府一直在努力推动修改《自卫队法》，为自卫队更多地走向前台走出海外、获得更大的指挥权和决策权，以及建立“正常化军事领导体制”奠基铺路。“文官统领”制度和“专守防卫”政策作为日本自卫队的建设之本，想要实现突破从来都不是一件容易的事，需要谨慎考量民意和各种政治环境，搞不好政府也要下台，因而往往采取了虚与委蛇的方式渐进推进。所以，日本在做出某个重大军事动作的时候，总是要渲染“周边危急时态”，以获得各界的支持。即便是在极力推动修改宪法第九条的安倍政府，也是通过组建“国家安全保障会议”、通过新安保法、以“防卫装备转移三原则”取代“武器出口三原则”等一系列动作，对日本的防卫决策机制、法律基础和武器出口进行渐进式的改革和调整。所以，日本自卫队 2010 年以来发展目标的变化，从“机动防卫”到“联合机动防卫”再到新近提出的“跨域联合防卫”，清晰表明了自卫队正朝着建立一元化的联合作战指挥体制目标迈进。

日本防卫省提出筹建“统合司令部”，仍然把应对周边国家的导弹威胁和网络攻击等“紧急事态”作为重要理由并计划按照地域和受威胁程度的原则，组建“统合任务部队”，将现有不同的防卫力量重组为“北部方面联合集团”“中部方面联合集团”“西南方面联合集团”。此外，新建职能性的“联合导弹防御集团”，下设导弹防御舰队和防空导弹群，统御导弹防御任务。日本防卫省还提出新设“统合司令官”一职，负责统一指挥自卫队所属力量和上述“联合集团”。其中，“北部方面联合集团”和“中部方面联合集团”最高指挥官由陆上总队将领担任。当弹道导弹来袭时，由航空总队司令官担任“联合导弹防御集团”指挥官。当西南方向离岛受到攻击时，则由联合舰队司令官或陆上总队司令官担任“西南方面联合集团”指挥官。新设立的“统合司令官”和“统合司令部”将全面掌握所有已经发生的事态，并对联合力量实施统一、迅速和精准的指挥。这样就将统合幕僚长解放出来，专心扮演好与首相、防卫大臣沟通和高级军事顾问的角色。

目前，在“统合司令部”的配置问题上存在两种意见。统合幕僚监部的主导意见是，将“统合司令部”独立于统合幕僚监部。也有意见主张，现阶段将“统合司令部”与陆上总队司令部、联合舰队司令部和航空总队司令部平级，待陆海空的教育训练和后勤补给划归“统合司令部”管辖后，再升级为更高一级的机构，同时不再设置“统合司令官”一职，其职权由“统合幕僚长”行使。无论如何，“统合司令部”如若创建，将全面优化自卫队的领导指挥关系，大大提升自卫队的快速反应和联合作战能力。当前，日美以应对“西南方向有事”为背景的联合作战计划正在加紧推进。日本自卫队“统合司令部”的组建，对于地区安全而言，无疑是一个值得高度警觉的动向。

二、注重主动性外向性军事能力的建设

冷战后的日本军事力量建设继承了冷战时期的精干、高效的原则，同时根据冷战后的新战略需求，向着灵活、多能的方向发展。

（一）从冷战时期的防御型军事力量向冷战后的机动型军事力量发展

冷战以后，日本自卫队建设着眼于为军事战略的调整提供能力支撑。“95 大纲”的战略指导方针从本土防御为主向防范和应对“周边有事”转变。“04 大纲”则进一步提出，为有效应对“新型威胁和多种事态”，自主、积极地参与国际事务，日本的军事力量应当具备快反能力、机动能力、灵活性以及多种功能，在前沿军事技术和强大信息能力的支撑下，部队与装备应具备多种机能，能够进行弹性运用。“10 大纲”则提出“机动防卫能力”构想，即打造一支“具备适应性、机动性、灵活性、持续性以及多目的性，依据军事技术水平的动向，以高度技术能力和情报能力为支撑的动态防卫能力”。强调日本应打破原来那种均衡部署力量的方式，转以重点防范恐怖袭击和侵占离岛，特别重视部队的机动性和快速反应能力。“13 大纲”进一步明确提出了建设一支陆海空自卫队联合、能机动开

展的“联合机动防卫力量”。①

上述这一系列调整表明了日本自卫队的能力建设重点，已经从冷战时期以应对苏联入侵的大规模的静态防御作战能力，向处置低强度冲突和突发事件的机动型作战能力发展，重点是完善机能、提高质量、增进效率和着眼未来。为了实现这一转变，自卫队各军种都进行了相应的调整，尤其是陆上自卫队的调整动作最为显著。自 20 世纪 90 年代中期以来，日本陆上自卫队进行“师改旅”和“混成旅改旅”的改编工作，目的是为了使部队向小型化、集成化、快速机动化、多能化方向发展，提高部队快速机动作战能力，以有效应对可能面临的各种威胁。具体方法是，按照不同任务，将部队区分为政经中枢型、沿岸配备型、战略机动型，由原来的 13 个师 2 个旅改编为 9 个师 6 个旅，至 2009 年已基本形成“9 师 6 旅”体制。改编前师的规模在 9000 人左右，改编后规模减至约 7000 人，4 个师改为旅后编制约为 4000 人，大大提高了部队的满编率。日本自卫队于 1998 年、2000 年、2004 年分别将第 13 师、第 12 师、第 5 师分别改为第 13 旅、第 12 旅、第 5 旅；2005 年撤销第 2 混成旅，新编第 14 旅；2009 年将第 11 师改编为第 11 旅。以第 11 师和第 13 师的改编为例，第 13 是陆上自卫队第一支师改旅部队。主要是将各团、连、队中配备的应急预备役集中到直属部队，使该旅成为常备化旅，并撤销反坦克连，编制员额缩小到 3700~4100 人。同时通过削减坦克和火炮，配备快速机动车辆，提高快速反应能力。第 11 师是陆上自卫队最后完成改编的师改旅部队。主要是将炮兵团改为炮兵队，后方支援团改为后方支援队，高炮营改为高炮连，工兵营改为工兵连，并撤销反坦克队。改编后，编制员额为 3600 人，比原来减少将近一半，满员率大大提高。同时，由于削减坦克和火炮，增加轻型装甲机动车和高速机动车辆，快速机动能力也大为提高。②

（二）根据地缘环境特点突出发展岛屿作战能力

受宪法和《自卫队法》制约，日本仅限于拥有用于本土防卫的军事力量，不允许建立类似“海军陆战队”的进攻性作战力量。随着 21 世纪以来东亚安全形势变化和海洋争端持续升温，日本开始推动建设用于“动态防卫”的两栖部队。2002 年 3 月 27 日，日本陆上自卫队在相浦组建了隶属于陆上自卫队西部方面队的一支普通科联队，简称“西普联”，主要担负九州至冲绳南部狭长海域及其间约 2500 个岛屿的防卫、警备和快反作战任务。

① 日本 2013 年《防卫计划大纲》，https：//warp. da. ndl. go. jp/info：ndljp/pid/11591426/www. mod. go. jp/j/approach/agenda/guideline/2014/pdf/20131217. pdf。

② 以上调整参见冷战以来历次《中期防卫力量整备计划》。

该联队自组建之后，以离岛作战为目标任务，多次与美国海军陆战队进行定期联合演习，积累了不少两栖作战经验。此后，日本政府在2013年版的《防卫计划大纲》又中提出建立“水陆机动团”构想，强化自卫队登岛、夺岛、控岛的两栖作战能力，加强西南岛屿防卫，实现快速兵力投送。2018年3月末，日本陆上自卫队以“西普联”为基础组建了“水陆机动团”，驻地仍为长崎县佐世保市相浦基地。根据2018年《防卫计划大纲》，“水陆机动团”将于2023年前完全形成战斗力，列装52辆美式AAV-7两栖突击车、17架MV-22鱼鹰倾转旋翼运输机和若干LCAC气垫登陆艇，并配备大隅级登陆舰。下辖3个联队，包括遂行登陆夺岛任务的水陆机动联队、MV-22鱼鹰倾转旋翼运输机联队和AAV-7两栖突击车联队。此外，水陆机动团还编有侦察部队、通信部队、教导部队、工程部队、后勤部队等其他战斗保障部队。作为自卫队中最精锐的两栖作战部队，水陆机动团主要负责西南离岛防御和夺岛作战任务。

三、加强适应现代战争要求的新型作战能力建设

加强新型作战能力建设是冷战后尤其是进入21世纪后，世界主要国家军队建设发展的一个重点。由于冷战后时期的战略环境对日本军事力量的建设发展形成了较为严格的制约和限制，因而冷战后日本新型作战能力的建设体现出了自己的需求特点。

（一）寻求发展远程打击能力

战后受日本和平宪法束缚以及美国的限制，日本不能拥有进攻性武器，比如航空母舰、轰炸机、弹道导弹和巡航导弹等，战斗机或攻击机很长一段时间也无法使用精确制导炸弹以及远程对地攻击导弹，最多只能配备反舰导弹，对地打击能力非常有限。

冷战结束以后，日本就以朝鲜发展核武器和导弹为由，谋求远程攻击敌方基地的能力。美军推进重返亚太，更需要一个有一定进攻能力的日本自卫队，不仅默许日本自研对地攻击武器，还逐步松口向日本出售远程对地攻击巡航导弹。

日本航空自卫队若想拥有进攻性空中力量，首先需要装备空中加油机，这样才能提升战机的作战半径，更好攻击敌方纵深军事基地；其次是装备精确制导弹药，包括多种类型的精确制导炸弹、远程空地导弹以及巡航导弹。2019年，日本防卫省增购了4架波音KC-46加油机，耗资10.5亿美元，在这之前已经购买了2架该型加油机。当下，日本共有4架波音KC-767加油机，均驻扎在名古屋飞行场。在6架KC-46加油机交付后，日本将拥有10架空中加油机。这两种飞机都是大型空中加油机，可以搭载几十吨的燃油，KC-767

最多可搭载72.88吨用于空中加油的燃油。这些加油机可以为自卫队F-15、F-35等战机进行空中加油。在引进美国JDAM卫星制导炸弹之前，日本航空自卫队装备了自己研发的GCS-1系列红外制导套件，直接加装到普通炸弹即可，其中，I型用于227千克的Mk-82航弹，II型用于454千克的M117航弹，F-4J和F-2A战斗机可携带这些制导炸弹。日本还研制了XGCS-2制导炸弹，配备了可折叠弹翼，增加了射程。日本在2018年确认购买远程巡航导弹，其中，拨款16亿日元用于采购由挪威康斯堡防务系统公司生产的JSM远程巡航导弹。在F-15J和F-2型战斗机上分配了约2900万日元用于测试AGM-158B型（增程型“贾斯姆”）和AGM-158C型（LRASM）空射巡航导弹。

除了相应的装备能力发展之外，如果要实际使用对敌基地远程打击的能力，意味着日本政府要再次修改安保政策。随着美国战略调整所带来的机遇，日本修改安保政策面对前所未有的宽松环境。前任首相安倍晋三原计划于2020年底修改国家安全保障战略，以使日本拥有攻击敌方基地能力，但因为安倍晋三的突然辞职而未能成行。自2021年10月正式上任以来，日本首相岸田文雄多次表示，计划对《国家安全保障战略》进行修改，写入发展日本自卫队“对敌基地攻击能力”。① 日本防卫大臣岸信夫也在公开场合表态称，“不排除”自卫队飞机进入对方领空并轰炸军事据点的选项。② 这是日本政府高层对所谓“对敌基地攻击能力”进行再次确认，表明日本发展进攻作战能力的步伐越走越快。日本新一届内阁接连表态，凸显其在发展进攻性作战能力方面的迫切心态。种种迹象表明，日本官方已在发展远程对敌基地打击能力方面达成了共识，并将其作为突破现有军事限制、发展进攻作战能力的突破口。

（二）积极发展太空军事能力

日本在1969年制定了有关太空领域“仅限于和平利用”的原则，明确规定日本放弃军事利用太空。但是，2008年日本国会通过的《宇宙基本法》以及次年据此制定的太空利用基本方针，则以“非侵略”取代了“非军事”原则，日本太空政策也实现了由“和平利用”向“防卫运用”的转变。

2018年底出台的日本新版《防卫计划大纲》强调，在太空领域确保日本优势地位

---

① 《警惕！岸田文雄再谈修改〈国家安全保障战略〉：要写入发展日本自卫队“对敌基地攻击能力”》，https：//baijiahao. baidu. com/s？id=1713766459890430328&wfr=spider&for=pc。

② 《日防卫相称“不排除在敌方领空轰炸”，专家：要高度警惕！》，https：//baijiahao. baidu. com/s？id=1725034985137774417&wfr=spider&for=pc。

“事关生死存亡”，提出要加强太空、网络、电磁等新兴作战领域的作战能力建设并“取得优势”，来慑止和应对“高质量、大规模”的对手。① 2019 年 8 月，日本发布了名为《“多域联合防卫力量”的实现及其未来》的自卫队远景规划，打着跟踪太空碎片、捕获太空垃圾的旗号，提出要构建包括太空监视系统在内的“大范围、常态化、可持续警戒监视”能力，通过提升太空态势感知能力为太空作战奠定前提条件。

日本首支太空专门部队“宇宙作战队”于 2020 年 5 月 18 日成立并举行授旗仪式。根据日本公布的消息，这支部队隶属于航空自卫队，暂定编制 20 人，主要负责运行日本的太空监视系统，跟踪太空碎片和卫星的位置，以及利用地面雷达网络监控可能对日本或美国卫星有威胁的“杀手卫星”，并与美国达成情报共享。在美国成立太空军的背景下，日本此时成立太空部队显然是要借势而上。成立太空部队是日本推进太空军事化进程中重要的一步，其背后不仅是新版《防卫计划大纲》实施“多域联合”作战的要求，也反映了日本追求成为军事大国的长远图谋。

2021 年 3 月 18 日，日本防卫省在位于东京都的航空自卫队府中基地为新组建的“太空作战群”举行了授旗仪式。此次成立的“太空作战群”作为之前成立的“太空作战队”上一级部队，将专门掌控太空领域的各种行动。该部队的指挥中心位于航空自卫队的东京府中基地内，虽然隶属航空自卫队编制，但却是由防卫省直接管辖的部队，计划在 2023 年正式运转。

根据 2022 年度财政预算，日本防卫省将把“太空作战群”进一步扩大。其中，原来的“太空作战队”将改编为约 20 人的“第一太空作战队”，主要负责太空态势感知任务。新设的约 20 人的“第二太空作战队”将主要负责监视针对日本卫星的电磁干扰情况，约 30 人的“太空系统管理队”将主要负责太空设备的日常维护和管理，“太空作战指挥所运用队”将负责太空部队的指挥管制和装备研究应用，加上群本部人员，“太空作战群”未来将增至 120 人左右。

近年来，日本不断推进太空军事化进程，发射了大量可用于军事用途的卫星。2020 年 2 月，日本成功发射了一颗新型光学侦察卫星，使目前在轨的光学、雷达侦察卫星增至 8 颗，未来计划形成包括 2 颗数据中继卫星在内的 10 星组网系统。为自卫队打造的专属军事通信卫星“煌”系列，已完成 2 颗卫星组网，计划 2022 年发射第 3 颗。为进一步提升日本及周边地区的导航定位精度而研发的“准天顶”定位卫星系统，已于 2018 年底实现

---

① 日本 2018 年《防卫计划大纲》，https：//www. mod. go. jp/j/approach/agenda/guideline/2019/pdf/20181218. pdf。

4 星组网并投入应用，目前正逐步在自卫队的舰机上安装信号接收机。按计划，这一系统将于 2023 年实现 7 星组网，届时日本将建成独立的区域卫星定位系统。下一步，日本还计划发射自己的预警卫星。

经过数十年发展，日本已经拥有了利用卫星进行侦察、监视、通信、导航等方面的军事能力。随着自身太空军事能力不断提升，其运用方式也日趋主动，这在日本“太空作战队”升级到“太空作战群”的过程中体现得极为明显。

（三）加强网络安全能力建设

日本自卫队联合参谋部于 2008 年成立了第一支具有网络战职能的信息化专业部队——自卫队指挥通信系统队。其编成内的网络运用队，专门负责维护、管理与监察防卫信息通信网，并与陆上自卫队系统防护队联合应对网络攻击。2014 年 3 月 26 日，日本成立了由防卫相直辖、统合幕僚长负责指挥监督的网络防卫队，由此建立了日本网络作战的中坚力量。其主要任务是 24 小时监视防卫省和自卫队的网络，以应对可能的网络攻击。该部队成立时约 90 人，计划未来将其规模扩充至千人。除了网络防卫队，日本的陆海空自卫队也拥有各自的网络作战部队。系统防护队隶属于陆上自卫队通信团，队员约 60 名，主要负责防护陆上自卫队计算机系统免受网络攻击。保全监察队隶属于海上自卫队系统通信队群，队员约 140 名，主要负责保证海上自卫队的通信安全、实施信息监控。系统监察队隶属于航空自卫队航空系统通信队保全监察群，队员约 50 名，主要负责防护航空自卫队信息通信系统免受网络攻击。网络防卫队与各自卫队的网络作战部队通过分工合作，共同维护自卫队的网络安全。2018 年底，日本修订了《防卫计划大纲》和《中期防卫力整备计划》，采取具体举措旨在实现传统的陆海空与太空、网电空间、电磁频谱三大新兴领域融合，新建负责太空、网电和电磁等新新型领域作战的统一部队，形成“跨域作战”能力。

四、加强日美军事力量一体化建设

在战后日本的安全保障体系中，日美同盟的核心作用贯穿始终。日本自卫队自成立以来，在相当长的时期内扮演着美军的附庸角色。这也是日美军事一体化的传统和固有属性。冷战结束以后，日本在利用战略环境变化和各种机遇提高军事自主性的同时，也非常注重加强日美军事一体化的发展，日美军事一体化的程度正在不断加深。但冷战之后的日美军事一体化，与冷战时期附庸型的一体化有较大不同。就相互关系地位而言，日本在日美军事同盟中的地位作用明显上升，日本自卫队与美军是在地位对等条件下展开的体系高度融合的军事力量一体化建设和联合军事行动。就任务用途而言，日美军事一体化从保护日本免遭苏联打击的军事手段，逐渐演变成为日美相互利用的工具，尤其是日本将其作为推动军事力量正常化、助其争夺东亚地区主导权乃至世界大国地位的重要力量基础和运作平台。

（一）日美军事一体化是日本拓展军事力量的重要平台

日本想要成为政治军事大国，想要把自卫队变成正常军队，需要一个渐进的过程和一个体现作用发挥的舞台。因此虽然冷战以后苏联这个主要威胁消失了，但日本仍然认为还有必要坚持日美同盟，这很大程度上表明了日本将其看作突破和平宪法制约，发挥所谓国际作用、国际影响的一个重要的平台。1996 年 4 月，日美发表了《面向 21 世纪的同盟——日美安全保障联合宣言》，对日美军事同盟关系进行了重新定位，确认了冷战结束以后，日美军事同盟的重要性和新的作用。1997 年 9 月，日美重新制定了《日美防卫合作指导方针》，规定了日美三大合作机制，明确了日本将主要在“用兵”“设施使用”“后方支援”三个方面多达 40 项配合美军的相关作战行动和日美具体合作内容，并首次正式提出同美国共同对付所谓“周边事态”。

在通过日美同盟这个平台发挥国际作用的同时，日本的基本诉求就是提高自主地位，促进军事力量向正常化的方向不断发展。自安倍晋三第二次执政以来，日本的防务政策表现出越来越明显的外向性色彩。2013 年 12 月的“安保三箭”、2014 年 7 月的解禁集体自卫权、2015 年 4 月的日美“防卫合作指针”、2016 年 3 月的“新安保法”施行，无不与日美同盟这一平台密切相关。

（三）不断拓展日美军事一体化的涵盖范围

随着日本和美国战略调整联动效应的体现，未来日美军事力量将进一步强化在太空、网络、电磁乃至极地等新领域的合作。近几年来，日美双方签署防卫装备合作研究协定，表明要“重点应对周边国家推进开发的高超音速导弹等新型武器”，并发展基于太空的新型能力。同时，双方还强调加强情报共享，包括监测、搜集和分析来自周边国家的现实威胁相关信息。日美还签署了关于 2022 年度起 5 年间的驻日美军经费日方负担的特别协定，明确未来日方每年负担的经费为2110亿日元。①

（二）逐步健全日美军事一体化的相关机制

一是防卫协调机制基本健全。日美防卫合作的总体协调机制和防卫合作协调机制，自冷战结束起就逐步趋于完善，主要职责是在“防卫合作指针”规定范围内，对自卫队和美军间的共同行动进行协调和联络。参与总体协调机制的不但包括两国防务部门的有关机构，还包括两国政府的相关部门，主要任务包括共同制订联合作战计划和相互合作计划。总体协调机制由“安全保障协商委员会”“防卫合作小组委员会”和“共同计划研讨委员会”组成。防卫合作协调机制由三个层次的四个机构组成：“日美联合委员会”和“日美政策委员会”位于顶层，负责政策性协调；“联合协调组”是第二层，负责对自卫队和美军的活动以及需要两国政府机构参与的事项进行协调；“日美联合协调所”处于底层，由日美参谋部/司令部代表组成，是日美联合军事行动的重要职能机构，具体负责日美联合行动的组织及编组力量实施作战时的协同事宜。

二是作战指挥机构逐步向联合演进。自2006年驻日美军部署整编开始，日美联合作战体制的建立进入快速发展阶段。经过一段时期的整合和部署调整，日本陆上、海上、空中自卫队与美驻日三军的指挥机构已经实现了同地部署。自卫队中央快反集团司令部（将变身为陆上总队司令部）与驻日美陆军司令部部署在座间基地；航空自卫队航空总队司令部与美军第五航空队司令部一同部署在横田基地；海上自卫队联合舰队司令部与美第7舰队司令部则继续一同部署在横须贺基地。这种指挥机构的并设格局，对于提高日美联合指挥控制能力十分有利。就迄今情况看，尽管日美间设置的各类常设和非常设联合协调机构尚不能满足日美军事一体化越来越强烈的实际需求，但毕竟已经具备了一定的联合基础，可为未来成立联合作战指挥所提供相对成熟的条件。

三是防卫合作分工日渐清晰。2015年的日美“防卫合作指针”，是在日本同盟地位上升、自主防卫意识空前强化的背景下出台的，对日美双边军事合作的范围、分工、方式与行动样式等均作出了详细规定，体现出日美加速推进军事一体化的总体趋势。其中关于合作机制与行动样式提出的构建“无缝、强力、弹性、高效”的同盟协调与联合应对机制，或可视作日美未来军事一体化的总体图景，其所谓的政策和运用两大层面调整，将会使自卫队和美军在作战体系的融合上更加走向深入。

---

① 日媒：《日本同意五年内为驻日美军支付1.055万亿日元经费》，参考消息网，http：//www.cankaoxiaoxi. com/world/20211221/2463578. shtml。

四是联合演训融合程度越来越高。日本自卫队与美军间展开的各类实兵训练和演习每年都机制化展开。近年来，这些演训活动更是呈现出规模逐步扩大、融合程度越来越高、想定指向性越来越强等特点。此外，自卫队联同美军参与的各类多边联合训练与演习也在增加。这些日常演训活动，毫无疑问会为日美军事一体化提供重要的联合行动基础。

第四节　冷战后日本自卫队作战思想的发展

冷战结束后，在新的战略大背景下，日美同盟进行了重新定位。日本的离心倾向有所弱化，在同盟体系中的地位作用更加突出。美国则进一步放宽对日本军力发展的限制，甚至积极策动后者在不脱离美日同盟的前提下，尽快摆脱国内政策限制，发挥更大的军事作用。

一、冷战后日本自卫队作战思想发展的主要内容

冷战后，日美同盟继续作为日本自卫队发挥作用的重要平台。在日美同盟框架下，随着美国军事战略的阶段性调整，日本自卫队的军事战略也在进行随动调整，一方面配合美国需求，另一方面实现借美国之需逐步放松枷锁。在此背景下，日本自卫队的作战思想也经历了不同阶段的发展。

（一）冷战结束至反恐战争时期，作战思想“开放”发展

冷战结束以后，随着苏联这一主要威胁和压力的消失，日本的政治军事大国野心不断膨胀。为了给军事力量的进一步发展寻找依据，日本强调需要应对多种威胁和发展多种军事能力，从而推动作战思想“开放”发展。

第一，以援美干预为指向提升作战思想的外向性。美国的战略利益要求塑造最为有利的后冷战时期国际事务新秩序。但在海湾、索马里等地区的干预实践还让美国认识到，面对如此复杂多样的新型威胁，即便以美国的实力地位，也断然难以应付自如。这就必然产生借助同盟国家力量的需求，从而导致日美同盟超越历史形成的远东范围乃至亚太范围，向全球扩散。美国的这一需求，正与日本 20 世纪 80 年代以来“正常国家化”“军力使用松绑”的政治诉求不谋而合。1992 年的日美“东京宣言”，以“日本与美国承担建立新时代的特别责任”的表述，首次承认了日本对于领导世界的责任；1996 年的“日美安全保

障联合宣言”，在赋予日美同盟以“维护亚太地区和平与繁荣”义务的同时，认可了日本“切实发挥防卫力量作用”的愿望；1997 年的日美“防卫合作指针”，以“周边地域”这一模糊概念，将日美安保合作由过去的限定空间静态防御构想，深化为与地区乃至全球安全环境的动态联系，推动日美军事同盟定位由“单纯防御型”明确转变为“选择干预型”，并赋予自卫队以“后方支援”任务。进入 21 世纪，2001 年的“阿米蒂奇报告”，明确提出强化美日同盟、使日本变成“远东英国”的主张，进一步明确了日美同盟的目标和任务。

冷战后初期日美同盟的调整，使日本从美国的保护对象摇身一变而为其助手和伙伴。而 21 世纪以来的调整，则对日本的合作水平提出了更多和更高的要求。与自身地位在日美同盟框架中的不断强化和提高相适应，自卫队通过突破海外派兵、转变军备方针、推动有事立法、出兵海外参战、防务部门升格、体制编制调整、支援美军整编等一系列举措，积极推动日美军事一体化和军事战略转型。自卫队遂以“国际贡献”为名，开始为美军的海外军事干预行动提供全面支援。日本自卫队由此实现了实质性的海外派兵。在日美同盟加速全球化的进程中，自卫队伴随美军干预行动而走出国门的脚步愈发频密、范围愈发广泛、态势愈发积极，充当了合格的“伙伴”角色。此举不仅深化了日美军事一体化程度，也使自卫队在日美同盟框架中的地位不断强化和提升。

第二，以领域防卫为指向提升作战思想的主动性。重新定位后的日美同盟及其使命任务，使日本防卫力量发展的种种限制被进一步放宽，这促使日本得以在不脱离日美军事同盟的前提下，尽快摆脱国内政策限制，寻求更大的军事发展空间。从“78 指针”到“97 指针”再到“05 白皮书”，日美同盟的作战构想经历了从日本有事（即“武力攻击事态”）到亚太有事（即“周边事态”），再到全球有事的“三级跳”。

自卫队在后冷战时期的这一作战理念被日本防卫理论界定义为“领域防卫”，意指作战重点从冷战时期对抗苏军入侵的“固守一点、扫清航线”，转变为防范和处置区别于传统正规武装入侵的各种“新型威胁和多种事态”，确保全部领土和海洋权益。从政策宣传的角度来看，在冷战后安全环境总体趋缓的形势下，日本要想继续维持远超自卫限度的防卫力量并扩展日美同盟适用范围，必须寻找充足的借口，因而需要将弹道导弹攻击、离岛地区入侵、领海领空侵犯、特攻袭击等事态纳入威胁判断，并着力渲染。从现实需求的角度来看，摆脱巨大的冷战威胁后，日本从“维护安全”阶段一举迈入“拓展利益”阶段，其国家安全利益的内涵得到全面拓展，要求防卫力量提供跟进保障。基于确保海上通道安全、争夺海洋能源资源以及维持“中日缓冲地带”（即台湾）等考虑，日本的战略重心已由“北方”转换为朝鲜半岛、东海、台海乃至更远的南海、印度洋、中东方面。

第三，以联合快反为指向提升作战思想的灵活性。随着日本周边安全环境的变化，日本自卫队需要执行反导、反特攻袭击、离岛防卫、保卫领海领空、海外派兵以及灾害救援等日益多样化、复杂化的军事和非军事任务。与此同时，由于日本自卫队的敏感性，其在应对各类危机时，力图通过快速反应将威胁事态尽快平息，以避免造成过大的政治影响。这对日本自卫队灵活快速的作战反应能力提出了较高的要求。因此，联合和快反，既是自卫队的作战基本指导思想，也是保障其在新的战略环境下高效完成任务的基础性能力。

为了生成灵活机动的多样化作战能力，日本自卫队一方面以信息化建设为抓手带动联合作战体制建设，力求提高作战体系的综合效能，以更有效应对多样化威胁；另一方面有针对性地设计编制结构和发展武器装备，强化部队快反态势和机动能力建设。

（二）2010 年以后跟随美国战略调整，作战思想“定向”发展

随着 2010 年以后美国应对东亚大国的战略调整日益清晰和加速推进，日本的军事战略调整体现出明显的随动特点。在自卫队的作战思想发展和军事能力建设上，日益朝着配合美国进行大国竞争和对抗的既定方向发展。

第一，以援美遏华作为基本方针。以 2010 年版《四年防务评估报告》为标志，美军战略重心开始向亚太地区转移，以维持美军的地区优势和主导地位，巩固美国的地区霸权。在 2012 年发布的《国防战略指南》及《国防预算削减计划》中，美军正式放弃“双正面战略”，转而采用西线扶植北约、中路脱身伊阿、东线重塑亚太的策略，针对西太大国特别是针对中国布局的意图非常明显。美国战略重心转为东移遏华后，日美同盟自然是最好的借力工具，日本则是最好的棋子之一。为此，美国不仅对日本的军备发展给予更加宽松政策，还对推进美日间的军事一体化态度积极。2015 年 4 月，日美双方最终完成的新版“防卫合作指针”。自 2010 年起，日本迅速在战略上对美做出积极回应，在“10 大纲”“13 大纲”以及“15 指针”中，明确将中国列为不稳定因素，甚至是潜在敌手，矛头直指中国。

第二，以西南地区防卫为主要作战目标。日美同盟既然要在西太地区遏制中国，第一岛链特别是其中段的日本西南诸岛自然便成为西太军事斗争的必争之地。原因在于，西太美军沿该岛链部署有东北亚基地群、冲绳基地群和东南亚基地群，与后方第二岛链的关岛基地群形成纵深布势，与向西延伸的印度洋/中东基地群形成对欧亚大陆的弧形包围圈。它既是西太美军最重要的前方据点，也是其封锁中国东出太平洋的第一道战略屏障。中国

如能成功夺取和控制第一岛链上的中国台湾、冲绳、北海道等要点，则守可为沿岸防御拓展数百千米的战略纵深，攻可依托直出深海的海空军基地，逼迫美军退至第一岛链乃至第二岛链之外，进而引发西太海上通道沿线的连锁反应，将控制和影响范围扩大至东海、南海、东南亚乃至更远地方，美则可能因此丧失地区霸权。未来中美一旦发生冲突，必将呈现出在攻击对象和战场范围上的全面性，在作战主体、作战手段及作战样式上的高端性，在战争进程上的持久性。对此，美军提出“空海一体战”设想的大体思路是：首先承受对手在初期的猛烈攻击，然后转入反击，瘫痪和压制对手作战行动能力，恢复和保持西太地区主导权，再转入长期作战，逐步加强攻势，拔除对手军事据点，消灭对手作战部队，最终在第一岛链以内建立起远程封锁态势。据此，美军可能采取初期战略收缩、规避态势，而要求日本代其承受初期打击，坚守西南岛链，封闭中国军力于岛链之内，为美下一步作战奠定基础。

日本自卫队由此确立了“西南防卫”的作战构想，自“10 大纲”出台以来，在近年的《防卫白皮书》以及“中期防卫力量发展计划”“年度军费预算”中反复就此问题大肆炒作。从“日美安保条约”“78 指针”，到“97 指针”“05 报告”，再到“10 大纲”“13 大纲”“15 指针”，日本在日美同盟中的角色定位经历了从“保护对象”到“战区伙伴”再到“全球伙伴”的渐变过程，“西南防卫构想”更意味着自卫队可能进一步蜕变为美军的“战区替身”。

第三，基本作战指导更新为“联合”“机动”和“跨域”。自“10 大纲”起，日本自卫队就开始注重以“动态作战”思想为牵引强化自卫队的实战能力。认为只单纯依靠军事力量存在本身形成的静态威慑，已不足以应对未来日益复杂化、多样化、突发化的潜在威胁，必须注重通过提高实战运用水平，增大部队的活动量，以求发挥出更强大的综合能力。自卫队据此提出了未来军备建设的快反性、机动性、灵活性、持续性及多能性五大目标。可见，“动态威慑”本质上是对此前“联合快反”的一种增强、深化和升级，可以称为“2. 0 版本”的联合快反。不仅反映了从重视快反到重视实效的理念转变，也进一步暴露出自卫队攻势速决的思想传统。伴随着美国军事战略调整和军事力量建设的发展，日本自卫队以日美军事一体化为基本抓手，推动作战思想不断向美军追随看齐。2018 年版的《防卫计划大纲》进一步提出了“领域横断”思想，① 则很明显是对美军“跨域协同”“多域作战”等新作战概念的积极响应。

---

① 日本 2018 年《防卫计划大纲》，https：//www. mod. go. jp/j/approach/agenda/guideline/2019/pdf/20181218. pdf。

二、冷战后日本自卫队作战思想发展的主要特点

（一）以支援美军作战介入为根本任务

战后，美国通过军事占领，早已将日本变成美国最大的军事殖民地，将日本战争体系纳入美国战争体系之中，将日本自卫队打造成为太平洋美军派驻第一岛链的“国别分部”或“兵种分部”。这种“主导—附庸”式的同盟关系，决定着自卫队的作战理论必须也必然要服从和服务于美军“向海外战区安全投送作战力量、确保其在战区内自由展开军事行动”的战略利益和战略需求。借用近年热炒的新概念，就是服从和服务于美军的作战介入。这也是自卫队作战理论中不变的宗旨。

随着自卫队在日美军事同盟中的地位不断上升，其任务分工也在不断扩大。在朝鲜战争期间，日本不仅以“朝战特需”的形式在后勤领域为美军作出巨大贡献，还曾由草创期的海上自卫队以 21 艘扫雷艇编成“特别扫雷队”，秘密开赴元山外海开辟航路，直接支援美军登陆作战；在冷战后期，自卫队以封控宗谷海峡的阻援作战和西太航道的护航作战，间接或直接支援美军对鄂霍次克海海域的攻势作战；冷战后，从波斯湾扫雷到印度洋加油，再到伊拉克援建和亚丁湾反海盗，自卫队实现了从战后支援到战时支援、再到战场支援，直至代美行动的四级连跳。与此相适应，自卫队作战理论的自身定位也在不断升级，其战略作用日益增大。按自卫队相对于美军的角色变化来看，“本土防卫”是作为美军保护对象、相对独立于美军作战之外的理论；“北方防卫”是作为美军战区伙伴、与美军在同一战役体系内进行战术配合的理论；“领域防卫”是作为美军全球伙伴、着眼在全球范围配合美军作战的理论；“西南防卫”则是作为美军战区替身、代替美军单独遂行一场战役的理论。

（二）以欧亚大陆外围岛链地带为重点作战范围

日美同盟的战场空间决定了自卫队作战运用的空间范围。在日美同盟的全球化进程中，其战场空间早已突破远东甚至亚太，扩大至起于东北亚，经过东南亚和南亚，直至中东和非洲的广大地域，与对欧亚大陆形成包围态势的所谓“不稳定弧”正相吻合。若仅就日本自身领域范围即传统意义上的第一岛链中段而言，可以认为自卫队作战空间是在狭义的“小岛链”之上；若从日美同盟全球化视角来看，则可认为自卫队作战空间分布于一条宏观的“大岛链”之上。纵观战后日美同盟参与的历次局部战争，从冷战期间的朝鲜、越

南，到冷战后的中东、阿富汗、非洲，自卫队始终是在包围欧亚大陆的所谓“不稳定弧”或者说一条宏观的“大岛链”之上，支援美军向预定战场的作战进入。当日美实力占优或外部挑战衰退、美日同盟在战略态势上处于相对的攻势时，自卫队作战理论的应用范围即有可能突破地区概念的限制，遍及整个“大岛链”。但由于此时美军居于战略优势，有能力基本独立遂行主要的作战任务，对自卫队的需求程度相对较低，因此自卫队作战理论的主要内容可能通常局限于支援保障性任务。当日美实力相对衰落或出现强大外部挑战势力、美日同盟在战略态势上处于相对的守势时，自卫队作战理论的应用范围会相应收缩至西太“小岛链”之上。但由于此时美军在当面实力相对不足，会要求自卫队承担更多的主战任务，因此自卫队的作战理论通常会变为抗登陆、海空护航、海峡封锁、基地防卫等实战性内容。日美同盟在战略攻守态势及任务分工上的这种转换，以20~30年为周期呈现反复，自卫队作战理论的空间范围也随之出现伸缩变化。

（三）以日版“反介入/区域拒止”为基本理念

自卫队作战理论的根本任务是支援保障美军向欧亚大陆外围广义第一岛链的作战介入，其首要目标必然是确保对于岛链要点的有效控制，为此选定的基本手段则是“反介入/区域拒止”，即阻止假想敌进入岛链侧背，干扰假想敌在岛链外侧自由活动。例如，“北方防卫”貌似抗击苏军入侵北海道，实则意在卡断宗谷、津轻海峡，封锁苏联远东海军于日本海，以保障美军进入鄂霍次克海；“西南防卫”则是表面上要与中国争夺西南离岛，实则着眼扼控宫古水道等咽喉要道，企图封锁中国军事力量于日西南岛链之内，以保障美军进入黄海、东海海域，二者思路可谓异曲同工。这种思路是由日本的国家禀赋决定的。作为一个纵深短浅、资源贫乏的陆缘岛屿国家，“反介入/区域拒止”可以说是日本在作战中的必然选择：一方面，当面对大陆强敌作战时，日必然选择攻占半岛以延伸战略纵深，例如三次侵朝，或是向南北两翼夺控岛链要冲以建立缓冲地带，例如明治初年拓殖北海道、清末侵华时夺取琉球和台湾、日俄战争时攻击萨哈林岛等；另一方面，当面对海洋强敌作战时，其必然同样选择夺控前方岛链要冲，以形成诱敌深入、先耗后歼态势，例如对美战备的“消耗截击构想”。

（四）以攻势速决作为内在追求

根据同盟作战分工，自卫队主要作战任务是控制岛链，以封闭远东之敌于第一岛链以内，同时保卫岛链上的重要基地，为美军下一步进入岛链作战奠定有利基础。究其实质，就是在第一岛链上，以自卫队在作战意义上对第一岛链的守势作战，帮助美军在战略意义上对第一岛链以内的攻势作战。这从根本上决定了自卫队作战目标的有限性，主要表现为战场空间有限、战斗规模有限、作战样式有限等。但是，战略上的守势绝不会影响自卫队在战术上对攻势速决的追求，作战行动的防御性和作战目的的有限性并不会致使自卫队在战术上陷于保守和被动。自卫队认为，无论应对传统威胁还是应对非传统威胁，军事作战的首要目标均在于防患未然、遏制升级，必须以积极主动的快反战力将危机消灭于萌芽状态。

最初的“本土防卫”理论，曾一度被迫采取消极防御、持久消耗的作战指导；随着实力日渐增强，“北方防卫”理论便重拾攻势速决传统，将作战指导从持久待援扭转为“前方阻止”；“领域防卫”理论强调以信息化、联合化提高体系效能，以快反机动提高行动效率，作战指导转变为“联合快反”；“西南防卫”理论框架下提出的“动态威慑”新概念，是指通过提高装备运用水平和部队活动频度，发挥出更强大的综合能力，本质上是对“联合快反”的一种强化和升级；随着“13大纲”将军备重点明确指向空中加油机、大型运输机、多用途航母、水陆两栖旅、机动作战师（旅）等进攻性能力，预计自卫队未来作战理论中的进攻性成分将会进一步增多。

第五章　冷战后印度军事思想的发展

冷战结束后，印度所面临的国际和地区战略形势发生剧烈变化，印度官方和军事理论界对战争、国防和军队等方面的认识也有了新的调整与发展。印度国家安全战略思想由注重军事安全向关注综合安全转变；军事战略思想由“被动防御”向“主动进攻”转变；作战思想加快向联合作战方向发展；军事力量建设思想由内向性向外向性转变。

第一节　冷战后印度国家安全思想发展变化

冷战后印度国家安全思想在冷战时期发展的基础上进行了部分调整与发展。虽然印度传统安全观念在其中依然产生深刻影响，但同时也根据安全环境的变化形成了一些新思维、新认识。如：保持印度的战略自主性，提高印度的国际地位，不接受世界二流国家定位等等。这些思想观念对冷战后印度的国家安全政策产生了重要影响。以此为导向，印度在国家安全实践中采取积极谋求“入常”、实施“东向”与“西联”、加强军队现代化建设、奉行“最低限度的有效核威慑”等战略举措。通过几十年的国家战略实践，印度已成为冷战后国际舞台上一支不可忽视的力量。

一、印度国家安全思想的战略文化基础

国家安全思想的形成与发展不仅受自然因素的影响，还受各种社会历史因素的影响。印度作为一个有着悠久历史的东方文明古国，其独特的地缘政治和历史际遇，塑造了别具特色的印度战略文化。相对封闭的地理位置决定了印度战略文化的自我中心性，相关经典著作所反映的历史战略实践将现实主义思想内化于民族基因并传承至今，精英思想和社会制度层面的种姓秩序对等级的固化则强化了进攻性现实主义为核心、极具大国主义色彩的战略文化。

（一）以“曼荼罗”思想为代表的现实主义

“曼荼罗”是印度孔雀王朝时代形成的一种地缘战略思想。这一战略思想以考底利耶所著的《政事论》为主要代表。《政事论》以散文的形式，描述了旃陀罗笈多建立孔雀王朝期间多个小王国相互对抗、联合、征服的历史战略实践，其内容涵盖了国家治理、战争艺术和对外关系。全书整体论述非常抽象化和理论化，并没有太多涉及具体历史事件，这使《政事论》所蕴含的思想理论具有跨时代的适用性，被后世誉为“国王利益手册”，其主要思想观点通常被称之为“曼荼罗”思想。

“曼荼罗”思想指出，对于某一国家的安全而言，距离最近的邻国最有可能构成其现实或潜在的威胁，同该邻国相邻的另一个国家则可能成为盟友；依次向外延展，紧邻盟友的国家就可能是非友好国家或战略对手的盟国，再接着又是友好国家或友好国家的盟国……这样形成一个战略盟友和对手梯次层叠的地缘战略圈体系结构。在“曼荼罗”体系中，邻国均被假定为现实或潜在的安全威胁。“曼荼罗”思想构成印度多元战略文化体系的核心支柱，并被印度现实主义者奉为圭臬。

独立后印度的战略实践也的确是沿着这一逻辑发展的，同邻国关系的敌视或摩擦成为印度安全战略实践的重要特征。印度并未与邻国建立起良好的关系，同巴基斯坦、中国长期敌对，同孟加拉国、尼泊尔、斯里兰卡的关系也并不友好。同时，印度自独立以来一直试图与外圈的阿富汗、伊朗、越南、苏联（俄罗斯）保持良好的关系。这与“曼荼罗”思想所展现的地缘战略理念高度一致。

（二）具有理想主义非暴力色彩的阿育王“达摩”思想

阿育王是印度历史上影响最大的国王。在阿育王的领导下，摩揭陀国孔雀王朝实现了除次大陆最南端外的首次统一。早年英勇嗜杀的阿育王在公元前 264 年征服揭陵伽的惨烈战争中，幡然悔悟，放弃唾手可得的最南端土地，笃信佛教，遵循“达摩”正行之道，由武功打天下转向文治保江山。阿育王笃信佛教，将佛教定为国教，促成了佛教在次大陆的空前传播。阿育王通过 28 篇法敕，表达了自己的宗教宽容及治理之道。一是弘扬佛教的不杀生思想。嗜杀的征服战争结束后，认为非暴力的和平治理是国家的首选，军事征服只是必要时的惩罚手段。在揭陵伽战争中，15 万人被俘，近 10 万人战死。战争结束后，阿育王不再允许杀戮，而要以尽责、敬神之法律征服人心。二是视众生如己身、怀慈善之心的民本思想。在第 13 号摩崖石刻中，阿育王以宗教文化而不是种姓等级治理臣民，婆罗门、沙门和其他教派仅仅是三大教派，没有地位高低差异。在第 12 号摩崖石刻中，阿育王禁止各教派争风邀宠，及在不恰当的场合炫耀本教派或诋毁别的教派。阿育王以佛法为基础塑造古印度摩揭陀国的社会伦理规范，达摩既是官员和民众的行为规范，又是良好君主的治国理念。

（三）具有深远历史影响的印度教等级秩序观

印度教由婆罗门教发展而来，是印度特有的宗教，种姓制度是其最大的特点。种姓制度之下，人被分为婆罗门、刹帝利、吠舍和首陀罗四个等级。人们基于种姓而居，相互并不干涉。按照印度教教义，印度教徒的生活分为四个行期：梵行期——从儿童到成年前，在寺庙学习吠陀和各种仪礼。家居期——重返家庭，娶媳生子过世俗生活。林栖期——弃家隐居森林，做种种苦修。遁世期——离开家庭，云游四方，以期早日解脱。这体现了一种基于轮回观念的宿命论，即一个人在现世的行为决定了轮回的来世化身。对于印度人来说，生活的指导来自“梵”，个人应该努力履行其道德义务，命运是不可改变的。这种宗教文化的等级观和秩序观也深远影响了印度的世界观和战略观。在印度看来，宇宙也经历了创造、衰变、破坏和重建的往复循环。与人的周期不同，宇宙周期更为漫长。印度的历史表现为统一、腐朽、分裂和再统一的循环。因而，世界的未来仅仅是历史性的周期循环。上述认识催生了印度对国际社会的独特理解。在国际社会中，也应有与种姓制度类似的等级制度，印度认可以强国为中心的等级体系，既不会挑战现有大国，又不会依附任何大国。自视为一个大国的印度，应该居于而且必须居于最高的世界等级，绝不接受二流角色的地位。尤其是在南亚地缘战略方面，印度自视为南亚的“地区核心国”，反对南亚的“均势”。为了寻求南亚邻国接受印度在南亚的主导地位，印度要求邻国在制定外交政策时要考虑印度的利益，排除域外大国插手南亚事务，避免南亚问题国际化，充分体现了成为南亚地区霸主的战略野心。

二、冷战后印度国家安全思想发展的主要内容

印度并未像美、日等国家形成非常成熟的定期发布战略文件的相关制度，其国家安全思想主要体现在与国家安全相关的领导人决策、政府文件和具体的战略实践当中。总体来看，冷战后印度的国家安全思想着重表现为由以军事安全为中心的传统安全观向关注政治、经济、军事、文化等全方位安全的综合安全观转变，但军事安全仍占较大比重。

（一）提出并发展综合安全理念，重视经济实力的重要地位作用

苏联的解体让印度领导人意识到，一味追求军事力量不一定能确保国家安全。冷战中，苏联针对北约在方方面面做好了充足的军事准备，但最终输在了经济上。与此同时，中国经济改革的成功经验也使印度领导人注意到，通过对外贸易和引进外资，不仅大大提升了国家实力，而且很大程度上消解了美国等西方国家的政治敌意，扩大了在亚太地区乃至世界范围的政治影响。尽管这一时期印度的政治领导人从未就经济实力的战略意义有过公开论述，但发展经济和对外开放事实上成为冷战后印度国家安全战略的重要组成部分，成为其摆脱国际政治孤立和边缘化的主要手段。实践证明，随着印度经济的发展和对外经济联系的增多，印度与欧美等西方国家、东南亚国家及邻国的政治关系都有不同程度的改善与加强。

经济实力的快速发展极大改善了冷战后印度的安全环境，帮助印度在世界秩序中取得了新的地位角色，这促使印度领导人决定对传统安全观念和安全战略进行调整。2001 年，由内政、国防、外交和财政等几大部长组成的专门小组就此提交了报告。报告认为，“过去几年传统的国家安全概念已发生根本性变化。它不再等同于足以保卫国家及其利益的军事力量。当今世界单靠军事力量无法保障主权与安全。维护国家安全更为现实和综合的方法还包括经济实力、内部凝聚力以及技术优势。”① 这是冷战结束后印度政府第一次正式提出综合安全观念。2004 年，国大党在其竞选纲领中也明确提出国家安全应该包括政治、经济、社会和发展等各方面，而不应仅从纯军事安全的角度去定义。这体现了在综合安全观问题上两大政党的一致性。进入 21 世纪，印度政府大力推行经济优先的治国方略，将经济安全纳入国家安全战略考虑的首要事项。其主要思想内容包括：一是保持经济可持续增长。印度认为，保持经济持续快速发展不仅可以对外展现印度的实力地位可信度，改变亚洲乃至全球的战略力量格局，还能有效地解决内部社会、教派和种姓矛盾等引起的各种安全问题。二是保障能源供应安全。为了确保可持续发展，印度政府将能源问题置于极为重要的位置，积极实施能源战略，确保形成全球规模的印度能源供应体系，实现真正的“能源独立”。三是保证国内粮食安全。印度认为，作为全球人口大国，确保粮食安全是社会政治稳定的前提，也是经济发展的基础。

---

① Report of the Group of Ministers on National Security 2001，http：//mod. nic. in/newadditions/chapter-ii. pdf。

（二）依然高度重视传统安全，持续推动军事力量发展

冷战结束以来，印度政府对经济安全以及其他非传统安全因素的日益关注，并不意味着其对传统安全的重视程度下降。以军事力量谋安全仍然是冷战以后印度安全思想的重要内容。1999 年爆发的印巴卡吉尔冲突，以及 2001 年在印度邻国阿富汗爆发的战争，使印度再次感受到了战争所带来的安全威胁。印度认为，必须全面增强军事实力，实现军事安全，才能从根本上确保国家安全。冷战后印度历年发表的国防报告显示，“保卫国家统一和领土完整”依然被列为国防的首要任务。①

在加强国防和军队建设的过程中，周边国家特别是巴基斯坦和中国的军事动向仍是其首要的安全关切。与此同时，印度认为强大的国防不仅意味着印度应拥有包括核武器在内有效的军事威慑能力，也意味着印度要跟上世界新军事革命的步伐，建设强大的常规军事力量。基于此，印度政府明确了国防部及其下属各部门的计划职能，采取措施加强陆海空军与国防部、国防部与政府计划部门的协调，深入研究武器装备发展和采购的决策、方法和程序等问题，以便于军队和政府共同制定中远期建设规划。早在 1995 年，印度就制定了《1995—2015 年国防建设计划》作为军队建设的战略性长期规划，它强调从外国引进和自行研制信息化武器装备，提高军队的作战能力。

既重视经济发展，又关注国防和军队发展，这就意味着印度也必须在新的环境中处理好经济建设与国防建设的关系，处理好安全与发展的关系。对于安全与发展的关系，瓦杰帕伊总理在其任内曾有过精辟论述：“目前，印度需要追求两大目标，即安全与发展。它们之间是互补的。没有安全，就没有发展；没有发展，我们就没有完整的安全。”这清晰地表明，冷战后的印度进入了对军事安全与经济安全并重的时代。

（三）提出新的地缘战略思想，拓展战略空间

印度国家安全战略的一个基本目标是极力拓展国家外部安全空间。印度以“印度中心论”为理论依据，不断扩展维护国家安全的外部空间。冷战时期，其主要思想是把保卫西北边界、阻止大国势力染指南亚事务以及控制印度洋作为印度安全战略的阶段性目标。印度不允许其他大国在巴基斯坦等国扩展势力，不允许其他大国对其周围的小国施加影响。冷战以后，在上述安全思想的基础之上，印度正在改变以往囿于南亚及其周围地区狭窄范

---

① 参见印度历年国防报告，印度国防部。

围的安全观，开始跳出南亚，逐步走向亚洲和世界。

从具体表现来看，印度已经从大陆型的地缘安全观转变为陆海并重型的地缘安全观。主要思想观点有：一是“南控”印度洋。印度提出了控制印度洋战略思想，力争最大限度地控制印度洋海域，变印度洋为印度的“内湖”。二是“东进”亚太。20 世纪 90 年代以来，印度推出了“东向”政策，目的是通过与东盟的全方位接触与合作，扩大影响力，并以之为跳板，融入亚太地区，谋求在美、中、俄、日、东盟之外形成新的力量中心。三是“北上”中亚。印度提出了“北上”进军大中亚的战略思想，目的是在未来世界战略格局中抢占一席之地，为实现大国地位增添砝码。

（四）重视安全合作与对话，全面发展外交关系

冷战结束后，合作成为国际关系发展的趋势。印度也对其在南亚的孤立政策做出了较大的调整，提出了“古杰拉尔主义”,① 主张以对话代替对抗，以合作代替冲突。进入 21 世纪，随着印度对非传统安全问题认识的进一步加深，印度政府认为国际恐怖主义、大规模杀伤性武器扩散、海上通道安全、跨国有组织犯罪等非传统威胁的发展“拉近了国与国之间的距离”，并使有关国家通过合作维护“共同安全”成为可能。为此，印度政府开始广泛发展并加强与各国的安全对话与合作，更加注重通过合作维护国家和地区安全。尤其是进入 21 世纪以后，曼莫汉 · 辛格总理从新的战略视野出发，强调在战略和经济技术层面寻求伙伴关系是维护国家安全的重要手段。其主要内容包括：一是强调对话和协商，形成安全共识；二是强调军事交流与合作，防止军事冲突；三是强调安全合作，应对共同威胁与挑战。从具体实践来看，冷战后的印度相继与美国、俄罗斯、英国、法国、中国、意大利、南非、越南、缅甸、斯里兰卡等国建立了各种双边安全对话和安全合作机制，并与许多国家开展了定期或非定期的军事人员交流、联合军事演习以及海军军舰互访。尽管 1999 年印巴在卡吉尔发生了武装冲突，但两国间的对话势头并未因此受到大的影响。1998 年 9 月启动的印巴全面对话到 2004 年 1 月正式发展为“印巴和平进程”。虽然进展缓慢，但两国对话机制性的加强为减少误解、化解双方紧张气氛发挥了重要作用。印度在与巴基斯坦和中国发生利益摩擦时，也没有放弃通过对话和谈判缓和冲突。

---

① “古杰拉尔主义”被称为印度的睦邻政策，其核心内容是印度单方提供帮助，不要求对等回报，从而让南亚地区处于良性互信。目的是防止外部势力介入南亚，手段相对比较温和隐蔽，更容易博取邻国的信任。

（五）继续秉承均势与制衡原则，重点关注大国关系

冷战时期的印度认为，与强权国家实力对比的不均衡是威胁的主要来源，力图通过自主安全和结盟安全来制衡对手，维护国家安全。冷战后，印度虽然放弃了结盟安全，但其维护国家安全的方法依然以均势与制衡为基本特征。首先，提高综合国力，大力发展自主安全。由于印度逐渐认识到国家实力是一种综合国力，除继续加紧军事建设、跨越核门槛外，还突出强调经济发展、科技进步，其“争常”的举动可以被视为加强政治实力的重要举措。此外，冷战后印度与各大国建立的所谓“新伙伴关系”也带有较强的均势与制衡色彩。印度认为冷战后国家间关系特别是主要大国之间的关系不再是对抗性的零和关系，印度与任何一个大国的接近都不应影响与其他各大国的关系，即印度可以同时发展与所有大国的战略伙伴关系。这种“新伙伴关系”是真正的不结盟。新德里一些对政府决策有着重要影响的战略家高度评价“新伙伴关系”在牵制与平衡上的效果。他们指出冷战结束初期印度与中国寻求和解的一个深层考虑，就是为了平衡美国的单极霸权。20 世纪 90 年代末，印度之所以对俄罗斯关于建立中印俄“战略三角”的建议回应积极，主要是也是为了对美国等西方国家施压，促使其尽快解除 1998 年核试后对印度的制裁。同样，近年来印度与美国战略关系的加强，包括印美发展核技术合作，加入美国主导的多边合作框架，其意图也是在于平衡中国在亚洲的快速崛起。冷战结束以来，正是秉承这种均势与制衡的原则，使得印度在这种错综复杂的大国游戏中，实现国家利益的最大化。

三、冷战后印度国家安全思想发展的主要特点

冷战后的印度国家安全思想既有继承，又有创新发展，表现出鲜明的特点。

（一）以跻身世界大国为最终战略目标

建设“有声有色的大国”，以跻身世界大国之列为最高战略目标，是印度安全战略的重要特点。“称霸南亚，控制印度洋”仅是印度国家安全战略的阶段性目标，“争当世界一流强国”，才是其终极目标。印度之所以在研制和发展核武器上固执己见，不惜以损害部分国家利益为代价，拒不签署《核不扩散条约》和《全面禁止核试验条约》，甚至逆历史潮流而动，于 1998 年连续 5 次进行地下核试验，安全上的考虑当然是一方面的原因，但更主要的考虑来自政治上，源于对大国地位的追求。印度认为，是否拥有核武器不仅标志着一个国家科技力量的发展水平，而且标志着综合国力的强弱，决定着一国在国际战略

格局中的地位。联合国安理会五个常任理事国恰好是五个核大国，这一点绝不是偶然的，印度要成为安理会常任理事国，就必须拥有核武器。

（二）强调实力至上原则

印度认为，印度既然是南亚和印度洋地区的大国，就应拥有与其大国地位相称的军事实力，只有这样，才能确保称霸地区目标的实现。印度也只有在显示出干预地区事务的强大军事能力时，世界才会把它当作本地区的大国来看待。因此，“军事能力和军事信心是印度成为地区性大国的现实基础”。① 在军事与外交的关系上，印度认为“外交必须以军事为后盾，军事必须以外交为补充”；②“军事力量是构成综合国力的重要因素，是外交上的一张王牌”，“只有以军事实力支持的外交政策才能取得成效”。③ 从印度的战略实践来看，当外交手段难以发挥作用时，会毫不犹豫地使用军事手段。半个多世纪以来，印度与周边国家进行过 4 次战争，并数次派兵前往周边小国执行“维和”“平暴”等任务，均是为了实现其安全目标。由于印度当局对军事手段高度重视，印度的军队建设取得了长足进展。冷战结束后，裁军成为世界潮流，但印度不为所动，仍维持庞大的武装力量。目前，不论军队规模还是武器装备数量、质量都居亚洲前列，这表明印度仍将军事手段作为实施其安全战略的重要手段。

（三）极力拓展国家外部安全空间

印度安全战略的一个重要特点是极力拓展国家外部安全空间。印度以“印度中心论”为理论依据，不断扩展维护国家安全的外部空间。其内涵就是把保卫西北边界、阻止大国势力染指南亚事务，以及控制印度洋作为印度安全战略的阶段性目标。印度不允许任何大国在其西北的巴基斯坦等国扩展势力，不允许任何大国对其周围的小国施加影响，要控制印度洋，成为那里的主宰，反对大国去控制它。印度认为，其国土地理位置独特，拥有巨大的专属经济区，海上贸易频繁。因此，印度的安全关注和利益不仅仅局限于邻邦，应包括西起波斯湾，东至马六甲海峡的广大印度洋地区，以及中亚地区、东北亚地区和东南亚地区。可见，印度眼中的安全利益已经从南亚扩展到环印度洋地区，包括非洲之角、西

---

① 费昭珣：《迈向一等军事强国的印度与中印军事关系》，《南亚研究季刊》2006 年第 3 期。

② 《“弱小并不令人尊重”印度想靠航母强国》，http://mil.news.sina.com.cn/2004-08-24/0915220290.html?domain=mil.news.sina.com.cn&vt=4&from=wap。

③ 王红雨：《冷战时期印度外交战略的演变》，《经济与社会发展》2003 年第 3 期。

亚、东南亚，以及印度洋的各个远角。

第二节　冷战后印度军事战略思想的发展

从1947年宣告独立至今，印度军事战略根据战略环境的变化经过半个多世纪的调整和发展完善，对支撑印度军事强国的战略意图起到了重要的作用。

一、印度军事战略的发展演变

随着印度独立地位的确立、国家政权的建立和武装力量的组建，印度的军事战略也同步成型。经过几十年的经营建设，印度的军事战略在理论和实践领域都朝着日臻完善的方向发展。

（一）“有限进攻”战略

印度独立之初恰逢美国和苏联拉开冷战的序幕。亚洲尤其是西亚和东南亚，成为欧洲之外美苏争夺的又一重要区域。尼赫鲁政府基于立国之初印度国力贫弱、经济落后的情况采取了“不结盟”政策，周旋于美苏两大集团之间，并且扩大印度在国际上的影响。在国内采取“先经济、后国防”的发展战略，发展经济，争取时间，积累财力和物力，提高综合国力，实现保全印度、发展印度、壮大印度的战略目的。

1947年印巴爆发了第一次战争，虽以印度的胜利而告终，但印度在人力、物力上付出了巨大代价。在政治和军事上，印度对巴基斯坦并未取得优势，克什米尔争端未得到解决，双方都把对方视为本国安全的主要威胁。基于此，印度推行“有限进攻”的军事战略，将军事战略的重点置于西部与巴基斯坦争夺克什米尔，并将巴视为构成其国家安全主要的最直接的威胁，完善对巴作战体系，在边境大量集结兵力，以确保印度在克什米尔地区的既得利益。当时印度为保住在克什米尔地区获得的2/3土地和3/4人口的既得利益，除以2个师维持国内治安外，其余2个军部、6个师均部署在印巴边境，在军事上由独立初期的军事进攻转为军事对峙。

中国和平解放西藏使印度分裂西藏并使其成为亲印“缓冲国”的战略落空。对中国，为达到其领土扩张和长期控制中印边境争议区的目的，印度不断向麦克马洪线以南地区渗透。至1958年，印度采取设立据点、逐步蚕食的策略先后侵占了麦克马洪线以南传统习惯线以北的大片中国领土并在印度北部建立起针对中国的所谓喜马拉雅山安全体系。

对于周边小国，印度则是加紧渗透和控制。1949 年 6 月印度派兵进驻锡金，次年 12 月迫使锡金签订“和平条约”，规定锡金为印度的“保护国”，其国防、外交、经济等均由印度控制。1949 年 8 月与不丹签订“永久和平与友好条约”，规定不丹的对外关系接受印度政府的“指导”，从各方面控制不丹。1950 年又同尼泊尔签订了长期“和平友好条约”，建立“特殊关系”，并签订贸易和商务条约，规定印度可直接、无限制地向尼泊尔出口商品。1952 年印度派“军事团”到尼泊尔，1954 年在尼泊尔设立“援助团”。印度利用这两个北部弱小邻国在对外交往和贸易上必须经过印度的这一特殊地理条件，在极短的时间内把它们置于自己的控制之下，建成了对付中国的缓冲地带。

（二）“两线扩张”战略

20 世纪 50 年代末，印度经济有了一定的发展，军事实力也有所增强。此时，国际上掀起了反华浪潮，中苏关系日趋紧张。印度见中国遇到了内外困难，认为解决印中边界问题的时机已到，遂于 1960 年提出针对中国的“前进政策”，积极扩军备战。印度先是派出地方准军事部队抢占中印边境争议地区，进一步蚕食中国领土，在中印传统习惯线以北中方一侧建立军事据点 139 个。在做出“中国不敢冒苏美大国进行干预的风险而对印度进行军事反击”的判断后，印度于 1962 年 10 月挑起了大规模边境武装冲突，结果遭到惨败。1962 年对华战败使印度意识到，要做好在西部和北部两线作战的准备，但在策略上应采取西面以进攻为主，北面以防御为主的“西攻北防”军事战略方针。在军事力量有限的情况下，印度应调整政策，将战略重点置于西部印巴边境方向，力争先从战略上削弱巴基斯坦。为贯彻“西攻北防”的战略方针，印度大力扩充军备。1965 年 9 月爆发了第二次印巴战争，双方打成平手。

20 世纪 60 年代中后期，随着第二次印巴战争的爆发及印苏交往密切，美印关系由热变凉。印度想借苏联来压巴反华，苏联则希望联合印度抗衡中美，印苏两国在反华问题上找到了共同的战略利益。这一阶段，印度不仅获得了美国的大量援助，而且又结成印苏联盟，加上印度的经济状况有所好转，综合国力有一定加强，印度的军事扩张思想又进一步抬头，对巴战略意图更加明显，进攻态势更加咄咄逼人。1971 年春，印度通过第三次印巴战争肢解了巴基斯坦，建立了孟加拉国。这次战争，巴基斯坦不仅丧失了东巴，失去了牵制印度的战略侧翼，而且军事实力也大为削弱，致使南亚次大陆的战略格局失衡，从而使印度基本确立了在该地区的霸主地位。

（三）“保陆制海”战略

20 世纪 70 年代，印度基本上处于一个有利的战略环境中。一方面印苏关系随着印苏“和平友好合作条约”的签订而发展成“特殊伙伴”关系，印苏在南亚次大陆的战略利益更趋一致。苏联继续向印度提供大量经济援助和军事援助，大力发展同印度的贸易，从多方面支持印度，拉拢印度抗衡美国、牵制中国。印度依靠苏联的帮助，建立起了现代国防工业，为部队逐步更新装备奠定了基础。另一方面，第三次印巴战争后，印度称霸南亚的格局已基本形成，美国决定在不影响美巴关系的前提下缓和与印度的关系。1977 年印度人民党执政后，印度与中国恢复了中断 15 年之久的直接往来，印中关系进一步发展。

印度在南亚次大陆的主导地位业已形成，于是开始将目光投向广阔的印度洋。印度洋物产丰富，石油、天然气等能源充裕，掌握东西交往的重要海上贸易通道，地理位置优越，是大国必争之地，更是印度的经济命脉。英国在 20 世纪 70 年代开始从印度洋撤军，印度洋一时出现了“力量真空”，苏美两个超级大国随即在该地区展开激烈争夺。除超级大国海军在印度洋的存在外，印度洋沿岸国家和可能进入印度洋的区外国家的海军动向也受到印度的高度重视。对于 90%以上的对外贸易依靠海上运输的印度来说，大国进入印度洋无疑是一种挑战。在这种形势下，基于其在陆地方向的战略意图已基本实现，印度逐步将战略重点由次大陆转向印度洋地区，提出了“保陆制海”军事战略思想，力图填补英国撤军后印度洋地区出现的力量真空，谋求在印度洋北部的海上优势。印度基于地缘战略考量认为，只有加强海权，将印度洋牢牢控制在自己手中，才能在通往大国的道路上变被动为主动，才能牢牢地将印度的经济命脉把握在自己手中。

（四）“拒止威慑”战略

冷战结束以后，在南亚地区苏印结盟对抗美巴联合的格局随之消失。俄印两国原先那种伙伴关系也不复存在。印度在政治上失去了一个可以作为对外战略依托的重要大国，同时也失去一个重要的贸易伙伴，在安全和经济方面都造成了严重的负面影响。印度对其片面依赖军事谋安全的观念进行了反思，开始重视国内的经济安全和社会安全，以此拓展外部安全空间，维护国家的根本利益。同时，也意识到冷战时期通过战争摧毁敌国军事力量、掠夺领土、征服意志的传统战争理念，已不适应发展变化了的国际战略格局和南亚次大陆形势，应以实力为后盾，充分发挥威慑的作用以达到以小战或“不战而屈人之兵”的目的。

为适应国家内政外交的需要，印度也相应地对其军事战略进行调整，提出了“拒止威慑”战略思想。它的适用范围限于南亚和印度洋地区，包括北起喜马拉雅山脉、南至印度洋、西起伊朗、东至缅甸的这一广阔的陆上地区和大部分印度洋水域。这一战略的核心思想是“威慑”，以强大的军事力量和战略威慑力量为后盾，慑止敌对国家对印度发动战争和军事冒险，为印度发展经济、壮大国力保驾护航。其思想实质是通过对各种作战对象实施有效的武力震慑，力求不战而屈人之兵，争取以小的代价取得最佳的效果。其目标是：巩固印度在南亚地区的支配地位，维护印度在印巴、印中边境地区已占领土的既得利益，控制弱小邻国，争取对印度洋有更大的控制权，并通过发展海洋威慑和核威慑能力争当世界性军事强国。

从具体战略实践来看，印度认为巴基斯坦是南亚各国中唯一敢公开抗衡印度的对手，视其为印主宰南亚的主要障碍，因而对巴基斯坦保持进攻部署态势。在兵力部署上，印军把战略重点置于西部的印巴边境，平时把近50%的陆、空军兵力部署在印巴边境，将海军两大舰队之一的西部舰队（占海军实力的60%）部署在阿拉伯海，对巴维持重兵压境之势以慑止巴方的任何军事进攻行动。而且自20世纪90年代以来，面对南亚的核形势，印度强调要拥有对巴基斯坦核能力作出可靠反应的能力，以便对巴基斯坦实施双重威慑，即常规威慑和核威慑。

20世纪90年代，中印关系虽有改善，但印度仍把中国视为战略上的对手。认为在边界问题上，中国不承认印方主张的“边界线”；中国的强盛是对印度安全的潜在威胁；“中国同巴基斯坦关系密切”，“共同的需要和利益促使它们联合反印”；中国支持和援助南亚小国，采取孤立印度的战略。这一切都使得中国成为印度在政治、经济和军事上的主要“潜在威胁”。印度在总体上对华采取“防御”态势的同时，一方面大力发展综合国力和包括核力量在内的军事力量以求达到对华军事均势；另一方面在中印边境保持着一支对华“可靠的常规威慑力量”，将陆军总兵力的19%和空军总兵力的20%部署在中印边境一线，对华保持着局部军事优势。通过在边境上保持对华局部军事优势、大力发展弹道导弹特别是中远程导弹技术以及坚持不放弃核武器选择权，印度力图建立起针对中国的所谓“遏制性”威慑力量。

（五）“惩戒威慑”战略

进入21世纪，南亚地区格局随着国际战略格局发生了重大变化，印度在此基础上对于其国家安全形势进行了新的评估，认为印度面临的安全威胁不仅仅来自周边邻国，国际恐怖主义和宗教激进势力、海湾地区的战争冲突都会影响到印度的安全，导致其安全环境日益复杂，影响国家安全稳定的因素日趋多样。

在宿敌巴基斯坦方面，塔利班的瓦解使巴基斯坦失去与印度抗衡的后方依托，印度在与巴战略抗衡中取得进一步优势，并在南亚拥有政治、经济、军事的全面主导地位。从可能的战争样式上来看，印度同巴基斯坦和中国因边界争端而爆发大规模全面战争的可能性变小，更多的是中小规模的边境局部冲突和常规战争。作战方式相应地将更加多变和多样化，武器装备呈现信息化、小型化、隐身化和智能化的趋势。

随着印度综合国力的快速提高，印度军队现代化建设取得巨大成就，军事能力不断提高。印军认为，必须摒弃那种“等待敌人到达我们的境内再干掉它”的消极防御理念，采取积极主动、先发制人的指导方针。为适应上述新的变化，印度必须调整其军事战略，实行军事变革，以适应现代战争。基于此，印度进一步提出“惩戒威慑”战略，即“以有限战争为主要作战样式，以积极进攻、主动出击为作战指导思想，对敌人发动先发制人的军事打击，给其以教训和惩戒，迫使敌国修正其对印政策，从而实现有限的政治和军事目标”。

“惩戒威慑”军事战略强调主动出击、先敌行动、有效控制，致力于打赢核威慑条件下的“有限常规战争”，从而实现了战略指导从传统的“消极防御”向“攻势防御”的转变。为此印军要求在进行战争准备、拟制战略计划时，必须贯彻战略上先发制人的原则，确保在总体战略态势上形成有利于印度的条件。战争一旦爆发，印军有能力在战略上采取先发制人的行动，预先阻止敌人大规模进攻，使战争在敌方国土上进行，迫使对手陷于被动不利地位。

二、印度当前军事战略思想发展的主要内容

随着21世纪以来世界主要大国战略竞争的演化、战略环境的变化和印度国内政治经济的发展，印度军事战略思想也随着调整变化。

（一）将巴基斯坦作和中国作为主要威胁，战略部署由“西攻北防”向“稳西强北”转变

自从被列为“金砖国家”之后，印度国民对国家发展前景充满了带有强烈民族主义情绪的期望，不仅要在南亚次大陆、印度洋这两大传统地缘战略区域继续保持优势，还希望能在世界更广阔地区扩大印度的影响。在印度的这一“大国化”进程中，中国不仅因历史

恩怨和现实纠葛成为“假想敌”，还因同属新兴大国的身份，成为印度衡量身份地位的“标尺”。尽管国际主流观点普遍认为，当前中国发展势头和综合国力比印度有着明显的优势，不过印度相信，随着中国在西太平洋特别是南海地区姿态越来越强势，美、日、东盟等国家必将寻求形成对新兴强国的制衡甚至围堵，印度的地缘战略价值将随之迅速“增值”，这也给了印度向中国的战略敏感地域伸出触角的绝佳时机。一些国家出于制衡中国的需要，对印度进行吹捧和拉拢，让印度找到了扮演至关重要的地缘棋手的良好感觉，认为国际环境这个“势”给了自己大展拳脚的机会。随着国际形势变化，印度对巴基斯坦和中国的军事威胁进行了重新审视分析，认为巴国内政局频频动荡、经济发展缓慢、军事发展受到制约，其综合国力和军事能力与印度相比处于下降趋势，对印度的现实威胁正在逐步减弱。相反，中国政局稳定，经济快速增长，军事现代化加速推进，综合国力和军事能力不断加强，“中国威胁”的程度正在不断上升。

印军传统的军事力量部署以其西部方向为重点，兵力占总数的45%左右，主要用于威慑巴基斯坦；北部是次重点，兵力占总数的25%左右，主要用于威慑中国；南部主要配置海军力量，用于对付近海小国和来自海上的威胁；中部为战略纵深地带，兵力占总数的30%左右，用于对各战略方向实施快速机动支援。近年来，印军根据新的战略判断，对防务体系进行了适当的调整，重点体现在稳定西线、加强北线。印度之所以敢在边境地区挑起事端，与其近年来高原战力有所增强有很大的关系。由于印度与中国、巴基斯坦在高原地区一直存在领土争议，因此印度建立了一支世界上规模最大的山地部队，从西部印巴争议地区到东线中印争议地区，印度部署了4个集团军，共10个山地师、1个独立山地旅和3个后备山地旅，总兵力约15万。其中，8个山地师分布在中印边境地区。从2013年起开始组建一个新的山地军——第17山地打击军。印度军方表示，第17山地打击军将印军应对中国的能力提高到“威慑”水平，即具备了应对突袭的快速反应能力。① 除了陆军，印度空军近几年也在加强高原战力建设，一方面改造靠近边境地区的机场和修建新的机场，另一方面在边境机场部署先进战机。为了增强军队在高原地区的军事优势，印度开始重启和新建一些高原军用机场，数量高达20多个。

（二）认为未来战争的规模和样式主要是地区性“有限战争”

三次印巴战争使印度取得了军事上的胜利，并且成功地肢解了巴基斯坦。这不仅极大

---

① 《印度建山地打击军瞄准西藏》，https：//world. huanqiu. com/article/9CaKrnJDTDy。

地削弱了巴方实力，初步确立了印度在南亚次大陆的霸主地位，同时也使巴基斯坦在很长一段时间内无力再与印度打一场全面战争。

1974年印度首次进行了地下核试验，使巴基斯坦感受到更大的威胁。为重新恢复地区平衡，消除印度对巴的战争威胁，巴基斯坦确定了“以核谋安全”的战略思想。1998年5月，印巴两国先后进行了数次核试验，南亚地区核均衡态势最终形成。

印度一方面不愿意打大战，尤其是不想打核战争；另一方面，为了维持其在南亚的主导地位，又必须遏制巴基斯坦对印度的敌对行为，采取包括军事手段在内的一切“适当”手段。印度军界及防务界在对海湾战争、科索沃战争等一系列高技术局部战争进行研究后认为，印度同周边国家特别是巴基斯坦和中国因领土争端引发战争的可能性依然存在，但印度与这些周边国家爆发大规模全面战争的可能性大大降低，大多数情况下将是中小规模的边境地区有限常规战争。印度国防部长费尔南德斯于2000年1月在新德里举行的亚洲安全国际会议上，正式对外披露了“有限战争”理论，表示印度军队战争准备的侧重点由过去准备与周边国家打“一场半全面战争”转变为立足打“有限战争”，特别是高技术条件下的边境局部战争。“核武器没有使战争消失，它们仅在某种程度上使战争呈现出另外一种表现形式。印度不会因为巴基斯坦拥有核武器就无视巴基斯坦对印度的敌对行为，如果有必要印度将发动一场有限的常规战争。”① 印度“有限战争”思想的主要观点包括以下几个方面：

第一，军事目标服从并服务于政治目标。印度有限战争理论的核心前提是，交战双方都依据政治第一的原则，自愿地和有意识地对战争的目标、手段和范围进行一定程度的限制，从而使战争得以控制，达到较小的代价换取最大效果的目的。印度认为，从政治上看，有限战争不谋求威胁敌国的生存，所追求的目的始终是通过有节制、灵活地运用军事手段，影响或促成敌对国按印方的希望改变、修正或调整其政策，同时印方也准备做出必要妥协来换取对方让步。从军事手段上看，印军实施有限战争的目的并不是追求彻底消灭敌国军队，或使其完全丧失抵抗能力，而是通过施加一定限度的暴力，促成争端的政治解决或推动敌方做出必要的妥协。因此印度认为，有限战争必须坚持军事目标服从于政治目标的原则，坚持由国家政治领导人对战争实施全面控制。

在有限战争状态下，任何军事手段都应当与国家主要政治目标保持一致。也就是说，即使印度失去一场战斗的胜利，但如果在政治上获取利益，此类军事手段值得追求。例

---

① 丁皓：《印度的有限战争理论及其对军事战略的影响》，《外国军事学术》2005年第8期。

如，在卡吉尔冲突中，如果印军越过实际控制线就能更有效打击武装分子，但出于国家基本政治目标的需要，印军还是保持了克制姿态。

第二，对战争范围实施限制。印度认为，有限战争的范围必须受到控制，其本质是用限定战争范围的办法来约束军事手段的发挥。一是应确保战争空间的有限性。战争空间的限制，是约束战争范围最重要的因素。对邻国领土采取军事行动的范围越小，战争的有限化程度越高，反之亦然。据此，印度特别强调，限制地面部队作战行动范围，要求地面指挥官必须服从命令。二是应确保作战目标的有限性。印方强调应围绕战争目的选择打击目标，贯彻少而精的原则，把有限的打击力量集中于敌国关键目标，以免扩大战争范围，承受国际舆论压力。三是应确保战争行动持续时间的有限性。印军认为，在有限战争状态下，实施军事打击的方式越突然，持续的时间越短，遭受打击的国家就越难于及时做出反应，战争范围就越有限，越有利于冲突快速降级。

第三，对战争强度加以限制。有限战争的强度虽然取决于国家追求政治目的和军事利益的实际需要，但必须对其实施限制，阻止战争走向极端。一是要控制投入战争的武器数量、种类和性质，特别是防止使用国际战争法禁止使用的武器。二是重点控制兵力投入数量，充分发挥快反部队、特种部队的作用。只是强调选择恰当的作战样式，既要满足军事上的需要，又要兼顾控制战争强度的要求。其中，先发制人的联合机动作战和网络中心战有助于控制战争强度，将是印军未来有限战争的主要作战样式。

第四，军事手段与外交手段相互配合。印度的有限战争理论将军事行动视为促成政治解决争端的重要手段，而政治解决争端的主要形式是外交谈判。在有限战争中，外交谈判负有争取盟友和国际舆论、创造有利战略形势、实现对己有利的停战安排等重大使命。鉴于此，军事行动应为外交活动的成功提供必要的军事压力，如果没有这种压力，外交活动可能无所作为；外交活动则要充分利用和调节军事行动提供的压力，争取在尽可能有利的条件下政治解决争端。外交失败将给军事斗争带来严重不利，甚至直接导致战争失败。

（三）立足两线作战、陆海并重，推动军事力量现代化建设

近年来，印度对中国和巴基斯坦的“军事威胁”进行了重新分析评估，提出了“两线机动作战”思想，要求印军做好各种斗争准备。两线作战的思想已经受到印度决策层的高度关注，并且在很大程度上成为印度军队建设和战争准备的指导原则。同时，印度认为必须加强海权并将印度洋牢牢控制在自己手中，才能在通往大国的道路上变被动为主动，将印度的经济命脉把握在自己手中。因此，印度大力加强海军建设，军事力量的部署由过

去的以陆地为重转向陆海并重。目前，印军已把从边境后撤的部分军队抽调到沿海加强防务，并在南部新建了一支海军舰队，以加强印度洋方向的军力。无论是为了现实作战需要，还是为争取更多关注和投入，印度国防建设的确在此思路下得到了迅速加强。第一，更新发展武器装备。为了升级军备，印度近年来不断增加军费，除了用于培育本土军工产业外，主要是用于加大对外军购。印度当前已经成为全球最大的武器装备进口国之一。2017 年，印度与以色列签署了约 25 亿美元的导弹交易，并向美国购买了 22 架“守护者”无人机。2018 年美国同意向印度出售价值 9.3 亿美元的军事装备，包括 6 架“阿帕奇”直升机及其配套的“毒刺”和“地狱火”导弹。印度还从俄罗斯购入了 5 套 S-400 防空导弹系统和 4 艘 11356M 型护卫舰，总价值高达 63.7 亿美元。印度国防部长还提出了新的军备升级计划，预计未来 10 年将花费大约 2230 亿美元来提高印度的军事能力，在 2027 年前购买近 500 架直升机、12 艘潜艇、近 100 架单引擎战机和 120 架双引擎战机。第二，加强边境战场建设。2015 年，印度在印藏边境警察部队增加了 6000 名，向中印边境实际控制线沿线增派了 8000 名人员，加修边界公路，在所谓的“阿鲁纳恰尔邦”（即我国藏南地区）启用了 5 个可以起降所有类型运输机和军机的前沿着陆场，警察部队在锡金设立了众多哨所和临时营地，印藏边境警察在列城建立了 1 个新的司令部。第三，推进军队体制改革。印度政府近年来持续致力于军队改革，建立新的决策机制，精简机构裁汰冗员，提高三军联合作战能力，还计划建立针对巴基斯坦和中国的联合战区。

（四）以大国定位为指向，加强核威慑能力发展

印度认为，拥有核武器能有效确保国家安全，是实现大国地位的重要手段。印度核武器的存在，对南亚地区国家产生了重要的威慑作用，有效保持了印度在南亚地区的主导地位。虽然在 1998 年 6 月 4 日安理会常任理事国外长会议上，五国外长发表联合声明，根据《核不扩散条约》不承认印度核大国地位，但事实上的拥核使印度迈出了成为世界大国的重要一步。世界军控协会估计印度已经拥有 100 枚左右核弹头，已经拥有“三位一体”战略核力量。印度正在加快生产新核材料和制定核潜艇计划，要短时间内生产更多更大当量的核武器，以应对巴基斯坦和中国的核威胁。印度近年来先后进行了“烈火-5”“大地-2”和“烈火-4”导弹试射，正在建造 3 艘弹道导弹核潜艇，计划建造 3 艘攻击型核潜艇、采购 6 艘攻击型核潜艇和 18 艘柴电潜艇，并正在建造 1 个 1 万吨的浮动试验平台，用于弹道导弹防御第 2 阶段拦截试验，以便构建起整个印度洋地区的“全面威慑能力”。

（五）加强对外军事合作，逐步调整“不结盟”政策

近年来，新上任的莫迪政府的关注范围已经从东印度洋地区扩展到东盟和西太平洋。印度自2014年正式提出“东向”政策以来，与美日“印太战略”相呼应，不断渲染中国的军事威胁，加强与美国、日本、澳大利亚的战略关系。强调要致力于建设一个“自由、开放、繁荣和包容”的印度洋，以提升印度在亚太地缘角逐中的制衡力度，应对中国在该地区日益上升的影响力。

近年来，美国对印度的持续拉拢与诱导，促使两国防务合作进入“快车道”。印度与美国在过去近20年里共签署了3个关键性军事协议：2002年的《印美一般军事信息安全协议》、2016年的《印美运输交换协议备忘录》、2018年的《通信、兼容性与安全安排》。这几个双边军事合作协议，均侧重于信息、情报和通讯方面的合作。2010年11月，美国和印度举行第三次外长和防长“2+2”对话，双方正式签署《地理空间合作基本交流与合作协议》。根据协议规定，印度将被允许使用美国的卫星和地图数据，以获取重要的地形、航海和航空信息。分析认为，协议的签署标志着美印双方在军事情报信息交流领域已达到“准盟友”级别。

近年来，在莫迪政府“东向政策”和日本安倍内阁的“自由开放的印太战略”共同作用下，印度与日本的军事合作不断升级。双方以2014年9月构筑的“特别战略全球合作伙伴关系”为支撑，在安全防务领域逐步建立起部长级、副部长级、最高武官级、陆海空参谋长级等各种级别的对话交流机制，并持续开展联合军事演习、军事人才培养和装备技术共同研发等行动。2018年8月，印度与日本就联手强化在印太地区的军事影响力达成一致，并且同意启动磋商关于签署《物资劳务相互提供协定》等事宜，并就今后继续深化合作进行部署。①

三、冷战后印度军事战略发展对我国安全的影响

中印两个大国同时崛起，未来两国将在更多的领域展开竞争。受传统地缘政治思想的影响，印度必将中国视为潜在的地缘战略对手，未来印度仍会将其地缘战略奉为处理中印关系的圭臬，制定的地缘政治战略必定会影响中国边疆安全与稳定。

---

① 《印日签署〈相互提供物资与劳务协定〉》，http：//japan. people. com. cn/n1/2020/0911/c35421-31857475. html。

（一）影响南亚地区稳定和我国西南方向的安全形势

印度长期以来在南亚地区推行地区霸权，与巴基斯坦、尼泊尔和孟加拉等南亚国家存在领土争端和水资源分配问题，一旦矛盾激化，势必影响地区稳定和我国西部地区周边安全形势。特别是印巴之间长期军事对峙，并数次兵戎相见。两国间的核军备竞赛和克什米尔领土争端，极有可能引发战火并殃及我国，对我国西部安全影响很大。另一方面，印度与我国边界长达 1700 余公里，存在 12.5 万平方千米的领土争议，中印纠葛短期内难以化解。印度一直视我国为主要战略竞争对手，近年来持续加强对华军备建设和边境渗透争控，对我国西南地区安全稳定构成了较大威胁。

（二）“东向”战略牵引印度海上力量投射，影响南海安全形势发展

为了进一步融入发展强劲的东亚和东南亚经济圈，莫迪执政后的印度“东向”战略倾向更加强烈。莫迪政府的政策理念是与其等待，不如行动，而行动的首要目标就是介入南海，因为南海是印度向东进发的交通运输线和海上能源通道。2016 年 6 月 10 日，印度派遣 4 艘军舰，在日本冲绳以东靠近南海的海域，参加了代号为“马拉巴尔”的美日印联合军演。此次演习从印度洋向西太平洋延伸，凸显出印度的“东向”战略正借助美、日等大国势力逐渐向东亚地区延伸，这对中国南海周边的安全态势造成了一定的影响。2019 年 9 月，印度海军派出 2 个舰艇编队，在靠近南海的西太平洋地区展开军事演习，以显示其不断增强的海上实力。印度的“东进”战略无疑将会触及中国在南海地区的核心利益，影响南海安全形势发展。

（三）配合大国围堵中国的战略部署，从整体上恶化我国安全环境

在美国明确提出大国竞争战略以来，美印关系借助遏制中国的共同战略需求呈现出持续的高调态势。在继承奥巴马政府时美印两国关系取得进展的前提下，印度在美国的印太外交格局，特别是地区安全合作中的地位和重要性愈发凸显，美印两国的安全合作取得了新的进展，特别是继续深化重点领域的合作使其针对中国的特性更为突出。特朗普任期继续赋予印度“主要防务伙伴关系”地位，并与印度签署了诸多的双边军事协议。印度也投入大量的资金向美国订购军火，美印两国还签署了相关的协议以便于进行双方军事技术的交流与装备的研发。美印两国海上安全互动合作的加强，美印两国联合军演的日趋机制化和常态化，不断强化印太地区军事存在，在一定程度上配合大国围堵中国的战略部署，从

整体上恶化我国安全环境。虽然俄乌冲突对印美关系产生了一定的负面影响，但其在遏制中国问题上的战略协调短期内不会从根本上调整改变。

第三节　冷战后印度军队建设思想的发展

冷战结束以后，印度面临的安全环境出现了一些新变化、新情况，印度在调整国家安全战略和军事战略的同时，对军队建设思想的指导原则与方针也做出了相应调整，提出了军队建设新理念和新思路，制定了21世纪的军队建设计划，重点突出了军队的联合化、信息化和国防工业的自主化。

一、推动军队体制向联合化方向发展

20世纪八九十年代的一系列局部战争向人们展现了现代联合作战的优势和特点，对于三军分立的印度军队而言，影响和触动也非常大。推动军队体制向联合化方向发展是冷战结束以来印度军队建设思想发展的重要内容之一。

（一）持续推动领导与指挥体制的改革

从20世纪70年代至90年代末，印军一直沿用三军分立的领导指挥体制。在进行有多个军种参与的战争行动时，通常采取临时搭建的方法组建联合作战指挥机构，实施联合程度和水平较低的联合作战。1999年的卡吉尔冲突暴露出这一指挥模式的诸多问题。进入21世纪后，由于看到联合作战指挥体制在现代战争中的重要作用，印度决定向美、英等国家学习，进行高层领导体制和联合作战指挥体制改革，解决三军各自为战的状况。

首先是在总部层面成立联合作战领导指挥机构，解决顶层设计与领导问题。2001年9月，印度成立了联合国防参谋部，实行联合国防参谋部体制。联合国防参谋部无作战指挥权，主要任务是进行战略规划和三军转型建设发展研究，为未来的高层联合指挥机构建设摸索经验。印度准备待时机成熟时设立拥有实际指挥权的国防参谋长，统一指挥陆海空三军及战略力量，以顺应实施联合作战和各军种协调发展的需要。

其次是在总部之下设战区级联合作战指挥机构，即战区司令部，用以统辖战区内的三军力量。印度陆海空三军分立，战时在战区内临时组建参战军种间的跨军种联合作战指挥机构组织实施联合作战。由于这种临时性机构权威较低，只负责协调部队的作战行动，没

有实质指挥权，因而参战部队行动难以真正协调一致，整体作战效能低下。为适应联合作战需要，印军经过多年的研讨论证，决定以先试点后推广的方式，组建常设的地区性联合司令部，负责管理指挥战区所辖的各军种部队。2001 年 10 月，印军将安达曼—尼科巴司令部作为首个试验性的“战区司令部”进行建设，并计划在适当的时候在全军推广。2007 年 8 月，印军正式成立了联合作战研究中心。该中心在参谋长联席委员会主席的领导下行使职能，主要负责集中培训联合作战专职人员，促进印度三军之间的战略协作，并开展联合作战的相关研究。这些措施表明，印军的三军联合作战指挥体制正向完善机构、提高效率的方向发展。

最后是统一全军情报管理工作。2002 年 3 月，印军成立直属联合国防参谋部的国防情报局，负责统一协调三军的情报工作，有利于加强三军的情报协作和情报共享，以满足军种和各级战地指挥官的情报需求。

2021 年下半年，印度启动了建立四个战区司令部的筹备工作，四位高级将领已受命构建战区结构，以打造一体化的联合作战机制。整合型的海上战区司令部、防空司令部，以及两个陆地战区司令部，都将在未来两到三年内具体成型。①

此外，随着核力量的建设发展，印军还进一步加强了核力量指挥管理体制。2003 年 1 月，印军成立了“核指挥管理局”和“战略部队司令部”，负责统管和控制三军所有的核武器及导弹设施，使核力量指挥管理体制得到了进一步完善。

（二）从《作战条令》等法规文件着手完善顶层指导

21 世纪以来，受多场局部战争的影响，印军加强了对联合作战的研究，各军种相继颁布了具有联合作战特点的作战条令，不断完善顶层指导。其中包括：2006 年发布的《联合作战命令》《联合反恐命令》，2008 年发布的《联合两栖作战命令》《联合特种作战命令》，2017 年发布的《联合训练准则》，2018 年的发布的《陆战条令》等。这些条令成为印军开展联合作战的基本理论指导，也是制定联合作战计划、开展联合作战行动的基本依据。

（三）由点到面逐步推动军队体制编制改革

21 世纪以来，美国、俄罗斯和中国军队都已经相继推开军事力量的体制编制调整，尤

---

① 《印度军队开启重大重组行动 打造一体化作战机制》，https：//baijiahao. baidu. com/s? id = 1710489299603401774&wfr = spider&for = pc。

其是军队模块化建设最具有标志性。印度军队由于特殊的国情、军情，体制编制调整改革更为复杂，于是采用由点到面的方式逐步推动体制编制改革。近年来，印度军队相继开展“打击军”“一体化作战群”等新型编制的试点改革。印军的“一体化作战群”概念是在借鉴美军“模块化师”的基础上提出的。即打破现有部队按任务和专业划分的编组模式，采用模块化设计，将部队编成若干个包括装甲兵、炮兵、机械化步兵和空中支援力量等诸兵种的师级规模的“一体化作战群”。①“一体化作战群”在编成上更具通用性，能根据不同的任务进行功能和数量上的增减，能灵活地应付不同性质、不同强度的多种冲突。其主要特点表现为：一是作战单元小型化。“一体化作战群”基本作战单元的小型化突出地表现在团、营级的编制上，建立起比较完整的指挥控制机构和战斗支援保障力量体系。二是作战单元一体化。“一体化作战群”强调最基本作战单元的作战力量合成，以实现部队多种作战能力的融合。

二、大力推动军队信息化建设

为积极适应信息时代的挑战，印度国防部和三军都相继出台了信息化建设构想，明确提出了大力推动军队信息化建设，力争于2020年完成三军重组，实现初步转型，于2040年前后完成三军全面转型，建成信息化军队，具备全面的信息化作战能力。

（一）加强信息化建设的战略规划

现代军队建设是一个非常复杂的系统工程，需要进行科学的战略设计和规划论证。印度把创新与建立信息化理论作为军事转型的重要内容和先决条件。目前，印度国防部和陆海空三军都已经制定了各自的“十五年构想”战略规划，该规划每5年进行一次战略评估，在此基础上往后顺延5年。此外，印军还制定了包括《C4ISR系统发展规划》《网络中心战建设纲要》《综合电子战计划》《综合防空系统计划》《信息技术2010年远景规划》《武器装备发展纲要》等远景规划等。这些纲领性文件总的指导思想就是充分发挥本国信息资源与信息技术的优势，迅速而广泛地应用信息技术，促进军事战略、作战思想、组织结构、部队训练、武器装备等重要军事领域的变革，实现由工业化军队向信息化军队的转变。

① 《印度陆军打造“一体化战斗群”》，https://baijiahao.baidu.com/s?id=1701979474993090577&wfr=spider&for=pc。

（二）加强各军兵种的信息化建设

印军认为，军队信息化建设是以现代信息技术为基础，综合其他各领域高新技术，建设一支“技术密集型”的现代化军队。为此，印度强调要走精兵之路，由“规模数量型”向“质量效能型”转变，通过优化组织结构，提高建设质量，加快三军转型步伐。印度陆军由战略打击军大规模作战模式向“一体化作战群”灵活机动作战的模式转型，目标是建成一支“精干、高效的技术型军队”，整体提升陆军的立体攻防能力、远程奔袭能力和快速机动能力；海军由近海防御型向远洋作战型转型，目标是建设一支以“航母+核潜艇”为骨干、具备立体作战能力的强大海军；空军则由本土防御型向航空航天型转型，强调把外层空间列为未来战争中的第四维作战空间，建设一支能打陆、海、空和太空“四维”战争，必要时能独立进行作战且具有威慑力的新型空军力量。

（三）加强网络信息系统集成

印军认为，现代战争具有“短促、快速、高节奏”的特点，打赢信息化战争，高度集成的军事网络信息系统是关键。因此，建设先进可靠的军事网络信息系统，是军队信息化建设的重点，也是发挥信息化整体效益的关键。近年来，印度军队十分重视信息网络的建设。目前，印度陆海空三军均已建成各自的军事信息网络。为尽快形成三军一体化的信息网络系统，印军计划以各军兵种现有的信息系统为基础，采取“先分散发展，后统一整合”的方法，先建立和完善一体战术 C4I 系统，实现作战部队的无缝链接和指挥自动化，尔后再建立和完善战略 C4ISR 系统，在战略层面建立一个三军一体化的国防通信网络，实现上层指挥系统的计算机化和自动化，在此基础上将两者合并，实现全军各网络系统联网，最终形成国家、战略、战役和战术层次上的 C4ISR 网络体系。

（四）加强信息化武器装备发展

印度军队信息化建设，武器装备信息化是重点。印军认为，信息化火力与信息攻击力将取代传统的以突击力和火力为主的打击力；以网络化信息系统为基础的信息武器平台将取代单纯的机械化武器平台；以对火力打击硬杀伤与信息攻击软杀伤的防护取代仅为对火力和突击力等硬杀伤的防护。这些重大变化对军队现代化建设提出了更高的要求，尤其是强大的信息攻防能力已成为信息时代军队战斗力的发展要求。为此，印度把发展信息化武器装备作为重中之重，投入巨资，采取了各种措施大力发展信息化武器装备系统。

三、推动国防工业改革，实现武器装备的自主化

作为世界上武器装备进口最多的国家，印度是国际军火市场上的重量级客户，其武器装备绝大部分依赖进口。为了实现印度的世界大国和军事强国梦，印度多年来始终强调要推动国防工业和武器装备的自主化，但是由于特殊的国情社情和体制制度，尽管印度大力推行“印度制造”计划以减少军事进口，但该国在过去多年里仍是世界第二大武器进口国。① 印度推进国防自主的努力仍将持续，但道路注定会困难重重。

（一）强调通过“自力更生”实现国防工业的“本土化”

冷战后的几场军事冲突暴露出了印军武器装备的诸多不足。印度政府非常清楚，实现军事强国的目标决不能仅仅依靠“特许仿制”来生产武器装备，必须通过自力更生，打造强大的国防工业体系，特别是在国防关键技术领域掌握自主知识产权。印度前国防部长安东尼指出：“自力更生是印度实现军队现代化和装备本土化的最佳途径。印军未来任务需求将不断增多，打造本土化国防工业能力，减少对国外进口的依赖，不仅有利于印国防工业界获得更多的商业利益，而且有助于促进印军基础建设。”为此，印度通过增加国防预算和国防科技投入，加强防务技术储备，努力打造“本土化”国防工业能力。

2011 年 11 月，印度政府明确提出了“促进本国国防工业创新与发展”的目标。印国防部据此明确了国防工业领域优先实现自主发展的项目，包括军事航天技术、信息技术、核武器技术、导弹防御技术、坦克技术、航母技术等。此后，印度本土化国防工业能力建设不断取得进展，包括组织试射“烈火”和“大地”等自主研制的导弹，研发 155 毫米/52 倍口径火炮和 1500 马力坦克发动机，开展以航天为基础的指挥控制与侦察监视项目，并推进低成本卫星研发项目。印度国防部还修订了《国防采办程序》，要求增加购买和制造印度国产军工产品的比重和类别。

2015 年 7 月 8 日，印度工业联合会宣布了致力于提高国防工业能力的国家计划，由战略制造技能委员会通过为印度青年提供国防工业技能培训等方式途径，建立健全国防工业劳动力机制。据印度工业联合会估计，印度国防工业需要大约 180 万人的劳动力队伍，战略制造技能委员会计划在 10 年内完成约 150 万人次的培训和认证工作，从而弥补印度国防工业技能差距，建立职业技能标准体系，完善认证机制。

---

① 《印军高官力促军事装备本土化：必须抵制进口武器“诱惑”》，https：//baijiahao. baidu. com/s？ id=1664818250394830578&wfr=spider&for=pc。

（二）推动私营机构参与国防工业建设

冷战时期，印度国防工业完全由政府控制，私营企业不得涉足由国家垄断的军工业务。冷战结束后，印度政府开始考虑准许私营企业参与军备生产和零部件供应，并于 1995 年首次授权 100 多家私营公司参与军工生产。进入 21 世纪后，印度政府通过多种途径，进一步加快国防工业企业的私有化进程。

首先，印度政府强调要实现国防科技和产品的军民两用，认为军民结合战略能够使国防工业成为印度国民经济发展的重要驱动器。根据印度政府、工商部和工业政策与促进局联合制定的武器装备生产准入许可证制度，印度国防工业企业中私营企业控股可达 100%。私营企业生产的武器装备首先向印度国防部出售，在征得后者同意的前提下，也可在国内事务部和各邦政府的监管下出售给政府经营的企业。

其次，印度政府扩大了国有防务企业私有股的持有比例，准许私营企业持股改造。特别是对效益低下、运营情况欠佳的国有防务企业实行兼并重组，甚至拍卖给私人经营。此外，印度政府还建立了合资公司，准许外国公司进行股权参与，从而为印度在军工生产和军品出口方面创造有利条件。

从实际效果看，印度政府准许私营企业进入国防工业生产领域，不仅拓宽了国防工业发展所急需的资金来源，而且进一步拓展了外部市场。这些私营企业广泛参与印度军队装备生产，包括战机、军舰、坦克、电子设备等原料供应、半成品、零部件乃至整套军事装备，从而成为印度国防工业领域中的生力军。印度通过实行大型国有防务企业与私营企业相结合的方针，逐步形成了包括防务科研机构、国有防务企业和私营企业在内的多元化的国防工业体系。

（三）拓展国际合作渠道，努力提高国防工业生产能力和技术水平

经济全球化大大促进了国防工业的国际化发展，而国际安全关系的日渐密切，也使得世界各国在国防工业建设方面更加注重对外交流与合作，从而更好地实现国家安全和外交政策目标。鉴于此，印度近年来全方位拓展国防工业领域的国际合作，努力带动本国生产和技术能力的提高。

俄罗斯是印度国防工业对外合作的主要对象国，两国在该领域的合作广度和深度都有明显提高。21 世纪以来，印俄两国合作研发项目涉及核潜艇、潜射导弹、第五代战斗机等先进武器装备，两国之间的军工合作已从过去的“俄卖印买印仿”逐步转向“平等合作、

共同研发”的新模式。合作范围已从具体的装备和项目合作拓展至联合组建国防科技企业。例如印度埃尔康系统公司与俄罗斯直升机公司组建了合资企业，联合生产俄罗斯的卡莫夫和“米”系列直升机。

印度还积极拓展军工合作渠道，加强同其他国家的合作关系。印度与美国不仅联合开发生化战防护技术和军用通讯设备，还在积极探讨喷气发动机和航母技术方面的合作。印度与法国在联合研制、技术转让以及高技术武器销售等方面已经建立了较为稳固的合作关系。印度从以色列引进了“费尔康”预警机等武器装备，并获得了军工技术和部分生产线的转让，以色列还帮助印度对俄制武器装备进行升级改造。印度斯坦造船厂与韩国现代重工集团建立了合作关系，联合建造军舰船。

第四节　冷战后印度军队作战思想的发展

印军作战思想是在继承英殖民时期历史成果的基础上，通过积极借鉴外军理论成果和总结作战经验而发展起来的。冷战后，印度军队认真总结军事实践经验，潜心研究对手的战法，密切跟踪和学习吸收美国、俄罗斯等国军队的作战理论，力图逐步改变长期以来作战理论相对落后的状况，加快构建具有本国特色的作战理论体系。

一、冷战后印度军队作战思想发展的主要内容

冷战后，在国际战略环境、军事战略、战争实践等因素的影响下，印军作战理论快速发展。尤其是近年来，随着世界新军事革命深入发展，战争形态和作战样式发生重大变化，印军进一步加强了作战问题研究。在充分研判未来作战对手、作战环境、作战样式和手段运用的基础上，结合自身国力和军力发展，出台了一批前沿作战理论。

（一）构建联合作战理论体系

在 1971 年的第三次印巴战争中，印军在东巴地区的作战行动是印军首次在实战中进行联合作战的尝试，尽管只是陆、空两军种之间的小范围联合，但对于印军作战理论的发展影响深远。到 20 世纪 80 年代后期，印军在海洋战略的指导下迅速发展海军，并尝试组织海、空军甚至三军联合作战演习。印军 1987 年在印巴边境举行的代号为“铜钉”大规模陆空联合作战演习，检验了三军联合作战能力。

进入21世纪，受阿富汗战争和伊拉克战争的影响，印军在借鉴美军先进作战理论的基础上，加快了对联合作战理论研究的步伐，各军种陆续颁布了具有联合作战性质的作战条令。如2006年颁布的《联合作战条令》和《联合反恐条令》，以及2008年颁布的《联合两栖作战条令》《联合特种作战条令》《联合电子战条令》和《联合海空作战条令》等，都是从战略高度和三军通用的角度出发，确定了有关联合作战的基本原则，成为制定联合作战计划和遂行联合作战行动的根本依据。同时，为加快对各军种作战条令的整合，印军还频繁举行各种联合军事演习，以检验现代战争条件下各军种部队的联合作战能力。

（二）陆军提出“冷启动”作战理论

2001年12月，巴基斯坦支持的“虔诚军”袭击了印度议会，造成大面积伤亡，印度启动了自1971年印巴战争以来最大规模的军事动员，并按照传统的“打击军大纵深”作战理论启动了“帕拉克拉姆”行动。在“帕拉克拉姆”行动中，印度向印巴边境调集了50万军队，意在迫使巴基斯坦停止对以印度为中心的恐怖活动的支持。但由于部队规模庞大，机动距离较远，印度的3个打击军用了将近1个月的时间才从印度中部地区抵达边境。但当这3个打击军到达边境、可以成为印度对外政策的工具时，一直以在大规模战争中打垮巴基斯坦军队为目标的印度军队却因装备不足，无法对巴方可能的核报复做出快速而充分的反应。针对这些问题，印度军方决定创新发展作战理论，以弥补印军在机动性和灵活性方面的不足。

2004年4月，印度陆军出台了“冷启动”作战理论。所谓“冷启动”，是指军队像计算机冷启动一样，在最短的时间内，迅速完成部队的动员、集结和调动部署，并在第一时间内对敌发动先发制人的打击。该理论的关键在于缩短印军的反应和准备时间，从而能更加快速地动员和拉动，对危机做出有效反应。“冷启动”作战理论的基本思想要点可概括为以下几个方面：

第一，快速动员，快速部署。“冷启动”首先强调要快速动员、快速部署，掌握战争主动权。在政治层面帮出发动战争的决断后，要求军队在最短的时间内，迅速完成部队的动员、集结和部署，快速将兵力兵器投送至冲突地域，占领重要地域，抢夺要害目标。要避免因过长的军事动员时间，导致在战略和军事上失去突然袭击的机会。快速迅捷的军事行动还能减少国际社会干预的机会和舆论的压力，增强政治领导人的战争意志，避免政治领导人由于内外社会压力而动摇信心和决心。

第二，先发制人，速战速决。“冷启动”作战理论强调一旦下定作战决心，要在第一时间内对敌发动先发制人的进攻作战，以猛烈的火力和精确打击，实现“震慑”效果和速战速决，通过先发制人所取得的优势地位使战场朝着有利于己的方向发展，为政治谈判解决争端增加筹码。

第三，灵活反应，机动作战。“冷启动”作战理论指出，未来战场点多、面广、流动性强，必须打破固定战线，摒弃传统的阵地战术，发展机动作战能力。应着眼于瘫痪敌军而非歼灭敌有生力量，灵活配置兵力，进行迂回、包抄、纵深突击，攻击敌薄弱环节和翼侧，对敌实施全方位打击。为此，“冷启动”作战理论设想有目的、有计划地组织“精干高效”的一体化作战群，在战场范围内进行横向和纵向流动，选择对己最有利的时间、地点、方向，对敌多点目标实施打击，瓦解敌战场布势，陷敌于混乱，从而创造对己有利的战场态势，为最终打败敌人创造有利条件。

第四，三军协同，联合作战。“冷启动”作战理论特别强调要实施联合作战，实现由“地面作战”向“联合作战”转变，要求各军兵种密切协同，集中最精锐的兵力兵器打击、击溃和战胜敌人。空军不仅要在战争初期夺取制空权，还要全程提供对地火力支援；海军除担负海上控制、海上封锁等作战任务外，还要对陆提供火力支援；导弹部队远距离打击敌人的“脆弱地区”和“脆弱点”；特种作战部队则空降敌后实施特种作战行动。“冷启动”作战理论要求充分利用印军在武器装备技术和数量上的优势，集中陆海空军和导弹部队等作战资源，对敌关键作战目标而非作战人员实施破坏性打击，迅速摧垮敌方抵抗意志，避免大规模部队近战胶着状态的出现，削减敌人使用核武器的风险，有效降低战争的附带损失。

第五，集中兵力兵器，震慑敌人。印军认为，消灭和战胜敌人，只有通过积极的进攻作战才能实现，为此必须投入压倒优势的兵力兵器。但由于受客观物质条件的限制，印军在纵深突击中表现为以兵力突击为主、火力突击为辅。进入 21 世纪，印军认为，集中机械化大兵团实施大纵深歼灭作战已无法适应核背景下高技术有限常规战争的需要，应变集中兵力为集中兵力兵器，变歼灭敌有生力量为打击敌人的“脆弱点”和“关键点”，通过猛烈无情火力打击，追求“震慑效果”，摧毁敌人的作战意志。

为了贯彻实施“冷启动”作战理论，印度陆军对部队结构进行了相应的调整。将 3 个规模庞大的打击集团军整编为 8 个前沿部署师级规模的一体化战斗群。每个战斗群由装甲兵、炮兵、步兵和空中支援分队组成。通过合理配备武器装备，使每个战斗群都能在战场上灵活自主作战。

2011 年 12 月，印军在“神佑力量”联合战役演习中首次披露“一体化战区作战构想”，这是“冷启动”作战理论更为具体化的运用发展。其基本构想是：通过整合战区诸军兵种全部作战、支援和保障力量，实现战区内跨军兵种、跨组织的一体化无缝链接和实时战场态势感知，确保有效实施联合作战，打赢战区方向核威慑条件下的高技术有限战争。2012—2013 年，印军连续举行了三场联合战役演习，其三大主力军和空军先进战机悉数登场，旨在检验“一体化战区作战构想”的可行性。在这些演习中，印军不仅规划了总任务和企图，对部队在各阶段的任务和具体行动、组织协同、各种保障和组织指挥都有明确要求，参演部队也根据统一的作战计划，完成了演习规定的各种课目，实现了演习设定的企图。

（三）空军提出“战略性威慑防空”作战理论

现代战争中，空军影响制约着战争中的各种要素。夺取制空权已成为取得战争胜利的关键。冷战结束以来，印度进一步加快了空军建设发展步伐，愈来愈重视空军在未来战争中的作用，并着力发展空军作战理论。

21 世纪初，印度空军颁布了新的战略方案——《空军 2020 构想》，强调印度要利用在信息、空间技术领域的核心优势，加快预警、侦察、通信力量建设，夺取制空权，全面提升空军的远程作战能力、精确打击能力，逐步发挥空军战略功能，实现由战术性空军向战略性空军转型。2002 年，在“有限战争”的框架下，印空军提出了可对巴控克什米尔地区恐怖分子进行“先发制人”军事打击的作战思想。2006 年，印空军颁布了新版《印度空军条令》，从应对未来冲突角度出发，明确航空航天作战概念、作战任务和未来发展构想，标志着印度空军的转型进入实质性发展阶段。2007 年，印度空军颁布了空军战略，正式提出了“战略性威慑防空”作战理论，其核心思想是要求印度空军利用信息技术和太空技术优势能力，在承受住敌对国最初的攻击后，运用先进的空中作战力量，通过空中加油，拓展作战半径，对入侵之敌进行大纵深和远距离的反击作战。

在战略目标上，以应对两线作战为主要任务。印度空军认为，印巴关系虽然取得了一些进展，但巴基斯坦依旧是恐怖主义的活动基地。此外，中国已经成为地区强国，对印度构成的威胁更为严重。目前，出现大规模战争的可能性不大。在使用核武器可能性极小的情况下，空军要做好与中国打一场广泛的、多条战线同时作战的边境战争的准备；在巴基斯坦可能首先使用核武器的条件下，做好与其打一场短期的、高强度的战争准备。基于对未来战争的形式主要是核威慑条件下的短期、有限和精确打击这一判断，印度空军认为应牢牢抓住当前相对和平与稳定的安全环境，积极主动调整作战理论，重点将战术性空军转变为战略空军，使空军在国家安全事务中担负更高层次的任务，并在需要进行快速反应的情况下发挥关键作用。

在能力建设上，强调发展域外战略作战能力。在冷战后新的战略环境下，印度将经济发展纳入国家战略的优先方向，力争保持高速增长的势头。为适应不断发展的印度经济，印度空军认为应更多地把目光投向印度洋和南亚之外，把保障国家的海外经济和能源利益作为其新的战略目标。印度空军保卫其领空和领土主权不受侵犯的传统使命已经发生变化，未来的印度空军必须具备到达“利益区域”和“战略疆域”的能力。在这些区域，印度空军不仅要能遂行作战任务，也要履行其他应有职能。为适应国家利益的不断拓展，印度空军的作战范围不再限于本土、边境和近海，而是提出发展并维持从马六甲海峡至中亚和海湾地区快速战略介入能力及军事防御能力。

在作战指导上，强调“先发制人”的攻势作战思想。为适应现代战争节奏快、时间短、对抗性强的特点，印度空军认为，未来战争中，为夺取作战主动权，必须强调在战争初始就迫敌于不利的战略态势。一旦发现敌方的进攻意图和迹象，应立即组织战略机动力量和快速反应部队，集中优势兵力，采取主要战役方向的袭击战和次要战役方向浅纵深的机动进攻战，实施先发制人的主动打击。在主要战役方向的袭击战中，以战斗轰炸机实施远程奔袭，摧毁敌方一线机场，破坏交通运输线，制止其战略预备队机动，孤立其战役第一梯队；以空降兵和特种部队渗入敌方战役纵深，袭击其指挥中心、通信枢纽、火箭发射阵地和后勤设施等，扰乱敌战役后方；以空中和地面火力，对集结地域的部队、指挥所、炮兵阵地等实施猛烈打击，歼灭有生力量，破坏其进攻准备。次要战役方向浅纵深的机动进攻战，则是在敌方的次要进攻方向，利用其集结兵力、调整部署和预备队尚未到达之际，航空兵配合优势兵力首先发起进攻，歼灭敌方的攻击集团。

在力量建设上，以提高远程打击能力为重点方向。印度空军认为，远程打击能力是战略空军的核心能力。印度空军不仅须承受住敌对国家最初的打击，而且应拥有高性能的远程飞机，通过空中加油，对入侵之敌进行大纵深和远距离的反击作战。近年来，印度空军演习特别重视演练、检验远距离机动和奔袭作战能力。

在发展方向上，把太空作为未来发展的制高点。通过吸收借鉴美、俄等军事大国的相关经验，印度空军也在加强对太空军事力量的研究，进一步加大太空投入，加快天基侦察、通信力量建设，积极参与俄罗斯和欧洲的全球导航定位系统，研制各式卫星和太空武器，全面提升空天一体的作战能力。

（四）海军提出“远海歼敌”作战理论

冷战结束以后，印度洋在印度经济建设中的地位日益上升。印度在该地区不仅拥有长达7515千米的海岸线、200多万平方千米的专属经济区和12个大型港口及200多个中小型港口及数百个大小岛屿。印度95%的对外贸易途经海上，约50%的石油与80%的天然气来自近海。① 为抓住国际形势变化带来的机遇，填补印度洋“力量真空”，印度积极进行军事战略调整，战略重心逐步向印度洋方向转移。

为了进一步提升印度海军深入海洋的作战能力，印度海军提出了定位于新的战略环境下海上作战的“远海歼敌”作战理论，其对海军的任务和使命提出了更高的要求。一是确立了将战场推向敌方地区的进攻性作战理念。该理论认为海军的作战任务已经从“控制海上交通线和进行海战”延伸为控制敌方濒海地区，从而极大地扩展了海军的活动空间和任务职能。二是强调海军应成为推行国家对外政策的强有力工具，强调海军应服务于国家总体战略。海军除作战、治安和救灾三项职能外，还要在国家推行对外政策中扮演重要的角色，不仅要成为连接友谊的桥梁，而且要成为战略核威慑力量的最可靠支柱。

综观印海军“远海歼敌”作战理论，主要内容体现为“一个控制”“两个确保”：“一个控制”，指“印度洋地区控制”。海军“远海歼敌”作战理论提出了以“印度洋地区控制”为核心的新海军作战构想，该构想分为三个层次。首先，在现阶段建立距海岸500千米以内的“绝对控制区”。在该区域内，印海军要具有保卫印度200多万平方千米专属经济区及各种经济、军事设施的绝对海上控制能力。其次，在可预见的未来，建立距海岸500千米~1000千米的“中等控制区”。在这一海域，印度海军应具有制海、监视和反潜能力。最后，在上述两层防御区建立之后，建立距海岸1000千米以外的“软控制区”。在该区域，印海军要有自我防护能力、预警巡视能力和一定的兵力投送能力，以便保护印商船或其他可能的海上利益。为了实现和贯彻“远海歼敌”作战思想，印度海军首先必须建立对印度洋周边国家的绝对军事优势，遏制他们向印度洋扩展；其次是要能够对印度洋外部的海军大国实施威慑，争取达成局部的海上力量均势，限制他们在印度洋上的行动自由。“两个确保”，即要确保海军具备“第二次核报复”打击能力和远距离“力量投送”能力。海军“远海歼敌”作战理论指出，一个国家要采取真正独立自主的外交政策，必须拥有最为可靠的战略实力作保障。在国家“三位一体”战略核武器结构中，弹道导弹核潜

---

① 《转守为攻：印度海军新作战理论简析》，https：//news. sina. com. cn/o/2005-04-15/14515660855s. shtml。

艇以其隐蔽性好、机动性和生存能力强而成为战略核威慑力量的中坚，是最有效的核报复力量。由于印度奉行“最低限度核威慑”战略，公开承诺不首先使用核武器，因此拥有战略反击能力的核潜艇对印度来说至关重要。① 对印度来说，发展非挑衅性的核战略能力，特别是战略核潜艇和海基弹道导弹，印度才能完善其核战略，取得战略遏制效果。

（五）针对边境争端提出“控制线”作战理论

21 世纪以来，印军针对印巴克什米尔领土争端和中印边界争端，提出了“控制线”作战理论，从理论和实践上全面加强对与周边国家有争议领土的蚕食。印军控制线作战理论是印军在克什米尔地区与巴军多年的军事摩擦和冲突中逐步总结和建立起来的战术指导理论。该理论以高原山地为基本作战环境，着重阐明控制线地区作战的基本原则，强调力量的灵活运用，注重军事与政治、外交等多领域的配合，主要包括了控制线作战的基础理论、以冰川作战为代表的高寒地区作战应用理论以及控制线作战中力量运用的问题。

一是明确控制线作战战场环境。为部队明确了作战环境的特殊性和多元性，提出了控制线附近面临的山地作战、冰川作战和严寒条件下高海拔地区作战的具体问题。二是明确控制线的军事和法律意义。使作战部队了解控制线军事价值和法律地位，强调控制线不具备国际边界线神圣不可侵犯的法律特性，要求作战部队在控制线附近尽可能地获得“永久利益”。三是提出控制线作战战术思想。阐明了控制线作战进攻与防御思想相对于一般山地作战行动的变化，例如由于作战环境的影响，进攻作战大多需要沿河谷、通道展开多路进攻，并要积极发起渗透行动，配合主力完成任务。在推进过程中必须占领联系各进攻轴线的横向路，并利用侦察和特种作战分队占领进攻轴线之间的山脊线，以便阻敌侦察、强化各路进攻部队的联系。而防御作战则强调沿实控线线性部署兵力，并在“关键驻地”重点部署，同时制定详尽的“关键驻地”支援计划，利用快速投送能力弥补控制线上兵力和火力不足的问题。

二、冷战后印度军队作战思想发展的主要特点

（一）强调“先发制人”的攻势作战

现代战争具有节奏快、时间短、对抗性强的显著特点，战机稍纵即逝。印军认为，传

① 《转守为攻：印度海军新作战理论简析》，https：//news. sina. com. cn/o/2005 - 04 - 15/14515660855s. shtml。

统的作战思想已无法适应高技术条件下的战场形势，必须通过“先发制人”的快速攻势作战，在战争初始就迫敌处于不利的战略态势，为争夺战争主动权、击败敌军创造有利的战机。强调一旦发现敌方进攻意图和进攻准备，就立即组织战略机动力量和快速反应部队，实施先发制人的主动打击，在主要战役方向上进行袭击，在辅助战役方向上实施浅纵深的机动进攻。主要战役方向的袭击战，将以战斗轰炸机实施远程奔袭，摧毁敌方的一线机场，破坏敌方的交通运输线，制止敌战略预备队机动，孤立其战役第一梯队；以机降部队和特种部队突入敌方战役纵深，袭击其指挥中心、通信枢纽、火箭发射阵地和后勤设施等，扰乱敌战役后方等。辅助战役方向近纵深的机动进攻战，应在敌方次要进攻方向，利用其集结兵力、调整部署、预备队尚未到达之际，以优势兵力在航空兵配合下首先发起进攻，歼灭敌方的进攻力量。随着印军高技术武器装备的发展，这一理念将得到进一步贯彻和发展。

（二）强调立体纵深作战

印军认为，战场是个多维空间概念，是空中战场、电子战场、陆战场，以及陆战场中的正面战场、翼侧战场和纵深战场等组成的系统。战场主体由参战的各军兵种部队组成的地面、空中、电子战等力量构成。必须充分利用战场空间，充分发挥军队的整体威力，实施全纵深立体作战。印军全纵深立体作战思想要求：进攻作战时，实施纵深突破、立体推进；防御作战时，建立纵深、立体的防御体系。为此，印军强调必须发挥空中力量的作用，夺取整个战场的制空权，并把夺取制空权视为攻势防御作战取胜的首要条件；必须在己方纵深组织防御的同时，对敌方纵深实施进攻，乘敌之隙，快速机动，在敌侧后开辟进攻战场；必须发挥直升机的作用，提高兵力兵器的机动速度，增强攻击的突然性。

（三）强调三军联合作战

印军认为联合作战是现代作战的基本特征。在诸军兵种联合作战中，印军特别重视陆空联合作战，其主要措施：一是建立了完善的陆空联合作战体系。陆军旅以上部队均有陆空联合作战指挥机构。空军不仅可以及时遂行陆军申请的近距离空中支援、空中侦察、空运和空降等任务，还可执行快速战术支援任务。二是建立了陆军航空兵部队，使空地联合作战更加直接和有效。印军认为，与西方发达国家军队相比，其最大的差距是信息化程度不高、联合作战能力不强。特别是印度陆军处于机械化和半机械化水平，立体作战、远程机动和快速反应能力不足。因此提高陆军的装备和信息化水平，是印度军队提高整体联合作战能力的重要抓手和着力点。此外，更高层次和更大范围的联合作战指挥体制是实施联合作战的重要支撑。莫迪政府执政以后，对印军联合作战体制改革的推动力度较大。印军计划准备成立由东部陆军、空军、海军司令部和一军司令部组成联合指挥中枢，以“齐心协力”的方式，应对所谓其北部边境地区和印度洋海域的任何“潜在挑战”。①

（四）注重远距离机动作战

20 世纪 80 年代以来，世界范围内发生的几场现代局部战争使印军认识到，大规模远距离作战是处置突发战争，特别是大国对小国、强国对弱国战争的强有力手段。高技术装备在军事上的广泛运用已使大规模远距离机动作战成为可能。这一作战方式既可主动将战场推至敌人的防御纵深或数千千米以外，按照己方的意愿控制战争进程，又可在己方防线被突破时，迅速调集精锐力量进行反击。因此，印军十分重视增强远距离机动和奔袭作战的能力，并在处理地区性危机时进行大胆尝试。在处理国内危机时，印军经常成建制地将若干个师调至数百乃至上千千米之外，有意识地使部队经受不同地区、不同条件下作战的锻炼。

（五）重视运用信息作战手段

印军认为，随着电子技术的发展，电子战已成为取得战争胜利的重要因素，战争的胜利很大程度上属于信息化程度较高的一方。早在 1971 年的印巴战争中，印军情报系统便广泛使用电子战装备，实施电子侦察和电子干扰，并取得明显效果。20 世纪 80 年代中期，印度陆军信号部队开始大规模发展电子战能力。进入 21 世纪以后，为了促进电子战技术装备的发展，印度让不少私营公司参与到电子战行业中来。一些优秀的私营公司很快如雨后春笋般涌现出来，如塔塔公司、Larsen & Toubro 公司、阿尔法设计技术公司、Shoghi 通信公司等，拥有较强的电子战技术装备研制能力。② 目前印军的电子战部队不断扩编，电子战手段比较齐全，电子战装备比较先进，电子战已经成为印军作战的重要手段之一。除了陆军信号部队，印度的海军、空军电子战技术能力在 20 世纪末到 21 世纪初也取得了长足的发展和进步，装备和研发了众多的先进电子战装备。

---

① 《印将成立“联合指挥中枢”，意在同时打赢两场战争》，https：//news. sina. com. cn/w/2022-06-04/doc-imizirau6462371. shtml。

② 《印度向中印边境部署电子战部队：战力究竟有多强》，http：//mil. news. sina. com. cn/china/2020-08-01/doc-iivhvpwx8597317. shtml。

参考文献

[1] 中国军事百科全书编审委员会. 中国军事百科全书——军事思想 [M]. 北京：中国大百科全书出版社，2015.

[2] 闵振范，赵丕主编. 中国军事百科全书学科分册——外国军事思想 [M]. 北京：中国大百科全书出版社，2007.

[3] 全军军事术语管理委员会，军事科学院. 中国人民解放军军语 [M]. 北京：军事科学出版社，2011.

[4] 江新凤，丁皓. 当代外国军事思想教程 [M]. 北京：军事科学出版社，2013.

[5] 于淑杰. 世界主要国家国家安全战略及评析 [M]. 北京：军事科学出版社，2014.

[6] 钱俊德. 美国军事思想研究 [M]. 北京：军事科学出版社，1992.

[7] 正文，秦思. 俄罗斯军事改革启示录 [M]. 北京：解放军出版社，2008.

[8] 张仕波. 战争新高地 [M]. 北京：国防大学出版社，2017.

[9] 樊吉社，张帆. 美国军事：冷战后的战略调整 [M]. 北京：社会科学文献出版社，2011.

[10] 蔡华堂. 美国军事战略研究 [M]. 北京：时事出版社，2019.

[11] 肖德伟，石宝江. 喙尖爪利的双头鹰——当代俄军改革20年回望 [M]. 北京：军事科学出版社，2015.

[12] 罗英杰. 俄罗斯国家安全战略研究 [M]. 北京：时事出版社，2020.

[13] 张桂芬. 俄罗斯“新面貌”军事改革研究 [M]. 北京：国防大学出版社，2016.

[14] 于淑杰. 当代俄罗斯军事战略研究 [M]. 北京：军事科学出版社，2015.

[15] 盛欣，何映光. 富士军刀：日本军事战略发展与现状 [M]. 北京：解放军出版社，2002.

[16] 邹昊，曲贵喜. 印度作战透析 [M]. 北京：军事科学出版社，2013.

[17] 曹永胜，罗健，王京地. 南亚大象：印度军事战略发展与现状 [M]. 北京：解放军

出版社，2002.

［18］章节根. 印度的核战略［M］. 北京：时事出版社，2015.

［19］曹永胜. 俄罗斯强军兴军之道［M］. 北京：时事出版社，2020.

［20］李庆山. 今日美军世界驻地［M］. 沈阳：白山出版社，2009.

［21］郝智慧. 世界智库战略观察报告［M］. 北京：军事科学出版社，2015.

［22］韩旭东. 大国在中国周边的军事部署［M］. 北京：国际文化出版公司，2014.

［23］丁皓. 印度军情解析［M］. 北京：解放军出版社，2017.

［24］刘剑. 当代印度武器装备［M］. 北京：国防大学出版社，2013.

［25］李秀石. 日本安全保障战略研究［M］. 北京：时事出版社，2015.

［26］石宏. 日本军情［M］. 北京：中国财政经济出版社，2014.

［27］［美］戴维·斯通. 俄罗斯军事史——从恐怖伊凡到车程战争［M］. 牛立伟，译. 北京：解放军出版社，2015.

［28］李大鹏. 新俄军观察［M］. 北京：解放军出版社，2015.

［29］李江胜. 美国对华军事战略［M］. 北京：时事出版社，2013.

［30］朱崇坤. 霸权的历程——美国军事战略冷观察［M］. 北京：新华出版社，2000.

［31］阮宗泽. 权力盛宴的黄昏——美国“亚太再平衡战略”与中国对策［M］. 北京：时事出版社，2015.

［32］王荣.《美国国家安全战略报告》研究［M］. 北京：时事出版社，2014.

［33］陈永红. 美国战略空间拓展研究［M］. 北京：军事科学出版社，2014.

［34］［美］罗伯特·阿特. 美国大战略［M］. 郭树勇，译. 北京：北京大学出版社，2005.

［35］［美］兹比格涅夫·布热津斯基. 大棋局——美国首要地位及其地缘战略［M］. 中国国际问题研究所，译. 北京：新华出版社，1998.

［36］［美］兹比格涅夫·布热津斯基. 大抉择——美国站在十字路口［M］. 王振西，译. 北京：新华出版社，2005.

［37］［美］迈克尔·亨廷顿. 意识形态与美国外交政策［M］. 褚律元，译. 世界知识出版社，1999.

［38］［美］塞缪尔·亨廷顿. 文明的冲突与世界秩序的重建［M］. 周琪等，译. 北京：新华出版社，1999.

［39］［美］塞缪尔·亨廷顿. 美国国家特性面临的挑战［M］. 程克雄，译. 北京：新华出

版社，2005.

[40] 韩庆娜. 武力与霸权：冷战后美国对外军事行动［M］. 北京：人民出版社，2014.

[41] ［美］伊丽莎白·桑德斯. 五角大楼的秘密［M］. 齐永娇，李呢喃，译. 北京：新世界出版社，2016.

[42] 李健，付建明. 美国陆军组织管理体制：组织、规划与发展［M］. 北京：航空工业出版社，2016.

[43] 綦大鹏. 全球主要智库战争与战略问题研究 2020—2021［M］. 北京：国防大学出版社，2021.

[44] ［日］竹内修，［日］赤城裕行，［日］奈良原裕也. 日本自卫队战力大揭秘［M］. 崔泽浩，译. 北京：机械工业出版社，2020.

[45] 李艳. 日本太空战略研究［M］. 北京：时事出版社，2018.

[46] 吕耀东. 日本国际战略及政策研究［M］. 北京：社会科学文献出版社，2021.

[47] 钱宗旗. 俄罗斯北极战略与“冰上丝绸之路”［M］. 北京：时事出版社，2018.

[48] 罗凤歧. 俄对外用兵控局问题研究［M］. 北京：军事科学出版社，2021.

[49] 尘雪. 印度：熟悉而陌生的邻国［M］. 北京：北京时代华文书局，2015.

[50] 庞德良. 国家政策转变与日本的未来［M］. 北京：社会科学文献出版社，2018.

[51] 刘胜湘. 世界主要国家安全体制机制研究［M］. 北京：经济科学出版社，2018.

[52] ［美］卢斯. 不顾诸神：现代印度的崛起与发现［M］. 张淑芳，译. 北京：中信出版社，2011.

[53] 马加力. 印度外交战略纵论［M］. 北京：中国民主法制出版社，2020.

[54] 江新凤. 日本军情解析［M］. 北京：解放军出版社，2017.

[55] 梵高月. 美国军情解析［M］. 北京：解放军出版社，2017.

[56] 李抒音，王继昌，张玺. 俄罗斯军情解析［M］. 北京：解放军出版社，2017.

[57] The White House. National Security Strategy of the United States［R］. Mar 1，1990.

[58] The White House. National Security Strategy of the United States［R］. Jan 1，1993.

[59] The White House. A National Security Strategy of Engagement and Enlargement［R］. July 1，1994.

[60] The White House. A National Security Strategy of Engagement and Enlargement［R］. Feb. 1，1996.

[61] The White House. A National Security Strategy For A New Century［R］. May 1，1997.

[62] The White House. A National Security Strategy for a New Century [R]. Dec 1, 1999.

[63] The White House. A National Security Strategy for a Global Age [R]. Dec 1, 2000.

[64] The White House. The National Security Strategy of the United States [R]. Sept 17, 2002.

[65] The White House. The National Security Strategy of the United States [R]. March 16, 2006.

[66] The White House. National Security Strategy [R]. May 27, 2010.

[67] The White House. National Security Strategy [R]. February 6, 2015.

[68] The White House. National Security Strategy [R]. December 18, 2017.

[69] The White House. White House publishes Interim National Security Strategic Guidance [R]. March 3, 2021.

[70] The Joint Staff. Description of the National Military Strategy 2018 [R]. July 12, 2019.